LAW & BUSINESS

法商圖書

POCHAN LAODONG ZHAIQUAN
YOUXIAN BAOHU YANJIU

破产劳动债权优先保护研究

崔艳峰／著

法律出版社 LAW PRESS · CHINA
北京

图书在版编目(CIP)数据

破产劳动债权优先保护研究 / 崔艳峰著. -- 北京 : 法律出版社, 2024
ISBN 978 - 7 - 5197 - 8991 - 6

Ⅰ. ①破… Ⅱ. ①崔… Ⅲ. ①破产法－研究－中国②债权法－研究－中国 Ⅳ. ①D922.291.924②D923.34

中国国家版本馆 CIP 数据核字(2024)第 067239 号

破产劳动债权优先保护研究
POCHAN LAODONG ZHAIQUAN YOUXIAN BAOHU YANJIU

崔艳峰 著

责任编辑 宋佳欣 赵明霞
装帧设计 贾丹丹

出版发行 法律出版社
编辑统筹 法商出版分社
责任校对 晁明慧
责任印制 胡晓雅
经　　销 新华书店

开本 710 毫米×1000 毫米 1/16
印张 14 **字数** 210 千
版本 2024 年 7 月第 1 版
印次 2024 年 7 月第 1 次印刷
印刷 北京建宏印刷有限公司

地址:北京市丰台区莲花池西里 7 号(100073)
网址:www.lawpress.com.cn
投稿邮箱:info@lawpress.com.cn
举报盗版邮箱:jbwq@lawpress.com.cn
销售电话:010 - 83938349
客服电话:010 - 83938350
咨询电话:010 - 63939796

书号:ISBN 978 - 7 - 5197 - 8991 - 6
定价:58.00 元
凡购买本社图书,如有印装错误,我社负责退换。电话:010 - 83938349

序

在现代社会,劳动者权益保护的重要性自不待言。受整个社会环境的影响,劳动者处于劳动力的买方市场,相对于用人单位其议价能力往往不强,在劳动报酬等劳动权益问题上亦缺乏话语权。劳动者的弱势地位导致劳动者权益难以得到全面的保障。在企业破产的情况下,劳动者的弱势地位无疑会使劳动者权益保护雪上加霜。因此,劳动者权益保护在破产程序中显得尤为重要。

我国《企业破产法》关注到了劳动者的弱势地位和劳动者权益保护的重要性,明确了破产财产的分配顺序,并将破产劳动债权安排在破产财产分配的首位。同时,还规定了债务人在提出破产申请时,应当向人民法院提交“职工安置预案”。这些规定均体现了《企业破产法》对破产企业职工劳动债权的充分保护和对劳动者利益的充分关注,是国家通过法律手段干预私法领域并对相关群体进行倾斜性保护的具体体现。但是,《企业破产法》对于债权顺位的规定是否与债权平等原则相悖,应当如何处理破产劳动债权与担保物权的关系,这些都是值得深思的问题,都涉及对债权平等的正确解读。债权具有等级性,“同等债权同等对待,不同债权不同对待”。而如何划分债权的类别,涉及法律的利益平衡和对债权的价值判断。这些问题的答案肯定与否,决定了破产劳动债权优先保护是否具有正当性,进而决定了我国现行破产劳动债权保护的机制是否合理以及如何优化。

本书首先从破产劳动债权的属性进行分析,这构成了本书的研究基础,因为破产劳动债权的属性直接决定了破产劳动债权的保护方式。在劳动法上,劳动报酬请求权源于劳动权中的劳动报酬权,二者的目的均是实现劳动者的劳动收益,这同样决定了二者属性上的关联性。劳动报酬请求权在破产程序中转化为破产劳动债权,具有私权和人权的双重属性。私权属性使劳动者可以以劳动债权申请参加破产程序并参与破产分配,而人权属性则决定了劳动债权在破产分配中的优先顺位。在上述研究的基础上,本书从立法论视角对破产劳动债权优先保护进行了研究。首先,从权利倾斜性配置的视角探讨了破产劳动债权倾斜性配置的正当性和可行性。其次,对于破产劳动债权与担保物权的优先顺位关系,论证了破产劳动债权优先保护的正当性以及优先保护的强度。最后,从我国劳动债权优先保护的实现机制角度提出了完善我国相关制度的建议。本书认为,基于我国的国情和实际需要,破产法对于劳动债权的保护仍需要完善,其应当明确破产劳动债权人的程序主体资格及债权申报的权利,确立董事、监事、高级管理人员对破产劳动债权的清偿责任,设定破产劳动债权优先于破产别除权的具体规则,规定破产管理人按照法定程序可在破产财产分配前优先处理破产劳动债权的职权。

本书作者崔艳峰是我指导的博士生,长期从事商法的教学和研究工作,在 CSSCI 来源期刊上发表多篇论文,本书是其在博士论文基础上修改而成的。阅读本书后,我认为其具有以下特点。

第一,问题—对策思路清晰。本书前四章分别是对破产劳动债权优先保护的正当性和可行性,以及其与相关制度的协调等问题的研究,最后一章则为问题的对策研究,为我国《企业破产法》对劳动者权益保护的完善提出了针对性建议。

第二，论证视角多元，论证层次分明。本书分别从破产劳动债权的权利属性、形式平等与实质平等、分配正义与矫正正义等视角论证破产劳动债权优先保护的正当性，从制度协调的视角论证破产劳动债权与担保物权的关系，分析破产劳动债权应否优先保护、优先保护的限度，提出了构建破产企业劳动者权益保护制度体系的建议。

第三，论证结论具有本土性和可操作性。本书最后一章为“证成后的实践”，以对我国现实情况的考察为前提和基础，在综合借鉴域外制度和经验的基础上，提出了破产企业劳动者权益保护制度体系构建的具体建议，为完善相关制度提供了有益借鉴。

总之，本书是对我国《企业破产法》现存问题的研究，其构建了破产企业劳动者权益保护的制度体系，既具有理论深度，又具有实践高度，还具有较强的理论价值和实践意义。

2023年12月于吉林大学

目　录 Contents

导　论

一、选题背景与意义

生存是人类面对大自然亘古长存的考验之一，[1]因此，人类自始在通过各种途径寻找生存的保护。正如有学者所说，"人的目的是幸福。这一目的的具体内容，在自然就是个体的生存和种的繁衍。对斯密来说，与原始社会相比，现代社会的优越在于，借助分工和贸易，即使最贫穷和能力低下的劳动者，只要勤勉，就能获得比原始人更多的生存资源，从而避免亲人遗弃、抢夺杀戮的不幸，实现生命的保存和种族繁衍"。[2] 因此，就生存的角度来看，劳动谋生是人的近乎永恒的基本追求，正如马克斯·韦伯所说，劳动是人应尽的职责，是人终身的使命，劳动控制着人的生命历程。[3] 即使进入现代社会，劳动仍然是人谋生的基本手段，是人的生存权实现的关键，也是实现人有尊严地生活和发展的关键。因此，各国宪法均将劳动权规定为人的基本权利，并通过相关法律具体规定了劳动权的实现和保障。所

---

〔1〕 参见熊秉元：《优雅的理性：用经济学的眼光看世界》，东方出版社 2014 年版，第 86 页。

〔2〕 王楠：《立法者与自然之法——评努德·哈孔森的〈立法者的科学〉》，载渠敬东主编：《涂尔干：社会与国家》，商务印书馆 2014 年版。

〔3〕 参见[德]马克斯·韦伯：《新教伦理与资本主义精神》，黄晓京、彭强译，陕西师范大学出版社 2002 年版，第 62 页。

以,无论是人的生存权的实现,还是人的发展,均依赖于劳动权的实现和保障。然而,劳动权的实现和保障的核心是劳动报酬权的实现与保障。劳动报酬权是劳动权中无可替代的核心权利,其存在于有或者曾经有劳动关系的劳动者与企业之间。在已经解除劳动关系的劳动者与企业之间,企业在拖欠工资等劳动报酬时,劳动报酬请求权更是表现为劳动者针对该企业的唯一劳动救济权。同理,在企业破产的情形下,劳动者的劳动权也仅剩下劳动报酬请求权的转化形式——劳动债权。而该劳动债权对于面临即将失业的劳动者,是其生存乃至家庭生存和发展的重要保障。

自新中国成立以来,我国的社会结构发生了非常复杂的变化。正如季卫东教授所说,从1954年我国的宪法体制确立以来,以国家与个人之间的关系为视角,在半个多世纪中,我国经历了把个人纳入国家的计划经济管理体制与将个人与国家进行分离的市场经济改革两个主要阶段,该两个阶段的划分点是1978年。[1] 季卫东教授从宏观的角度非常准确地认识了这两个不同阶段国家与个人的关系。在1978年之前的计划经济体制下,个人被纳入国家的集中管理和控制中,国家是资源配置的唯一主体;而劳动关系也属于被国家配置的范畴,此时其是一种形式上不同于行政关系但实质上完全等同于行政关系的劳动关系。单位只是国家调控资源的工具,单位在国家的统筹配置下运行,承担着国家控制和整合社会的功能,其是国家对每个人进行行政和计划管理的中介。这时的个人与单位之间的劳动关系,表面上表现为“雇佣”关系,更大意义上表现为个人与国家之间的关系。个人对单位的服从即是个人对国家的服从,单位对个人的管理也表现为国家的管理。而这时劳动关系的管理,表现为统分统配和“终身雇佣”,个人对单位的依附与单位对国家的依附并存。这种劳动关系具有政治、社会与专业的功能合一性。[2] 因此,在这段时期,单位不会破产,个人也不会因破产而失

---

〔1〕 参见季卫东:《结构的组合最优化——探索中国法与社会发展的新思路》,载梁治平编:《国家、市场、社会:当代中国的法律与发展》,中国政法大学出版社2006年版。

〔2〕 参见徐钢:《我国劳动权性质的变迁与定位》,载《同济大学学报(社会科学版)》2009年第3期。

业,破产法没有适用的余地。自 1978 年改革开放以来,随着我国经济体制改革的深入,市场被解放出来,劳动关系也被市场化,类行政化的劳动关系从政治中解脱出来,劳动者摆脱了利益一体化的劳动格局。企业从国家的行政管理中独立出来:不仅出现了大量独立于国家的私营企业,国有企业的股份制改革也开始全面进行。市场化的企业不再依附于国家的行政管理,其存亡也不依赖于政府的意志,企业具有了独立的利益而成为独立的主体。随之发生转变的是,劳动者不再依附于用人单位,劳动者是独立于用人单位的主体。劳动者与用人单位之间不再是统分统配和"终身雇佣"的关系,二者的结合是自愿选择的结果。对于劳动者的社会性责任不再由用人单位承担,而是由国家通过建立社会保障制度的方式完成对劳动者的利益保障。良性的市场机制会实现资源的优化配置,而该优化配置的方式需要通过市场的竞争机制来实现,通过市场的竞争机制完成企业的优胜劣汰和企业资源的整合。因此,随着经济体制的改革,在市场经济建立的背景下,企业的破产不可避免。虽然在企业破产时劳动者不再依靠企业的社会保障,企业也无须再承担安置职工的责任;但在企业拖欠劳动者工资以及社会保险、经济补偿金等劳动对价的情况下,企业的破产却关系到劳动者劳动权的实现和生存权的保障。完善的市场体制带来的是企业的大量破产,而企业破产前必然会经历一段资不抵债的不能清偿阶段,这一阶段成为企业拖欠职工工资的重要阶段。对于大部分破产的企业来说,其都会存在拖欠职工工资等劳动债权的情形,只是多少不同而已。

劳动债权是劳动者劳动的对价,也是劳动者劳动权实现的重要表现,更是劳动权实现的内核,缺乏实质为劳动报酬请求权的劳动债权这一内核的劳动权对于劳动者来说是缺少价值的。劳动债权关系到劳动者的生存权和发展权等基本人权的保障和实现,关系到人的尊严,其具有实现人的本质的重要价值。因此,在对这一抽象的价值和形而上的属性研究的基础上,可以得出结论:劳动债权在破产债权的清偿中应当给予优先考虑并将其置于优先顺位。

然而,这里却存在我们不得不考虑的问题:破产劳动债权的优先顺位与债权平等原则是否存在矛盾？债权平等如何理解？在债权平等的原则下，破产劳动债权优先受偿是否有正当性？这需要我们深入认识何为平等。平等包括形式平等和实质平等。然而，个体人的特殊性和独立性决定了形式平等不具有普遍性，等级存在于任何社会。延伸到债权平等，同样可分为债权的形式平等和实质平等，其分别适用于未进入司法程序的债务清偿和司法程序中债务人资不抵债的债务清偿两种情形。破产是企业债务人资不抵债的表现形式，因此破产程序是公平偿债程序。而公平偿债并非绝对等同偿债，债权所包含的经济价值和人身价值的不同决定了偿债顺序的不同。破产劳动债权作为包含人身价值的债权，将其置于优先清偿顺位具有正当性。此外，其正当性还源于债权优先权的存在、洛克的劳动财产权学说和劳动产品对劳动对价的担保作用等理论。

劳动权的社会权属性要求我们从国家干预市场经济保护弱势群体利益的角度来考虑破产劳动债权的顺位。法律形式正义的追求，带来的是实质上的不正义，弱势群体存在先天的资源劣势或者后天的能力劣势，无法与强势主体处于平等的起跑线以达到权利的平等实现。因此，各国在通过合同法赋予交易主体形式平等而促进交易公平和安全的同时，通过公权力赋予弱势群体优越于强势主体的权利，以减少二者利益实现的差距和实质上的不平等。在罗尔斯的差别原则提出之后，法律开始关注实质正义。法律作为权利配置的工具，其对于实质正义的关注和弱势群体的保护路径有二：一是承认弱势主体和强势主体的身份区别，为其设置不同的规则，限制强势主体的权利或者对其权利行使设置限制，以平衡双方的利益。[1] 二是为弱势群体设置优先权利或者通过特殊的利益照顾以及成立民间组织使弱势群体具有对抗风险和抗衡强势主体的能力等方式，达到对弱势群体的倾斜性保护。法律权利对于弱者的赋予非常重要，强者无需权利的倾斜性赋予即可通过自身的力量实现利益，而弱者更需要权利的倾斜性保护，只有如此才能保证自身应得的利益得到保障。权利对于弱势群体保护的重要性在于，它

〔1〕 参见马俊驹、童列春：《论私法上人格平等与身份差异》，载《河北法学》2009 年第 11 期。

是一种稳定的、可预期的、有国家强制力保障的保护方式。黑格尔指出,“为了保护和促进国家自己界定的人民普遍利益,国家可以直接干预市民社会的事务”。[1] 弱势群体与强势主体的地位已处于实质不公平的状态,其利益对比已经不平衡。国家通过对弱势群体的权利倾斜性配置能够从制度上保障弱势群体获取利益的机会和可能性增大,从而平衡已经失衡的利益对比,实现对全体人民的普遍利益。

另外,破产劳动债权与担保物权的优先顺位问题也是学界关注的焦点;但是对该问题的研究并不深入,也未放到我国的具体背景和破产劳动债权优先顺位的具体研究脉络中研究,缺乏穿透力。因此,在明确破产劳动债权优先于担保物权的同时,应当平衡担保物权人的利益,限定处于优先顺位的破产劳动债权的范围和数额,协调二者的利益关系。劳动关系是市场经济社会的普遍关系,劳动关系的和谐与否直接关系到我国和谐社会的构建;尤其是像我国这样有着悠久的“父爱主义”传统的国家,对于劳动关系的稳定与和谐,国家有着不可推卸的责任。国家发挥作用的方式之一就是通过破产法规定破产劳动债权的优先顺位,达至劳动债权的优先保护和充分实现,以保护劳动者的利益,构建和谐稳定的社会秩序。然而,通过破产法对劳动债权的保护仅是过渡阶段,破产劳动债权保护的最优方式是建立社会保障机制,以欠薪社会保险或者欠薪保障基金的方式垫付所欠的劳动债权,保障劳动者的基本生活和生存利益。破产劳动债权的优先保护应当有所限制,以平衡破产企业全部债权人之间的利益关系,尤其是与有财产担保的债权人之间的利益关系。

二、国内外研究现状

知识社会学的代表人物卡尔·曼海姆曾经在其经典著作《意识形态与乌托邦》中说道,“严格地讲,说单个人在思考是不对的,倒不如说他将前人

---

[1] 邓正来:《国家与社会:中国市民社会研究》,北京大学出版社 2008 年版,第 41 页。

思索的事情往前推进了一步”。[1] 任何研究都是建立在前人研究的基础上,本书的研究也不例外,力求通过笔者的努力能够将破产劳动债权的研究向前推进一步。

(一)国内关于破产劳动债权优先保护的研究现状

经过对资料的查询与检索,笔者发现目前尚无关于破产劳动债权的专著和博士论文。在破产法的相关著作和博士论文中,也多是从破产财产的分配顺序即破产债权的清偿顺序的角度对破产劳动债权的清偿顺序进行研究。当然也有学者在其博士论文中对破产劳动债权的优先性进行了分析。例如,丁文联在其博士论文《论企业破产程序中的利益平衡》第四章(企业破产程序中各种利益主体之利益的保护与调整)第三节(雇员利益保护与调整)对劳动债权的优先效力进行了分析和论证,其认为在破产程序中,雇员相对于债务人(雇主)和其他债权人处于一种弱势地位。首先,雇员相对于雇主的弱势地位表现在:(1)信息获取上的弱势地位。雇员相对于雇主来说,对雇主生产经营的信息掌握甚少。(2)经济地位上的弱势。雇员相对于组织结构越来越庞大的生产企业来说,其弱势地位越来越明显,难以与股份制、财团、跨国公司等大资本集团相抗衡。(3)雇员的弱势还源于劳动商品的特殊性。劳动力是一种特殊的商品,虽然也可以在市场中实现交换,但劳动力商品具有人身依附性,其与劳动者的人身紧密地联系在一起不能分离,因此不能转让由他人使用;劳动力商品是劳动者生存的基础,该特性致使劳动者与雇主谈判回旋的余地有限。劳动力商品还具有随着年龄和时间增长的消耗性,若不及时售出则会因其不能储存而白白浪费,等等。这些均是劳动力商品的特殊性。[2] 其次,雇员与其他债权人相比处于弱势地位,其原因归结于劳动力商品所具有的天然缺陷上。具体表现在:(1)因雇员与雇主

---

〔1〕 [美]马乔里·凯利:《资本的权利是神圣的吗?》,庞锦、黄佳译,中信出版社、辽宁教育出版社2003年版,鸣谢部分。转引自胡玉浪:《劳动报酬权研究》,厦门大学2007年博士学位论文,第2页。

〔2〕 参见丁文联:《试论劳动合同的附合化》,载《法商研究》1996年第6期。

存在地位上的强弱之分,雇员缺乏在工资待遇、福利条件等问题上与雇主进行讨价还价的能力;而债务人与债权人在交易过程中则处于形式上平等的地位,其享有平等地讨价还价的条件。且在市场经济下,高度竞争的存在扩大了债权人选择与其交易的债务人的机会,从而扩大了双方交易的公平。这些能够在一定程度上保证债权人的债权利益。(2)因雇员享有的劳动力商品是其生存的基础,雇员与雇主谈判的回旋余地较小;而与雇主交易的债权人,其债权的获得和实现并非其生存的必要条件,其有较大的空间与雇主进行交易的谈判,从而减少交易的风险。(3)雇员的劳动力转移能力较弱,在高度专业化的现代社会,在一个行业中从事专业工作的雇员,难以舍弃该行业直接投入其他行业;而债权人的债权则具有较强的转移能力,在高度竞争化的现代社会,作为市场经济中"理性"的债权人可以自由选择与其交易的债务人,而且受行业牵制较弱。基于雇员的弱势地位,如将雇员的利益置于普通债权人利益平等的地位,必将造成雇员的更大损害,带来社会的不稳定因素,而且无法达至现代社会所追求的实质公平。因此,现代大多数国家的立法均会考虑雇员的弱势主体地位,而赋予其优先保护的规则。[1] 而更多的学者在其专著中关注的是破产劳动债权与担保物权的优先顺位问题。[2]

通过数据检索,发现关于破产劳动债权的硕士论文有 20 篇左右,学术论文若干篇。这些论文多从破产劳动债权是否享有优先权、是何种性质的优先权以及破产劳动债权与担保物权优先顺位的角度进行研究。综合这些研究,从总体上进行分析可以发现以下几点:第一,对破产劳动债权优先顺位的正当性认识不足。我国于 2006 年 8 月 27 日颁布的《企业破产法》已经明确规定了破产财产的分配顺序,其中劳动债权处于第一顺位。在这样一个实定法的规定之下,人们已经对破产劳动债权的优先顺位形成共识,从而缺少了疑问以及对其正当性的证成。拿破仑曾经说过,"如果不是良法,一

〔1〕 参见丁文联:《破产程序中的政策目标与利益平衡》,法律出版社 2008 年版,第 67 页。
〔2〕 参见王欣新:《破产法》(第 3 版),中国人民大学出版社 2011 年版,第 288 页。

切工具都属于能够利用它们的人"。[1] 我国也有学者指出,社会正义的前提是规则正义,规则正义和制度正义是根本和首要的,这对于任何以实现社会正义为目标的法律制度而言至关重要。[2] 因此,规则的正当性是实现社会正义的基础。我们需要也有必要对已有法律规则的正当性进行研究。第二,研究的重点集中在破产劳动债权优先权的设定以及破产劳动债权与担保物权的顺位比较上。然而,破产劳动债权优先权的设定与否并非赋予破产劳动债权优先顺位的前提,破产劳动债权与担保物权的优先顺位比较也非破产劳动债权优先受偿正当性的决定因素。因此,应当从全面的、更加深入的角度来认识破产劳动债权的顺位,并在我国构建和谐社会和经济体制、社会体制改革的现实背景下进行思考。第三,对于破产劳动债权的优先顺位问题认识并不一致。有学者认为,劳动债权的解决并非破产法的课题,而是社会保障制度应当解决的问题,因此,破产法不应偏颇对待劳动债权,不应给予其优先顺位。也有学者从担保物权的担保价值以及对社会交易秩序的维护角度出发,认为破产劳动债权不应优先于担保物权清偿。还有学者认为劳动债权事关人权,关系到劳动者及其家庭的生存,因此应当优先保护并赋予其优先于担保物权的顺位。

(二)国外关于破产劳动债权优先保护的研究现状

国外对于破产劳动债权优先保护的研究,一般蕴含于破产法的立法目标、破产债权的清偿顺位以及破产优先权、工资优先权等问题的研究中。因此,本书对于国外破产劳动债权优先保护的现状研究,从这些相关问题的研究现状入手进行考察。

1. 美国关于破产法立法目标研究下的破产劳动债权优先保护考察

20 世纪上半叶,美国破产法学界进行了破产法立法目标研究的大讨论。

---

〔1〕 [美]伯纳德·施瓦茨:《美国法律史》,王军、洪德、杨静辉译,法律出版社 2011 年版,第 175 页。

〔2〕 参见郑成良:《论法治理念与法律思维》,载刘瀚、公丕祥主编:《21 世纪的亚洲与法律发展》,南京师范大学出版社 2001 年版,第 259 页。

破产法的立法目标决定了破产债权的清偿顺位,决定了不同种类的破产债权的权利位阶。而破产债权的清偿顺位也是破产法立法目标的重要体现。因此,美国的这场破产法立法目标的大讨论对于破产债权的清偿顺位具有重要意义,也由此可以看出美国破产法对破产劳动债权的保护立场和动态。

在该讨论中,形成了以杰克森(Jackson)为代表的债权人博弈理论、以施瓦茨(Schwartz)为代表的破产合同理论、以史考特(Scott)为代表的风险分担理论和以沃伦(Warren)为代表的多元目标理论四种有影响力的观点。[1]

杰克森的债权人博弈理论认为,破产程序仅是一个特殊的债务执行程序,是与普通的司法执行程序平行的司法程序,是一种对全部债务的概括执行,破产程序的这一性质决定了破产的功能和效用。[2] 在债务人破产之前,债权人对于债务人的债权清偿顺序,遵循债务人的意思自治和债权人的"先到先得",奉行的是债权人之间的竞赛规则;由于没有统一的组织和程序,债权人之间的竞赛是一种非理性的竞赛,其表现为债务人财产的琐碎清偿。从整体来看,债权人付出的成本较高,获得的清偿较低,且有个别债权人受"公共鱼塘""钓鱼"的威胁。[3] 因此,当债权人意识到这一点,达成统一的意志进入破产程序后,则应当用债务人的全部财产对债权人进行平等的清偿。故破产程序应当执行债权平等原则。[4] 债权人的原有权利效力在破产程序中应当保留,否则会出现因破产对其不利的债权人阻碍破产程序而有利的债权人促成破产程序的现象。[5] 债权人博弈理论主张的是在划分担保债权和非担保债权后对债权的抽象平等的保护,认为每个债权人

---

〔1〕 参见丁文联:《破产程序中的政策目标与利益平衡》,法律出版社 2008 年版,第 39 页。

〔2〕 See Thomas H. Jackson, *The Logic and Limits of Bankruptcy Law*, Harvard University Press, 1986, p.3 –4.

〔3〕 韩长印:《企业破产立法目标的争论及其评价》,载《中国法学》2004 年第 5 期,第 81 页。

〔4〕 See Jackson, *Bankruptcy, Non – Bankruptcy Entitlements, and the Creditor's Bargain*, 91 Yale L. J. 1982.

〔5〕 See Thomas H. Jackson, *The Logic and Limits of Bankruptcy Law*, Harvard University Press, 1986, p.29.

的索取能力均是相等的,因此坚持债权的严格平等,不对劳动债权予以优先保护。破产法应当按照债权人与债务人的约定分配财产,对无担保财产平等分配,担保债权则应当仍然具有优先权利而不受破产的影响,不应将他们的利益转移到无担保债权人手中。[1] 然而,债权的绝对平等、严格平等是不符合现实的,任何平等均是"在不平等的大格局中的小格局的相对平等"。[2]

施瓦茨的破产合同理论也强调对债权人利益的一元保护,但破产合同理论看到了破产程序的强制性。施瓦茨认为,从合同的视角来看,破产程序并非债权人意思自治的结果,而是政府计划的结果,其中没有债权人的自治和竞争。[3] 破产合同理论仍然认为债权人利益平等保护为破产法的立法目标,强调的仍然是债权的严格平等。

史考特的风险分担理论认为,破产法的立法目标有二:一是债权人分配财产的最大化,且债权人平等分配;二是对债务人的拯救,因为对债务人的拯救在很多情况下符合债权人的最大利益。[4] 风险分担理论虽然较债权人博弈理论有所进步,但其并没有摆脱债权人博弈理论的思维框架,没有提出对破产债权的顺序清偿问题。

沃伦的多元目标理论认为,破产程序的基本功能之一是公平分配。所谓公平分配,即同等权利同等分配。其承认不同种类权利之间的区别和实现债权能力的区别,认为破产法应当有意识地偏离债权的严格平等,为债权设定等级次序,关注债权人的实质公平。[5] 该理论为破产债权的清偿顺序提供了理论基础,为破产劳动债权优先保护的实现提供了可能。

---

[1] See Douglas G. Baird & Thomas H. Jackson, *Bargaining after the Fall and the Contours of the Absolute Priority Rule*, The University of Chicago Law Review, 1988, p. 738.

[2] 丁文联:《破产程序中的政策目标与利益平衡》,法律出版社 2008 年版,第 51 页。

[3] See Alan Schwartz, *A Contract Theory Approach to Business Bankruptcy*, Yale Law Jounral, 1998, p. 1807.

[4] See Robert E. Scott, *Sharing the Risks of Bankruptcy: Timbers, Ahlers, and Beyond*, Colum. Bus. L. Rev. 1989, p. 183.

[5] See Elizabeth Warren, *Bankruptcy Policymaking in an Imperfect World*, 92 Mich. L. Rev., 1993, p. 338.

2. 英国学者关于破产法立法目标的研究及与美国学者的争论

英国商法学者罗伊古德(Roy Goode)对美国学者杰克森和白耶德(Douglas G. Baird)关于债权人利益最大化的破产法立法目标提出了批评。[1] 其认为在破产程序中除了债权人利益,确实存在其他利益需要保护。首先,即使债务人企业已经没有财产可供分配,英国破产法仍然要对债务人的董事违反信义义务导致债务人破产进行调查,要求董事承担赔偿责任,并禁止董事在其他企业任职以保护公众利益。其次,股东利益和劳动者因对企业付出劳动、专利技术和忠诚而应当享有的利益亦应当受到保护。将破产法的目标仅局限在债权人利益保护,而忽视对债权人利益保护的其他方式,这些方式是兼顾对职工、股东、侵权受害人等他人利益的保护,且对债权人利益也有增进的方式。而杰克森和白耶德对这些问题的看法是,[2] 如果债权人利益之外尚有其他主体利益需要保护的话,应当在破产法之外通过相关法律予以规定并在破产法中予以承认,而不应当由破产法予以特殊规定。例如,如果希望对雇员或者侵权受害人给予特殊保护的话,应当在劳动法或者侵权法中作出特殊规定,并在破产程序之外适用而不仅仅在破产程序中适用。因此,破产法只能对劳动法或者侵权法的权利规定予以承认和适用,而不能创设新的权利和权利规则。

罗伊古德认为杰克森等人的说法没有说服力,[3] 因为他们忽视了在破产程序中与债权人"公共鱼塘"相冲突的其他权利的产生原因在于破产而非其他。也就是说,在非破产领域,当债务人财产足以清偿债务时,不会产生不同种类权利之间的冲突问题。而只有在破产程序中,债务人财产不足以清偿全部债务时,才会发生不同权利人之间的利益冲突和利益平衡问题。因此,破产法肩负着利益平衡的功能,需要对不同权利人之间的利益关系进

---

[1] See Roy Goode, *Principles of Corporate Insolvency Law*, West & Maxwell, 1997, p. 38 – 39.

[2] See Thomas H. Jackson, *The Logic and Limits of Bankruptcy* 1986, p. 31 – 32; Baird, *Loss Distribution, Forum Shopping and Bankruptcy: a Reply to Warren*, v 54 Univ. of Chicago L. Rev. 815.

[3] See Roy Goode, *Principles of Corporate Insolvency Law*, West & Maxwell, 1997, p. 38 – 39.

行协调,明确不同权利的清偿顺位。

3. 德国关于破产债权清偿顺序的研究

德国在1877年实施《破产法》后,破产财产在优先清偿担保债权和拥有优先权的债权后,对于普通破产债权可用于清偿的财产所剩无几,这对于普通债权人保护不利。正因如此,德国在20世纪50年代开始研究对破产担保债权和优先权的限制,以平衡债权人的利益。20世纪70年代德国又出现很多无产可破的企业破产,这进一步促使德国进行立法改革。在1994年新修订的《破产法》中,德国取消了破产优先权的规定,规定了担保物权人承担因行使担保物权而产生的费用,以这种方式平衡债权人的利益。[1] 但德国《破产法》并未赋予破产劳动债权优先于担保物权的效力。

4. 欧洲大陆国家对工资优先权的现状研究

苏格兰是最早在立法中确立工资优先权的国家,其在1779年的立法中就已经确立雇员工资的优先清偿效力。而1804年的法国《民法典》是最早在法典中确立工资优先权的,并被其他国家的法典化过程所吸收。英格兰于1825年在立法中确立工资优先权,随后的澳大利亚也规定了工资优先权。[2] 工资优先权逐渐被大多数国家所认识和接受,也被人们所认识,并在学界得到研究。

1986年的哈默报告从社会原因的角度对工资优先权的正当性予以了肯定。其认为,"赋予雇员工资优先权的原因是雇员在雇主解散或者破产时处于脆弱的地位,给予雇员工资优先权是出于社会福利的原因,这样可以减轻处于弱势地位和贫困地位的雇员在雇主破产时资金无法取得的困境"。[3] 从雇员比其他债权人更依赖这笔钱的角度来看,应当在破产程序中赋予雇员工资优先权。然而,随着社会保障制度的建立和完善,通过社会化的保障制度已经能够保障破产时职工的工资等劳动报酬的获取,已经能够保证职

---

〔1〕 参见陈政:《破产债权清偿顺序研究》,西南政法大学2014年博士学位论文,第9页。

〔2〕 参见丁文联:《破产程序中的政策目标与利益平衡》,法律出版社2008年版,第159~160页。

〔3〕 参见丁文联:《破产程序中的政策目标与利益平衡》,法律出版社2008年版,第160页。

工的基本生活水平不受影响。因此笔者通过对国外资料的搜集和查阅,发现国外学者对于破产劳动债权的直接研究较少,其主要原因是劳动债权在大部分发达国家的破产领域已不是破产法上的一个问题。在发达国家,针对劳动债权问题已经建立了较为完善的社会保障制度。其为了防止用人单位拖欠劳动者工资建立了欠薪保障基金制度:当企业破产而又欠付劳动者工资时,由欠薪保障基金进行先行支付,无须通过破产制度对劳动债权予以优先保护或者优先于担保物权进行清偿。这是由于国情不同而存在制度上的差别。

三、研究思路、创新与难点

本书是对破产法的既有规则进行的研究,或者说是对既有的事实进行的研究。然而,破产法对于劳动债权顺位的规定是否具有正当性,是否与债权平等原则矛盾,其与担保物权的关系如何仍存在进行分析和澄清的必要。对于这些疑问,本书从以下几个方面进行分析。第一,分析劳动债权的性质,明确破产法赋予劳动债权优先顺位的法理基础。第二,对债权平等原则进行分析,逐步推演破产劳动债权优先顺位符合债权平等原则。第三,从劳动债权的社会权属性入手,分析国家公权力对私权领域介入的方法和正当性,提出权利倾斜性配置是国家通过法律手段对不同主体进行权利义务的不同配置,以实现实质正义的具有正当性的方法。第四,在明确了给予破产劳动债权倾斜性权利配置正当性的基础上,进一步分析破产劳动债权优先顺位的正当位置,即其与担保物权之间的优先关系。第五,基于我国基本国情,在明确应当对破产劳动债权优先保护的基础上,对我国存在的问题进行考察,并提出进一步的完善机制。我国现阶段正处于构建和谐社会和经济、社会结构深化改革的过程中,国家承担着保护劳动者利益、维护社会稳定的职责。破产法作为国家管理的法律手段,应当承担社会责任,担负起破产状况下企业职工的生存保障和发展权益的维护职责。我国现阶段的实际发展状况和社会保障制度现状以及破产法的功能和性质决定了通过完善破产法对破产劳动债权进行优先保护具有必要性和可行性。

综合本书各章节的内容以及研究路径,本书主要从两个层面对破产劳动债权进行研究。

第一,破产劳动债权倾斜性保护的正当性。该部分研究是由劳动债权的属性研究所引发的。权利的属性决定了权利保护的位阶,决定了权利的功能,意味着对权利人的重要性,也意味着其在法律中的位置。劳动债权虽然是财产权,但其延续着劳动权的人权属性;没有劳动债权(准确地说是劳动报酬权)的劳动权对于劳动者来说是空虚的,是缺乏实质性意义的。从功能的视角进行分析,劳动债权是劳动权实现的重要手段。在现代社会,劳动债权保障和增强了劳动权之于人的生存和发展的功能。因此,劳动债权不仅是财产权,具有经济价值,而且具有人身价值,是更高位阶的债权。另外,劳动债权还是社会权,是对弱势群体保护的权利;国家应当给予特殊的保护,使所有的社会成员都能分享社会财富。因此,应当给予破产劳动债权倾斜性权利配置。

第二,破产劳动债权与担保物权的顺位研究。破产劳动债权优先顺位的第二个层面的研究,就是与担保物权的关系问题。对于该问题,学界存在两种截然相反的观点:一是破产劳动债权应当优先于担保物权,有的学者通过证成赋予破产劳动债权优先权的方式来论证自己的观点;二是担保物权优先于破产劳动债权,其理论根据是担保物权保障交易安全、促进经济发展的功能不应被破坏。本书从利益平衡的角度出发认为破产劳动债权优先于担保物权;但其应当受到合理的限制,并且这只是我国现阶段的权宜之计。在未来随着我国社会保障制度的完善,应当建立关于欠薪社会救济的劳动保障制度,建立董事、高级管理人员的欠薪连带责任制度,从而解决欠薪问题,而无须再通过破产法的破产财产分配顺位制度来解决这一问题。

本书的创新点主要在于:

第一,劳动债权的属性分析。权利的属性决定了权利的价值,决定了权利的位阶和保护方式。债权权利状态下的语义外观,是否内含着其他的权利属性,这一隐藏的权利属性决定或者制约着权利本应有的真正存在和保护状态。对其探究和挖掘具有拨开外观见明月的功效。

第二，分析研究对债权平等原则的理解和认识，明确债权平等分为形式平等和实质平等；而实质平等也是分层级的平等，针对不同债权应不同对待。

第三，从劳动债权的社会权入手，分析了权利倾斜性配置适用于破产劳动债权的正当性和可行性，研究了权利倾斜性配置的理论基础和适用范围，以及破产劳动债权倾斜性配置在破产法中的体现。

第四，分析了破产劳动债权与担保物权的顺位关系以及学界的困惑。基于我国国情进行分析，寻找解决该问题的答案。我国工人阶级的国家领导阶级地位以及我国社会发展的阶段，影响着我国破产劳动债权的设置。从我国政府的职责和破产法的社会责任等角度对破产劳动债权优先顺位的必要性进行科学论证，并提出完善建议。

在本书的写作过程中，基于自己的思考，认为具有创作难度的地方主要有以下几个方面：

第一，劳动债权的属性分析。劳动债权是财产权，具有私权的属性，这已被人们所认知。但劳动债权是否具有人权属性，这直接关系到劳动债权的保护顺位。

第二，作为债权的一种的劳动债权，为什么会优先于其他债权，其与债权平等原则是否相悖？这涉及对债权平等原则的正确理解，也是破产劳动债权优先顺位正当性的基础理论问题。

第三，权利倾斜性配置的可行性和正当性。平等是法律的恒久追求，通过法律设置的方式给予特定权利倾斜性的配置和保护，其法律原理为何？其适用的法域是否有限制，限制条件有哪些？经过研究，本书提出权利倾斜性配置的法域条件有三个：(1)主体不具有互换性；(2)主体之间有直接的利益冲突；(3)主体之间存在明显强弱对比。

第四，对于破产劳动债权与担保物权的顺位问题，学界的两种观点均可谓言之有理，不分秋色。然而基于我国的国情，这两种观点哪一个更符合我国的现实情况，更能够解决我国的现实问题，这是我们选择的关键因素。

四、主要研究方法

第一，比较分析的方法。由于本书研究的大多数问题难以给出一个非此即彼的清晰确定的答案，因此笔者依赖于比较研究方法，尽量客观、理论充足地进行研究。例如，对破产劳动债权与担保物权的顺位研究进行不同法域的比较，分析各国对该问题处理的不同规则及原因，为基于我国国情寻找合适的规则奠定比较法上的基础。

第二，价值分析的方法。“法律只有在涉及价值的立场框架中才可能被理解。”〔1〕法律是价值现象，也是人们思考的产物，是人们行为经验的主观总结，但其归根结底产生于利益的冲突。因此，法学研究是利益平衡的研究，其思考方式是价值导向。价值分析方式是法学的主要研究方法。〔2〕德国学者杜茨曾说过，劳动者权益的保护是劳动权利和劳动法设置的导向，倾向于劳动者利益保护的法律规则设置是劳动法的重要内容。具体到破产法律规范中的劳动债权也不例外，对破产劳动债权问题的研究应当以优先保护劳动者利益为价值取向。

第三，历史研究的方法。劳动权利的发展历程对于人来说具有特殊的意义，其源于对人的尊严的认可和尊重。劳动与权利的结合并非自古有之，劳动权利的产生伴随着人的个体独立和权利意识的觉醒。劳动权利的产生离不开社会发展的体系，其镶嵌于社会的母体之中，因此，对劳动权以及劳动债权的理解不能离开社会经济、政治、文化条件，对于破产劳动债权的认识和研究也不能脱离我国的社会现状。只有追溯历史、把握现状和预知未来，才能正确认识破产劳动债权，才能正确理解破产劳动债权优先顺位的正当性。

第四，语义分析方法。概念的明晰是研究的基础，在研究过程中必须对概念进行明确的界定以及正确的分析和理解。概念是否明晰，内涵和外延

---

〔1〕［德］G. 拉德布鲁赫：《法哲学》，王朴译，法律出版社 2005 年版，第 4 页。

〔2〕参见［德］卡尔·拉伦茨：《法学方法论》，陈爱娥译，商务印书馆 2003 年版，第 95 页。

是否准确,语言是否规范,直接影响和决定着研究内容的科学性和实用性。通过语义分析展开破产劳动债权的理论研究,目的是在概念清楚的基础上进行开放的思考和严谨的推理,以达到理论建构的目的,并避免纯粹的概念演绎的分析。

第一章 破产劳动债权优先保护的正当性基础：权利属性的考量

法学是哲学的一个部门，因此，它必须根据概念来发展理念——理念是任何一门学问的理性，——或者这样说也是一样，必须观察事物本身所固有的内在发展。[1]

——黑格尔

破产法学界将企业破产时所欠职工的工资、医疗及伤残补助、抚恤费用、社会保险费用等因职工劳动产生的金钱债权通称为破产劳动债权，并将其纳入破产法规范的范畴。这与破产保护债权的平等分配或破产程序为债权概括救济程度的性质相符。然而，劳动债权作为基于劳动所欠劳动者报酬而产生的权利，其权利属性如何？其在具有债权属性的同时，是否蕴含着其他的权利属性？这些决定着破产法对劳动债权保护的路径。

---

〔1〕 [德]黑格尔：《法哲学原理》，范扬、张企泰译，商务印书馆1961年版，第2页。

第一节　破产劳动债权的请求权属性

一、本权(原权利)与请求权

民事法律中的请求权,在理论上是以民事权利分类的角度出现的。在民事权利分类上,“以民事权利的作用为标准,民事权利可分为支配权、请求权、形成权、抗辩权”。[1] 所谓请求权,是指权利人请求义务人为或者不为一定行为的权利。民法的一般理论认为,债权是债权人享有的请求债务人履行一定行为的权利。由于请求权与债权概念上的关联性,在法学理论与实务中经常出现请求权与债权混用或将二者等同的现象。然而,从请求权的历史渊源及其性质来考察,可以发现请求权并不等同于债权,也非局限于债权。

德国学者拉伦茨认为,“德国民法典所采用的请求权概念是由温德沙伊德提出的”。[2] 德国现代民法理论是德国学者在罗马法和普通法的研究基础上发展而来;温德沙伊德的请求权概念也来源于罗马法和普通法,其是由“诉”的概念演变而来。[3] 在罗马人的观念中,诉权中的“诉”是诉请人的请求应得到法庭的认可。他们常见的理解方式为,诉请人的请求具有法庭可诉请性,即法庭请求权,法庭认可该请求权,而不表现为法律上的请求权。[4] 因此,罗马人是以诉来意指我们所说的实体法上的请求权。然而诉是具有局限性的,其局限于法庭的可诉请性,仅为请求权的一个侧面,而非请求权的构成。请求权是诉的原因,而非结果。而且诉或者诉权具有公法

〔1〕 魏振瀛主编:《民法》(第5版),北京大学出版社、高等教育出版社2013年版,第36页。

〔2〕 [德]卡尔·拉伦茨:《德国民法通论》(上册),王晓晔等译,法律出版社2003年版,第323页。

〔3〕 参见[德]迪特尔·梅迪库斯:《德国民法总论》,邵建东译,法律出版社2000年版,第67页。

〔4〕 参见金可可:《论温德沙伊德的请求权概念》,载《比较法研究》2005年第3期,第114页。

性,不适宜私法主体享有,因而民事主体提起民事诉讼缺乏实体权利(请求权)基础。温德沙伊德提出的请求权概念填补了这一缺陷,请求权实体权利的性质被提出。对此,温德沙伊德认为,诉讼权利是为保护实体权利而存在的,其处于第二位,而实体权利是第一位;当实体权利受到侵害时,以诉讼权利的形式予以救济,通过诉讼程序确认权利、保护权利、实现权利。〔1〕 由此,在理论上请求权的概念由诉的程序概念发展为具有实体权利的性质,成为权利保护的实体权利基础。但是,请求权的内涵仍然包含着“诉”的内容。请求权包含两方面的重要内容:一是实体权利;二是当实体权利受到侵害时,请求通过诉的程序予以保护。〔2〕 因此,请求权包含着通过诉讼主张权利和保护权利的可能性。基于此,德国学者拉伦茨认为,如果《德国民法典》所规定的请求权概念包含着通过诉讼实现权利的可能性的话,那么该请求权应当与国家通过法律保护的实体权利以及通过诉讼保护的实体权利区别开来。〔3〕 由此可见,请求权不同于法律所保护的原始的实体权利,其是包含通过诉讼途径对权利进行救济的救济权,是本权利受到侵害时产生的权利,是实体权利与诉讼程序联系起来的桥梁。

温德沙伊德在创建请求权时,注意到了作为原权利的债权也具有请求权的效力,其亦是请求为或者不为一定行为的权利。但是,债权与请求权存在区别:债权系债权债务关系正常状态下的权利,债权人虽形式上具有请求权的权利表象,但其依赖于债务人的履行,而不具有强制请求的能力;而请求权是债权不能正常实现情形下的救济权利。因此,债权与请求权的区分是明显的:债权虽具有请求的效力,但并不具有强制力,其最终的实现依靠的仍然是作为救济权的请求权;而请求权具有通过司法程序实现的强制效

---

〔1〕 参见[德]卡尔·拉伦茨:《德国民法通论》(上册),王晓晔等译,法律出版社2003年版,第323页。

〔2〕 参见[德]卡尔·拉伦茨:《德国民法通论》(上册),王晓晔等译,法律出版社2003年版,第322页。

〔3〕 参见[德]卡尔·拉伦茨:《德国民法通论》(上册),王晓晔等译,法律出版社2003年版,第323~324页。

力。在原权利或者本权的层次并不存在真正的请求权。只有在原权利受到侵害时,才会产生作为救济权的请求权;作为救济手段的请求权才为真正的请求权,具有请求权的本质。[1]"请求权是基于基础权利而发生的,有基础权利,才有请求权"。[2]对此,在非独立请求权[3]中表现得更为突出。非独立请求权具有服务功能,即当其服务的绝对权利受到侵害或者妨碍时,权利人就享有针对特定人请求恢复绝对权的原始状态的救济权利,因为该特定人阻碍了这个绝对权的行使。[4]

二、劳动权与劳动报酬请求权

(一)劳动权一元论

劳动权一元论认为,劳动权是指获得劳动的权利,当然其包括通过劳动获得对价(报酬)的权利。该权利在多数国家均规定在宪法中,因此,其是一个宪法权利,是人的基本权利。持该观点的学者认为,劳动权一元论认为劳动权为狭义的劳动权,是从劳动机会保障的角度来界定的劳动权。因此,有学者从国家保障公民劳动机会的权利的角度阐释劳动权,认为劳动权是就业权,是有权请求国家予以保障的权利。也有学者认为,劳动权是每一个有劳动能力的公民都有从事劳动的平等的权利。[5]可见,劳动权一元论准确地把握了劳动权的核心概念,将劳动权界定为就业权和择业权两个方面,其

---

〔1〕参见曹治国:《请求权的本质之探析——兼论物上请求权的性质》,载《法律科学(西北政法学院报)》2005年第1期,第55~56页。

〔2〕魏振瀛主编:《民法》(第5版),北京大学出版社、高等教育出版社2013年版,第36~37页。

〔3〕请求权有独立请求权和非独立请求权之分。独立请求权有债权、亲属法中的抚养请求权等。这些请求权一般是可以独立转让的。而非独立请求权则是为绝对权利服务的,该绝对权即物权、人格权等;非独立请求权不能与其保护的绝对权分离,其不能独立转让。参见[德]卡尔·拉伦茨:《德国民法通论》(上册),王晓晔等译,法律出版社2003年版,第325页。

〔4〕参见[德]卡尔·拉伦茨:《德国民法通论》(上册),王晓晔等译,法律出版社2003年版,第325~327页。

〔5〕参见李卫平、刘晓军、马晓伟编著:《劳动权益的损害赔偿》,中国经济出版社1997年版,第2页。

中就业权中包含劳动报酬权。

(二)劳动权多元论

在劳动权多元论的视角下,虽然就其属性上来说,该学说承认劳动权的宪法性权利属性;但是该学说更从整体的视角认为劳动权是内涵丰富的权利束,其不局限于宪法性的基本权利。持该观点的学者认为,劳动权的权利涵摄范围广泛,其是作为权利群而存在的;但对于哪些权利属于劳动权的范畴,学界尚未形成统一的认识。[1] 根据笔者查阅到的资料可以发现,多数持劳动权多元论观点的学者将劳动权区分为广义和狭义。但无论广义还是狭义的劳动权,其涵摄范围均包含着获取劳动报酬的权利。例如,冯彦君教授认为,广义劳动权是指包含获取工作权、劳动条件保障权、劳动报酬权、休假权、培训权等一系列与劳动者角色紧密相关的权益。[2] 广义劳动权包括所有的劳动法和宪法规定的与劳动权益有关的劳动者权利。而狭义劳动权仅指获得工作、选择工作以及获得工作报酬的权利。[3] 马新福教授认为,狭义的劳动权只是指就业权、择业权,即有劳动能力的劳动者享有获取劳动机会,请求国家通过各种手段扩大就业,保证其劳动的权利。劳动者在获得劳动机会的同时,还享有请求按照其向用人单位提供劳动的情况获取对价即请求给予劳动报酬的权利,而这一权利是劳动者实现就业后的劳动权的核心。[4] 许建宇教授在其论文中总结学界关于劳动权含义的学说时,提出的一种学说为"狭义、广义说"。其认为,获得劳动机会并获得劳动报酬是具有劳动能力的劳动者的权利,此为狭义劳动权说;劳动权还包含因劳动产生的与劳动密切相关的一系列权利。也就是说,其除了包含狭义劳动权说的劳动机会获得权和劳动报酬获取权外,还包括职业教育权、劳动保障权、休

---

[1] 参见秦国荣:《劳动权的权利属性及其内涵》,载《环球法律评论》2010 年第 1 期,第 59 页。
[2] 参见冯彦君:《劳动权的多重意蕴》,载《当代法学》2004 年第 2 期,第 40 页。
[3] 参见冯彦君:《劳动权论略》,载《社会科学战线》2003 年第 1 期,第 168 页。
[4] 参见马新福、薛长礼:《劳动权的法社会学论析》,载《吉林大学社会科学学报》2004 年第 2 期,第 111 页。

息权、社会保险权等劳动权益,这是广义劳动权说。[1] 可见,获取劳动报酬的权利是劳动权的核心,此是由劳动权的内涵决定的。从宪法的角度来说,承认劳动权是肯定劳动者享有以付出劳动力作为谋生手段而获取生活资料的权利,[2]因此,劳动收益权是劳动权的应有之义。没有劳动收益权(获取劳动报酬权)的劳动权犹如夹心面包因缺少了夹心而变得没有味道而不受欢迎。前述劳动权的内涵在劳动权产生之时就已确定。劳动权产生于商品经济发达的资本主义时期,是由劳动者享有可以以其劳动力进行合法交易并获取劳动报酬的法定权利发展而来的。《世界人权宣言》(1948 年)规定:为了保证劳动者本人及其家人获得必要的能够满足人的尊严的生活,需要给予每一个劳动者与其提供劳动力相对应的公正合理的报酬,并给予其必要的社会保障。[3] 劳动权是由一系列权利组成的综合性体系。在这个体系中,各个权利之间分工合作、相互配合,形成权利的合力,从而达到全面保护劳动者的目的。其中,工作权是基础和前提,报酬权和福利权是核心,其他权利是保障。[4]

(三)结论

通过以上论述可知,劳动权一元论和劳动权多元论对劳动权的内涵界定是不同的。但无论哪种界定,劳动权均包含着劳动报酬权。

马斯洛从心理学的角度,对人的基本需要进行了层次划分。马斯洛的需要层次理论将人的基本需要划分为五个层次:(1)生理需要。“毋庸置疑,生理需要在所有需要中占绝对优势。具体说,假如一个人在生活中所有需要都没有得到满足,那么生理需要而不是其他需要最有可能成为他的主要

---

[1] 参见许建宇:《劳动权的界定》,载《浙江社会科学》2005 年第 2 期,第 60 ~ 61 页。
[2] 参见秦国荣:《劳动权的权利属性及其内涵》,载《环球法律评论》2010 年第 1 期,第 62 页。
[3] 参见许建宇:《劳动权的位阶与权利(力)冲突》,载《浙江大学学报(人文社会科学版)》2005 年第 1 期,第 169 页。
[4] 参见冯彦君:《劳动权论略》,载《社会科学战线》2003 年第 1 期,第 169 页。

动机”。[1] (2)安全需要,即对稳定、秩序的依赖,对体制、法律和界限的需要等。(3)归属和爱的需要。当生理需要和安全需要都得到很好的满足,爱和归属的需要就会产生,该种需要表现为渴望同人们建立一种关系,渴望在团体和家庭中有一个位置。[2] 文明社会的发展,需要给予人这种需要。(4)自尊的需要。通过自己的行为和劳动,获得他人和社会的肯定性评价,获得稳定的良好的声誉,健康和稳定的自尊源于他人的尊敬和自我的成就。(5)自我实现的需要。自我实现是指自我发挥和自我完成。这种需要依赖于国家、社会给予机会,通过自己的行为获得他人的认可。该种需要表现为内心的满足。[3] 以上这些需要均来自个体的需求。其中有的基本需要源于动物的本能,比如生理需要、安全需要;而有的基本需要则是人作为有意识的主体的主观需求,具有主观的属性。无论是哪种基本需要,其满足和实现的前提均取决于物质生产条件的发展和物质资源的丰富。对此,进一步分析马斯洛需要层次理论的层级可见一斑,其第一个层次是生理需要,是满足人的基本生活需求的需要。当饥饿问题存在时,人的全部能力均会投入到饥饿的解决之中,为解决饥饿这一目的而服务。只有当饥饿问题解决了,才会产生人的其他的比如安全、爱和归属等需求。对此,马克思曾经提出,需求是随着社会生产条件的发展而逐步产生的,不同的社会条件和生活条件下人们有不同的需求。[4] 而个人的社会生产和生活的条件,均需要通过劳动来实现。劳动是实现个人需要的基本途径,是满足和实现人的基本需要的前提。没有劳动权,就没有获取劳动的机会和获得劳动报酬的保障,就缺乏物质条件的创造环境;没有物质资源,人的基本需要将难以实现或者无法得到充分的保障、无法恒久实现。因此,“人通过劳动获得必要的生活资

---

〔1〕 [美]亚伯拉罕·马斯洛:《动机与人格》(第3版),许金声等译,中国人民大学出版社2007年版,第19页。

〔2〕 参见[美]亚伯拉罕·马斯洛:《动机与人格》(第3版),许金声等译,中国人民大学出版社2007年版,第27页。

〔3〕 参见薛长礼:《劳动权论》,科学出版社2010年版,第81页。

〔4〕 参见公丕祥:《权利现象的逻辑》,山东人民出版社2002年版,第274页。

料以满足人们的生存是一个永恒的基本需求”。[1] 人们在生活过程中,自身的衣、食、住、用、行的基本需求,需要通过劳动的方式创造和获得。不给予报酬的劳动是仅局限于精神满足的行为,这种行为在近现代尚未实现物质极大丰富的社会是不可能存在的。只有通过劳动使人获得基本的生活资料和生产资料,才能使人的基本需要得到满足,使人在劳动过程中实现个人的价值,得到爱和归属感。因此,无论对劳动权的内涵如何界定,上升为法律权利的劳动权,都应内含着劳动报酬权。现代社会各国均以法律的方式规定劳动权,劳动者拥有了通过劳动获得生活资源的权利和保障,此保障包括基于劳动给予对价的物质保障。

任何权利的存在,均有受到侵害的可能。诚如法谚所言,“有权利就有救济”。在私人权利的保护领域,重要的救济手段即为前述的请求权。劳动权是私人劳动者享有的权利;当劳动权受到侵害时,劳动者当然也享有请求司法机关给予强制力救济的请求权。劳动报酬请求权就是劳动者的劳动权(包含劳动报酬权)在受到侵害时的救济手段。劳动报酬请求权是劳动权效力的体现或延伸。该权利来源于劳动权,又归结于劳动权,即劳动权的产生和存在是劳动报酬请求权产生和存在的前提。在奴隶社会、封建社会,劳动者不享有劳动权,当然也就不享有劳动报酬请求权。因为劳动者根本就没有通过劳动力交易获得交易对价——报酬的权利,当然也就不存在权利受到侵害的可能和请求权产生的前提。

三、破产劳动债权实质为劳动报酬请求权

所谓破产劳动债权,是指《企业破产法》第 113 条规定的破产企业所欠职工的工资、医疗及伤残补助、抚恤费用、所欠的应当划入职工个人账户的社会保险费用以及法律、行政法规规定应当支付给职工的补偿金。由此,破产劳动债权可分为四部分:一是破产企业因拖欠工资所产生的工资支付请求权;二是职工工作期间发生了工伤、职业病,而破产企业未为其缴纳工伤

[1] 薛长礼:《劳动权论》,科学出版社 2010 年版,第 82 页。

保险时,应当由企业承担的医疗、伤残补助、抚恤费用等赔偿请求权;三是破产企业违反法律规定未为职工缴纳或者全额缴纳医疗保险、工伤保险、失业保险、养老保险等社会保险而产生的社会保险费用请求权;四是因破产企业解除劳动合同而按照《劳动合同法》应当支付给职工的法定补偿金请求权。这些权利均属于破产企业违反劳动法的规定和劳动合同的约定未按期向职工支付工资、缴纳社会保险以及违法解除劳动合同而给予职工劳动保护的救济权利,其属于劳动报酬权受到侵害后的救济性权利。而所谓的劳动报酬权是指劳动者享有的按照约定获得劳动对价、社会保险、因劳动所产生的损失赔偿以及在法定情形出现时用人单位应当支付的补偿费用的权利。根据《劳动合同法》的规定,用人单位被依法宣告破产而终止劳动合同的,用人单位应当向劳动者支付经济补偿金,该经济补偿金按照劳动者在本单位的工作年限计算,每满1年支付1个月的工资。该经济补偿金是对于劳动者预期劳动报酬的补偿,其属于劳动报酬的范畴。因此,所谓的劳动债权实质为劳动报酬请求权。

劳动报酬请求权是劳动者基于劳动而产生的请求用人单位按照约定或者法律规定给予货币形式的劳动对价的权利。劳动报酬请求权实质为基于劳动而产生的货币形式的债权请求权;由于债权与债权请求权的同质性关系,"在请求权与债权之间不存在实质上的区别",[1]因此将其称为劳动债权。虽为"债权",但其是基于劳动而产生的权利,是劳动权实现的实质。从实质角度来看,劳动报酬权、劳动报酬请求权和劳动债权并不存在实质区别,三者仅是用语和阶段上的差异。故本书在使用劳动报酬请求权、劳动报酬权和劳动债权时,除特定情形外,并不刻意将三者予以区分。

---

[1] [德]迪特尔·梅迪库斯:《德国民法总论》,邵建东译,法律出版社2001年版,第69页。

第二节　请求权与原权利属性的延续性

请求权是基于基础权利而发生的。请求权的性质是否会因基础权利性质的不同而有所差异？因学理上的典型请求权为债权请求权和物权请求权,故以二者为基础做对比分析更易于理解和认识。

一、债权请求权与债权属性的延续性

债权请求权的基础权利为债权。债权为相对权,系请求相对人为或者不为一定行为的权利,属于对人的请求权,客体为人的行为。因法律的本质特性之一为可预期性,故债权具有期限性,受诉讼时效的限制,不会使人们之间的关系长期处于不稳定的状态,不会使人的行为长期处于可追溯的状态,从而达到稳定社会关系、维护社会秩序的目的。债权请求权作为债的延续、债的权利实现的途径和手段,同样具有期限性,受诉讼时效的约束。另外,债作为法锁约束人们的行为。作为救济手段的债权请求权同样是约束人们行为的强制性救济权,其对人们行为的限制带来的是对人们自由的圈定或限缩;在追求自由的现代社会,该请求权只能限定在义务人存在过错的前提下。这也是近代社会过错责任成为三大私法原则之一的原因。

债权的"请求"性质决定了债权属于广义请求权的范畴。因为债权与债权性请求权均为广义的请求权的范畴,二者又具有属性上的延续性;所以,学界将具有债权性质的请求权界定为债权是具有合理性的。而且,二者是从不同权利分类角度而得出的不同的权利概念,因此在权利涵摄范围上具有一定的一致性。将债权请求权与债权分割开来,不仅违背人们的常理认识,也违背人们的生活观念,不利于法律观念的形成和法律的适用。

二、物权请求权与物权属性的延续性

物权请求权源于物权受到侵害或者妨碍,而物权的属性同样反映在物

权请求权上。物权系支配权，根据物权确定物的归属。因此，当物的行使（支配）受到妨害时，物权人得请求妨害义务人排除妨害的权利，此即为物权请求权。因该请求权建立在物的归属确定的基础上，在妨害没有排除之前，物权的侵害处于持续状态，诉讼时效不会起算。而在妨害排除之后，物权的行使已回归圆满状态，基础权利已经得到救济，物权请求权不复存在，诉讼时效自然也不存在。因此，物权请求权不适用诉讼时效为学界主流观点。此观点与作为支配权的物权不适用诉讼时效相一致。因物权的侵害影响的是物权的行使和物权支配性的实现，故无论侵害人有无过错，均负有排除该妨害的义务，物权请求权的行使不以侵害人存在过错为要件。此点同样源于物权的支配权属性。

三、破产劳动债权与劳动权属性的延续性

基于以上分析，可以得出并非绝对性的结论，即请求权的性质受基础权利性质的影响。原因在于，请求权源于基础权利，其是在基础权利受到侵害时的救济手段，请求权目的和实现内容与基础权利的目的和实现内容具有一致性。正因为请求权与基础权利有着这样的关系，请求权的性质具有非独立性。从广义上来说，请求权可分为独立请求权和非独立请求权。独立请求权本身独立存在，不依附于其他权利，具有独立的经济价值，主要为侵权请求权；而非独立请求权系为实现原权利而产生的救济权利，是手段性权利，具有依附性和延续性。[1] 因此，基础权利的价值取向与属性直接决定着请求权的价值取向和属性。且请求权与基础权利（本权）属于同一权利群或者权利束范畴，其在性质、效力及目的上不可能完全孤立而互不影响；相反，二者存在紧密的关联性。

基于上述可知，破产劳动债权的实质是劳动报酬请求权，而劳动报酬请求权的宗旨在于实现劳动权的目的。劳动权的目的即保障劳动者的权益，

---

〔1〕 参见杨立新、袁雪石：《论人格权请求权》，载《法学研究》2003年第6期，第65页。本书所研究的请求权不包括侵权请求权，因此为非独立请求权。

包括获得和选择工作的权益、劳动安全保护的权益以及获得劳动报酬的权益。同一的目的性决定了属性上的延续性和一致性,此与前述的请求权与基础权利的关系论述相一致。

劳动权的属性决定了劳动报酬请求权的属性,也决定了破产劳动债权的属性;而劳动权构造上的'权利群'现象、主体利益需求的多样性以及义务对应的多元化都决定了劳动权属性的多重性、复杂性。[1] 基于此,破产劳动债权也应具有多重属性。这些多重属性决定了破产劳动债权可作为破产债权参加破产分配,也决定了破产法应当对其进行倾斜性保护,在破产财产的分配上应当给予优先的顺位。

第三节 破产劳动债权的私权属性

如前文所述,劳动权的属性决定了破产劳动债权的属性,破产劳动债权与劳动权具有属性上的延续性。因此,对于破产劳动债权属性的研究离不开对劳动权属性的研究。那么,我们来看一下劳动权是否具有私权属性,其表现究竟如何。

关于何为私权,理论界主要有两种不同的观点:一是从私法的角度予以判断,即私法规定的权利即为私权。该种界定存在不周延之处。正如史尚宽先生所言,"权利与公法、私法相对应,可分为公权与私权。故民法之权利属于私权。然法律上难以绝对区别,正如前述之公法与私法。故民法中公权附与之规定亦不少"。[2] 二是从主体性质的角度予以判断,将私权界定为私人享有的权利。该观点同样存在弊端——外延过窄。一般的法律理论认为,作为公权力主体的国家或者政府机关可以以私人主体的身份参与交易活动,此时,如果不承认其权利性质为私权显然是缺乏正当理由的。虽然以上这两种观点均存在不周延的缺陷,但并非没有可取之处。就第二种观

〔1〕 参见冯彦君:《劳动权的多重意蕴》,载《当代法学》2004年第2期,第40页。
〔2〕 史尚宽:《民法总论》,中国政法大学出版社2000年版,第19页。

点来说，将概念和界定的内容调换过来的表述一般来说就是正确的，即私人享有的权利为私权。基于此，在判断劳动权是否具有私权属性时，我们首先可以从劳动权主体的私人身份上来进行论证。

一、劳动权主体身份上的私人性

（一）自然人

劳动权主体即劳动权的拥有者，是指享有请求国家和社会给予劳动机会，通过自己的劳动获得劳动报酬并获得劳动保障的权利主体。劳动法律通常将该类主体称为劳动者或者雇员，例如德国学者杜茨指出，“一般认为雇员，是基于私法上的劳动合同处于从属地位为获取工资而有义务为他人（雇主）提供劳动给付的人”。[1] 我国《劳动法》第3条规定：“劳动者享有平等就业和选择职业的权利、取得劳动报酬的权利、休息休假的权利、获得劳动安全卫生保护的权利、接受职业技能培训的权利、享受社会保险和福利的权利、提请劳动争议处理的权利以及法律规定的其他劳动权利。”因此，享有劳动权的主体是劳动者。所谓劳动者，从字面理解即为“劳动的人”。从词源上来考察劳动的含义，劳动与做工、辛劳等密切相关，这与英国学者雷蒙·威廉斯的考证相符。[2] 能够从事工作和付出辛劳的只能是自然人。对此，各国的法律规定及理论均表达了肯定的态度。依据德国宪法法律的规定，劳动者的分类包括雇员、与雇员相类似的劳动者、工人和职工。[3] 日本宪法学界通说也认为，劳动者是为了获取劳动报酬这一对价而为他人提供体力劳动和脑力劳动，并依靠劳动报酬生活的人。日本劳动法学界也一般认为，劳动者是依靠劳动报酬生活者，而无论其职业如何。[4] 根据我国《宪法》的规定，“中华人民共和国的公民有劳动的权利和义务”。劳动权主

---

〔1〕［德］W. 杜茨：《劳动法》，张国文译，法律出版社2005年版，第16、21页。

〔2〕参见薛长礼：《劳动权论》，科学出版社2010年版，第102页。

〔3〕参见［德］W. 杜茨：《劳动法》，张国文译，法律出版社2005年版，第16～20页。

〔4〕参见薛长礼：《劳动权论》，科学出版社2010年版，第48页。

体的范围也仅局限于公民,即个人,而在法律上与个人相对的另一独立法律主体单位则为非劳动权主体。当然,根据宪法和劳动法的规定,该个人应当是具有劳动权利能力和劳动行为能力的。对此,我国《劳动法》有同样的规定,其规定劳动者是与中华人民共和国境内的企业、个体经济组织形成劳动关系,以及与国家机关、事业组织、社会团体、民办非企业单位、依法成立的会计师事务所、律师事务所等用人单位建立劳动合同关系的劳动主体。可见,该主体是与单位相对的法律主体,其只能是自然人,而法人、非法人组织(工会除外)均不可能成为劳动权的主体。也就是说,所有的具有劳动能力的自然人,均属于我国劳动法上的劳动者范畴,包括外国人和无国籍人。同样,我国的劳动法理论也认为,劳动者是具有劳动权利能力和劳动行为能力,将自己的劳动与生产资料相结合,通过劳动获取劳动收入以满足自己生活需要的自然人。[1] 当然,在劳动法领域自然人是否是劳动者,还需要认定该自然人因付出劳动而产生的法律关系是不是劳动关系。

具有劳动者资格的前提是具有劳动权利能力和劳动行为能力;只有具备了劳动能力才能参加到劳动关系中,才有可能成为劳动者。那么,劳动权利能力与劳动行为能力是否统一和一致呢?[2]对此,学界有两种相反的观点。郭捷教授认为,劳动权利能力和劳动行为能力是一致的。在其主编的教材《劳动法学》(第5版)由其撰写的第四章“劳动法律关系”中,在写到劳动权利能力和劳动行为能力时,是这样描述的:“法律赋予劳动者劳动权利能力与劳动行为能力是基于以下两个条件:1. 达到法定年龄……2. 具有劳动能力”。[3] 而薛长礼先生观点与此不同,他认为劳动权利能力与劳动行为能力不一致。其认为,“劳动权利能力与生俱有,一直延续到公民死亡才

〔1〕 参见郭捷主编:《劳动法学》(第5版),中国政法大学出版社2011年版,第62页。

〔2〕 我们知道,民事权利能力和民事行为能力是不一致的。民事权利能力始于自然人出生,终于死亡;民事行为能力则根据自然人的智力、年龄状况,区分为无民事行为能力、限制民事行为能力和完全民事行为能力三个阶段或者三种情况。而与此不同的是,商事权利能力和商事行为能力是一致的,同时产生、同时消灭。

〔3〕 郭捷主编:《劳动法学》(第5版),中国政法大学出版社2011年版,第63页。

终止。……公民劳动行为能力则受到下列因素的制约:(1)年龄因素。……(2)健康因素。……(3)行为自由因素。……(4)智力和能力因素。……劳动权利能力和劳动行为能力并不总是统一的。每个自然人都无条件具备劳动权利能力,但其劳动行为能力则因为受上述四个因素的影响而呈现不同的状态,或完全具有,或完全没有,或受到限制,或从有到无,或从无到有"。[1] 笔者赞同后一种观点。因为无论自然人的自然状况如何,其都有可能获得劳动权(主要是指劳动报酬权),比如,未满16周岁的人参加非特殊职业的工作,难道因为其未满16周岁,就能够否定其享有请求支付劳动报酬的权利吗?显然是不应该的。再如,劳动者去世,而其对用人单位享有的劳动报酬权,应该是可以继承的,难道仅因为继承者未满16周岁就能够否认其通过继承而享有该劳动报酬请求权吗?这么做显然是不合理的。因此,劳动权利能力不同于劳动行为能力,其是自然人成为劳动者的资格,任何一个自然人均享有该资格。而是否真正能够成为劳动者,则要看其是否具备劳动行为能力,受年龄、智力、健康状况等因素的制约。

如上文所述,劳动者应当是自然人,而自然人是私人。因此,作为自然人的劳动者的私人身份决定了劳动权和劳动报酬请求权的私权属性。

(二)工会

所谓工会,顾名思义是工人的团体性组织,在法理上是群众自治性组织,是为维护工人利益、壮大工人力量而产生的。在现代社会,工会的一个重要功能是代表工人与用人单位进行谈判,签订有关劳动者与用人单位之间有关劳动条件的集体协议。因此,其作为劳动法中的主体,被学界所关注。然而,对于工会是否具有独立主体资格,我国法律分两种情况予以规定。一种是我国《工会法》所规定的非企业内部的工会,其具有法人资格,是独立主体。我国《工会法》第15条规定:"中华全国总工会、地方总工会、产业工会具有社会团体法人资格。基层工会组织具备民法典规定的法人条件

---

〔1〕 薛长礼:《劳动权论》,科学出版社2010年版,第46~48页。

的,依法取得社会团体法人资格。"另一种是企业内部工会,这些基层工会只有在具备《民法典》第58条规定的法人条件并经有关主管机关依法确定方能取得法人资格。我们这里所指的是第二种工会。

工会是在劳动者与用人单位形成劳动关系的过程中,因劳动者处于相对的弱者地位,需要联合起来形成劳动者组织,即工会,以团体形式来代表和维护劳动者的整体利益,与用人单位协商、谈判,签订集体合同,从而与用人单位形成集体劳动关系。集体劳动关系的形成是为了防止和阻碍劳动者独立签约的不利内容,为劳动者签约提供最低标准,并促使用人单位在该基准之上平等对待每位劳动者。因此,集体劳动关系的形成过程就是工会的产生过程,当然工会的产生也推动了集体劳动关系的形成。可见工会的重要作用主要体现在集体劳动关系之中,这就涉及工会是不是集体劳动关系主体的问题。

从工会产生的原因和存在的意义角度来看,工会对内整合了劳动者的利益,壮大了劳动者的能力;对外代表劳动者与用人单位进行协调、对抗。有学者认为,只有赋予工会法律上的独立主体地位,它才能享有权利并承担义务,才能更好地为劳动者服务。[1] 笔者赞同这一观点。我国《工会法》及最高人民法院《关于在民事审判工作中适用〈中华人民共和国工会法〉若干问题的解释》明确规定,工会是集体劳动合同的主体,其享有在劳动合同发生争议时向劳动争议仲裁委员会申请仲裁以及诉讼的权利。

从性质上来说,工会是群众性的社会团体,是一种非营利、非政府组织,其主要功能为代表劳动者的利益协调劳动者与外界的关系。因此,工会属于私法主体,其享有通过私权利和私法的救济手段保护劳动者的利益的权利。

二、破产劳动债权的财产性决定了其私权属性

判断破产债权的条件之一是该债权必须是财产性债权,即以财产为内

---

〔1〕 参见董保华主编:《劳动关系调整的社会化与国际化》,上海交通大学出版社2006年版,第210页。

容的债权，非以财产为内容的人身债权不属于破产债权。因此，劳动债权如果是破产债权则应当具有财产性。下面将就劳动债权的财产性予以论证。

财产权劳动学说有力证明了基于劳动而产生的权利的财产性。该学说的创始人洛克指出，每个人对他自己的身体享有所有权，除了他本人，其他任何人都没有这种权利。我们可以说，人的身体所从事的劳动和人的双手所做的工作，应该属于他自己。所以，只要他使什么东西摆脱了自然的存在状态，他就把他的劳动渗入其中，就在它上面注入了他自己的某种东西，因此，也就使它成为自己的财产。[1] 洛克基于自然权利理论，阐述了劳动是获得财产所有权的重要手段并具有正当性。其认为，"既然是他使这个东西摆脱自然所安排的公有状态，就说明他通过劳动为它添加了某些东西，因此也就排除了其他人的共有权。因为，劳动是劳动者毋庸置疑的财产，所以只有他本人有权享有渗透着他的劳动的那个东西，起码在还有足够的、同样好的东西留给其他人共同享用的情况下，更是如此"。[2] 虽然洛克的财产权劳动学说将劳动定性为取得所有权的依据，就现代法律来看缺乏合理的说明和论证，但正如高富平先生所说，"劳动和投资无疑是取得财产的最原始、最重要的方式，而且也是最正当的方式。不过各国民法典很少将劳动和投资作为财产所有权取得方式"。其进一步论证原因在于，一是劳动和投资是一种财产取得的自然法则，为人们普遍接受，无须写入法条；二是大陆法系物权法不讲财产的取得只讲物权的取得，通常指物之所有权的取得，而劳动、投资获得均是金钱，不是通常意义上的物，也非物权法上的所有权的取得。[3] 但其充分说明了基于劳动而应当取得劳动报酬权的合理性；该劳动报酬权是一种财产性权利，属于财产权中的债权。正如有学者所说，"报酬请求权在性质上属于债权"。[4] "简而言之，劳动报酬权是以劳动为本源、由法律确认的债权。可以说，正是基于劳动报酬权的本质是私法中的债权，

---

〔1〕 参见［英］约翰·洛克：《政府论》，杨思派译，江西教育出版社 2014 年版，第 134 页。

〔2〕 ［英］约翰·洛克：《政府论》，杨思派译，江西教育出版社 2014 年版，第 134 页。

〔3〕 参见高富平：《物权法原论》（第 2 版），法律出版社 2014 年版，第 519 页。

〔4〕 冯彦君：《劳动权论略》，载《社会科学战线》2003 年第 1 期，第 170 页。

所以许多国家的民法典都将劳动报酬问题放在雇佣契约或劳动契约中进行规定。"[1]黎建飞教授确认了工资的财产属性。其认为工资的财产属性具体有两个方面的特性:一是工资是一种实际存在的财产,即工资作为劳动所得,是劳动价值的体现,其在劳动过程中已经物化到产品中而成为一种实际存在;二是工资是一种通过支付才能取得的财产,工资作为劳动的对价,其取得需要劳动的付出。[2]

上述关于工资财产属性的两个方面决定了劳动债权的私权属性。多数学者对此均予以了肯定。比如薛长礼先生认为,近代社会产生的劳动权,体现为个人权利,其是用来规制劳动拥有者与劳动使用者之间关系的私权利。其作为人的基本权利,赋予个人通过契约自由支配自己的劳动并获得对价的权利;其是在"由身份到契约"的运动之后,以契约自由为基础产生的。因此,契约的普遍化运动为劳动权的自由化、个人化和法律化发挥了重要作用。[3] 正如有学者所说,"契约的本质是意志自由或曰意思自治,它强调和扶持的是个人本位,它对于把个人从身份的束缚中解放出来,调动个人的主动性、积极性和创造性,强化个人的责任感,起着重要作用"。[4] 契约把劳动者从对奴隶主的身份束缚中解放了出来,可以自由地对自身劳动予以支配并获得对价。因此,劳动权的属性为劳动债权,是私权利。但随着社会的进步和发展,多数学者认为劳动权(劳动报酬权)并非纯粹的私权。比如许建宇先生认为,劳动报酬权已不是一种纯粹的私权,而是一种兼具公权和私权特征的社会权。[5] 左平良先生认为,劳动报酬权并不是纯粹意义上的私法债权,而是具有一定公法性质的债权。[6] 基于劳动者是"弱势群体"的观

---

〔1〕 胡玉浪:《劳动报酬权研究》,厦门大学2007年博士学位论文,第25页。

〔2〕 参见黎建飞:《工资的属性与特殊保护》,载《法治论坛》(第10辑)2008年第2期,第101~102页。

〔3〕 参见薛长礼:《劳动权论》,科学出版社2010年版,第71页。

〔4〕 邱本:《从契约到人权》,载《法学研究》1998年第6期,第36页。

〔5〕 参见许建宇:《社会法视野中的劳动权》,载林嘉主编:《劳动法评论》(第1卷),中国人民大学出版社2005年版,第86页。

〔6〕 参见左平良:《论生存性债权对担保物权的优先行使》,载《云梦学刊》2001年第4期,第34页。

念，国家对于劳动权的调整不再局限于劳动者和用人单位之间的“意思自治”和“合同自由”的调整，而是通过限制劳动合同的抽象的绝对自由来积极干预劳动关系产生、变更和消灭过程中实质不公平、不正义现象，以保护和帮助社会弱者。[1] 因此，劳动债权虽具有私权属性，但并非唯一属性；其还包含其他权利属性，其中主要是人权属性，下文将重点予以论述。

第四节　破产劳动债权的人权属性

从私法的角度来分析，劳动关系是一种平等主体之间的契约关系。在这种法律关系中，雇员有选择雇主从事职业劳动的自由，而雇主也有选择雇员为其提供劳动机会的自由。然而，雇主与雇员之间这种表面上的契约自由掩盖了实质上的契约不自由。[2] “一个离乡背井之劳工，依赖出卖劳力维持生活，如何能与企业主讨价还价磋商劳动条件？”[3] 为了获得就业的机会，雇工不得不在缔结劳动契约的过程中放弃个人的诸多自由和利益——正是契约自由使雇主压低劳动力价格成为可能，雇工们被迫接受低工资和长时间的劳动。在 19 世纪初，欧洲工人的日工作时间多达 15 小时，甚至还要更长。[4] “包身工”正是这种契约自由的真实写照，这也是人类劳动史上极为惨痛的一幕。而一旦国家开始积极介入这种契约关系，采取种种措施限制雇主的契约自由时，就产生了劳动法和宪法上的劳动权。[5] 其中最典型的措施莫过于有关最长工时的立法。例如，1802 年英国制定的《学徒健康

[1] 参见郭捷主编：《劳动法学》（第 5 版），中国政法大学出版社 2011 年版，第 125 页。

[2] 参见杜强强：《劳动权的规范构造及其第三人效力——再论最高人民法院有关“工伤概不负责”的批复》，载《北方法学》2018 年第 5 期，第 63 页。

[3] 梁慧星：《民法总论》，法律出版社 2011 年版，第 39 页。

[4] 参见［日］杉原泰雄：《宪法的历史》，吕昶、渠涛译，社会科学文献出版社 2000 年版，第 89 页。

[5] “劳动法是抵制劳动契约领域法律上形式性的契约自由危险的行动。”参见［德］拉德布鲁赫：《法学导论》，米健译，法律出版社 2012 年版，第 97 页。

与道德法》最早规定了最长工时,它被认为是劳动法诞生的标志。[1] 又如,在美国1903年的Muller v. Oregon案中,俄勒冈州议会立法禁止妇女每天劳动超过10小时,公司起诉称该法侵犯了契约自由。美国最高法院接受了布兰代斯律师在其辩护状(Brandeis brief)提出的观点,认为长时间的劳动有害于妇女的健康,遂判决维持州法的效力。[2] 工时立法如此,其他劳动立法也是这样。例如,工伤立法是为了保障雇工的生命健康,童工立法是为了保护儿童的身心健康,有关妇女不得从事某种危险职业的立法是对妇女生命健康的保护,有关最低工资的立法既是对雇主契约自由的限制也是对雇工契约自由的保护和补强。[3] 因此,劳动关系下的劳动债权不仅具有私权属性,而且具有人权属性。

一、人权的本原

人权是什么?人权根源于什么?自然法学派认为,人权即自然权利,来源于人的天性,是人作为人所享有的不可剥夺、不可转让的权利。资产阶级启蒙思想家提出"天赋人权"的学说;其认为人权是天赋的,是不证自明的。因此,有学者认为,"人权的正当理由是修辞学的而不是哲学的。人权是不证自明的,包含在人们的直觉和已接受的其他概念中"。[4] 对于人权的这种认识,在反封建、反宗教的斗争中能够为人们的觉醒和社会的进步提供理论支持和合理性说明。强调人权的"天赋"和不证自明具有时代意义。但随着人权观念的深入和发展,社会文明的发展和进步以及理论研究的成熟,越来越多的学者对人权的"天赋"学说进行质疑,并开始思考:人的基本权利是"天赋"的吗?人自始就有这些基本权利吗?从历史的视角来分析,人的基本权利始终是同一和一致的吗?哪些条件导致了人的基本权利的变化?由

---

[1] 参见关怀主编:《劳动法》,中国人民大学出版社2001年版,第27页。

[2] See Muller v. Oregon, 208 U.S. 412(1908).

[3] 参见杜强强:《劳动权的规范构造及其第三人效力——再论最高人民法院有关"工伤概不负责"的批复》,载《北方法学》2018年第5期,第63页。

[4] [美]路易斯·亨金:《权利的时代》,信春鹰等译,知识出版社1997年版,第2页。

此,也产生了众多关于人权本原的观点和理论。

随着劳动权的产生和研究的深入以及劳动与人权关系的探究,在人权本原的诸多观点中,有学者提出了劳动产生人权的观点。劳动产生或者塑造人权,即人类文明来源于劳动,人的权利也来源于劳动。其实质是,劳动创造了人类社会,并创造了人的生活,而且使人能够有尊严地生活。因此,劳动对人的作用体现在以下三个方面:

1. 劳动使人产生并使人得以生存和发展。在劳动与人的起源关系上,劳动的起源与人的起源是同步的。人通过劳动得以从动物进化为人类,劳动使人能够相对独立地生活,也使人学会利用自然和控制自然的能力。劳动首先是人和自然之间互动的过程,是人以自身的活动为中介、调整和控制人和自然之间的物质变换的过程。人自身作为一种自然力与自然物质相对立。为了在对自身生活有用的目标上占有自然物质,人就使他身上的自然力——臂和腿、头和手运动起来。当他通过这种运动作用于他身外的自然并改变自然时,也就同时改变他自身的自然。他使自身在自然中蕴藏着的潜力发挥出来,并且使这种力的活动受他自己控制。[1] 正是这种自然的劳动使人为了生活而得到进化,使人能够直立行走,能够使自己的力量作用于自然;在人与自然存在这种不可分割的联系的同时,又使人区别于自然。

2. 劳动使人与人之间的关系形成。劳动不但使人改造自然,而且劳动改造了人与人之间的关系。首先,在与自然的对抗中,需要人的结合形成群体力量。其次,劳动创造的成果在满足劳动者个人需要的同时,也产生了互易所需的可能,形成人与人之间的交换关系,人类社会得以产生。“个体满足他自己需要的劳动,既是他自己的需要的满足,同样也是对其他个体的需要的一个满足,并且一个个体要满足他的需要,就只能通过别的个体的劳动才能达到满足的目的。……个别的人在他的个别的劳动里本就不自觉地或无意识地在完成着一种普遍的劳动,那么同样,他另外也还当作他自己

---

〔1〕 参见中共中央马克思恩格斯列宁斯大林著作编译局编译:《马克思恩格斯全集》(第44卷),人民出版社2001年版,第207~208页。

的有意识的对象来完成着普遍的劳动;这样,整体就变成了他为其献身的事业的整体,并且恰恰由于他这样献出其自身,他才从这个整体中复得其自身”。[1]

3. 劳动使人解放。人类的文明进步源于人们的劳动,而社会的文明进步使人得到解放。文艺复兴、启蒙运动和宗教改革使人们产生了共同的需求:摆脱压迫和奴役,建立自由、平等、博爱的社会。为了实现这一目标,人权思想成为人们的普遍思想,其推动了自由社会的建立。因此,人的权利是人自身固有的实践本质赋予的,是人基于主动创造活动和自主自为的需要向世界索取的一种正当的回报。[2]

劳动权与人权是等值概念;劳动权既是人权的重要组成部分,又是一种与劳动密切关联的权利。从人权角度来定义劳动权,“劳动权是公民的一项基本权利,也是从生存权的角度加以考量的,尤其在社会劳动安全法中体现的更为突出”。[3] 从所列内容来看,劳动权包含人权内容,“劳动权是由一系列权利所构成的权利体系,包括工作权、休息权、报酬权、职业培训权等”。[4]

二、劳动权的自由权、社会权、发展权的人权属性

在近代社会以前,劳动是以义务或强制的角度存在的。在奴隶社会,劳动的主体是奴隶,但奴隶却并不具有主体资格,其是属于奴隶主所有的以劳动工具形式存在的人。作为劳动工具,奴隶没有不劳动的权利,也没有选择劳动的权利,当然更没有选择为谁劳动的权利;其只能按照奴隶主的指示和要求劳动,也可能按照奴隶主的意愿作为财产而被买卖。随着社会的发展和进步,封建社会的劳动者不再是财产,人身依附性有所降低,但是并没有

---

〔1〕［德］黑格尔:《精神现象学》(上卷),贺麟、王玖兴译,商务印书馆1979年版,第234页。

〔2〕参见宋晋川、朱宝信:《行赋人权论》,载《文史哲》1996年第2期,第13页。

〔3〕白小平、马玉堂:《劳动权性质论略》,载《西北民族大学学报(哲学社会科学版)》2007年第4期,第88页。

〔4〕王德志:《论我国宪法劳动权的理论建构》,载《中国法学》2014年第3期,第74页。

消除,即劳动者的人身仍然依附于不劳动者。劳动者的劳动归属于封建主;因此劳动创造的财富首先归于封建主,其次才是解决自己的生存问题。劳动者自己没有对劳动力和劳动成果支配的权利。因人身依附关系,劳动者也没有选择是否劳动以及为谁劳动的自由。到近代社会,随着人类解放运动的兴起和人权思想的深入及普遍化,人的主体地位被普遍确定,人是平等自由的主体,任何人均不得将自己的意志强加给他人,不得强迫他人劳动;任何人均享有以自己的劳动获得劳动对价的权利,也享有不劳动的自由;任何人均有按照自己的意志选择劳动的自由,可以选择劳动的职业、劳动的地点和劳动的时间等,以劳动自由为核心的劳动权由此产生。

人作为法律上的主体,生活在自然状态和社会状态并存的环境。这就决定了人具有自然和社会双重属性。在自然属性上,生存权体现为生命的保护和维续;社会属性则要求人具有人格,因为“没有人格的生命是动物式的存在,没有生命的人格缺失意义主体,二者浑然一体,不可或缺”。〔1〕劳动权保障着两种状态或者两种属性,从而使人成其为人,使人获得劳动就业的权利和获取劳动报酬的权利。劳动权的社会权属性还体现在国家公权力的介入上。早期的资本主义社会奉行自由主义,国家充当的是“守夜人”的角色,其对人们私权的行使和实现不予强制和干预。对于私权属性的劳动权,国家同样不予干预。在这种自由主义的精神下,企业与劳动者享有缔结和解除劳动关系的绝对自由,但处于弱势地位的劳动者不可能有平等的契约自由,“对那些为了换取不足以维持生计的报酬而出卖血汗的人谈契约自由,完全是一种尖刻的讽刺”。〔2〕这种状况使无产阶级的劳动面临随时失业而带来的生存威胁,其结果是带来了生存危机。危机引起了国家公权力对劳动权的干预和介入:国家公权力保障劳动者的劳动权,限制企业解除劳动合同的自由,赋予劳动者最低工资保障,从而保障了劳动者的生存。这就

〔1〕马新福、薛长礼:《劳动权的法社会学论析》,载《吉林大学社会科学学报》2004年第2期,第111页。

〔2〕[美]伯纳德·施瓦茨:《美国法律史》,王军、洪德、杨静辉译,法律出版社2011年版,第161~162页。

使得劳动权具有了社会权的属性。

对于劳动权的社会权和自由权属性，我国学者多有论述。从我国基本权利规范体系的角度看，劳动权显然属于社会权，这已经是我国宪法学上的通说。[1] 随着我国社会经济的发展，公民自主创业和择业的现象愈加普遍，宪法学理论进而主张劳动权具有自由权与社会权的综合性质。具体来说，劳动权意味着公民有权要求国家积极创造劳动条件；这体现了对公权力的受益功能，具有社会权的属性。同时，劳动权也意味着公民进行劳动的权利不受国家的任意侵犯；这体现了对公权力的防御功能，具有自由权的属性。[2] 由于劳动和职业密不可分，"作为自由权，劳动权保障公民能够自由地按照自己的意愿从事劳动，在职业上界定自己的社会角色"。[3] 学说上也开始从职业自由的角度界定劳动权的自由权属性。[4] 由于国家对雇工个人自由的保护催生了现代意义上的劳动法，因此自由权是劳动权的核心和典型形态。[5]

劳动权不但保障着人的生存，而且是人谋求发展的重要权利。正如冯彦君教授所言，"劳动权不但是公民获取物质资源的最基本的方式，而且是公民发展自我和实现自我的基本途径"。[6] 作为社会属性的人，发展的需求是其天然的需求，是人作为高级的有思想的动物的价值追求。缺少了发展的价值追求，人将不为人。因此，发展是人和人类社会的永恒追求。人的发展和社会的发展是相互驱动、相辅相成的，人的创造本性推动人的本能的

---

〔1〕 参见许崇德主编：《中国宪法》，中国人民大学出版社1996年版，第423页；林来梵：《从宪法规范到规范宪法》，法律出版社2001年版，第216页。

〔2〕 参见韩大元：《宪法学基础理论》，中国政法大学出版社2008年版，第302页；徐刚、方立新：《论劳动权在我国宪法上的定位》，载《浙江大学学报（人文社会科学版）》2007年第4期，第53页；龚向和、袁立：《劳动权的防御功能与国家尊重义务》，载《北方法学》2013年第4期，第40页。

〔3〕 谢立斌：《宪法解释》，中国政法大学出版社2014年版，第124页。

〔4〕 参见杜强强：《劳动权的规范构造及其第三人效力——再论最高人民法院有关"工伤概不负责"的批复》，载《北方法学》2018年第5期，第62页。

〔5〕 参见杜强强：《劳动权的规范构造及其第三人效力——再论最高人民法院有关"工伤概不负责"的批复》，载《北方法学》2018年第5期，第65页。

〔6〕 冯彦君：《劳动权的多重意蕴》，载《当代法学》2004年第2期，第41页。

发展;而人的个体发展的质变会引发社会的进步,从而带来人类文明的日益进步。因此,没有作为社会组成单位人的发展,社会就无以发展。而社会的文明和进步又为人的发展提供了环境和条件支持,现代社会的行为自由和人格独立的环境以及丰富的资源的支持为人充分挖掘能力和充分实现发展、创新提供了前所未有的条件。[1] 这些条件的实现,均需要劳动权的保障;尤其是在经济保障上,体现较为明显。“劳动报酬权为劳动者的全面发展提供经济支持,劳动者有了可靠的经济收入,才能进修、社交、旅游,全面地提高素质。”[2] 历史实践已经证明,劳动是人类社会和人类文明发展的推动力,劳动决定和实现了人的全面进步,劳动权体现着发展的理念。

无论是自由权、社会权还是发展权均是人的基本人权。因此,劳动权具有人权的属性,劳动权具有私权和人权的双重属性。德国法学家拉德布鲁赫认为,“劳动法的任务是实现劳动者的人权(Menschenrecht),在新的层面——人格自由的层面上将劳动关系作为人身法律关系重构”。[3] 基于破产劳动债权与劳动权属性的延续性,破产劳动债权也应当具有私权和人权的双重属性。

本章小结

基于请求权是原权利受到侵害时产生的救济权利,其与原权利的目的相一致,一致的目的性和权利之间的延伸关系决定了二者属性上的牵连性。劳动报酬请求权是劳动权的救济权利,二者具有密不可分的属性上的牵连性。因此,劳动权具有私权和人权的双重属性,作为劳动权受到侵害时的救济权利的劳动报酬请求权也具有私权和人权的双重属性。而破产劳动债权

[1] 参见冯彦君:《劳动权论略》,载《社会科学战线》2003 年第 1 期,第 169 页。
[2] 冯彦君:《劳动权论略》,载《社会科学战线》2003 年第 1 期,第 169 页。
[3] [德]拉德布鲁赫:《法学导论》,米健译,商务印书馆 2013 年版,第 121 页;陈学超:《劳动权性质论——自由主义视野下的初步探讨》,载《南京社会科学》2004 年第 3 期,第 64 页。

是劳动报酬请求权在破产程序中的转化形式，其属性不会因此而发生改变，其也具有私权和人权的双重属性。私权属性（债权属性）要求劳动债权应遵守债权平等保护的原则，而人权属性说明了劳动债权对于劳动者具有的生存利益的保护意义；劳动债权是助力劳动权最终实现的重要物质性权利。那么劳动债权包含的人权属性，是否可以决定破产劳动债权在破产法中的破产财产分配时享有优先顺位，以保证劳动者的生存利益不受侵害呢？对此，冯彦君教授认为，“报酬请求权在性质上属于债权，不过与一般的债权不同，报酬请求权具有法定优先性”。[1] 下文笔者将从劳动债权的两重属性入手，进一步深入研究。

〔1〕 冯彦君：《劳动权论略》，载《社会科学战线》2003年第1期，第170页。

第二章　形式与实质：债权平等中的优先保护

法律被认为应该不分轩轾地援用到一切情况，一切人物，不论贫富，无分贵贱。法律能够这样毫无差别地适用，才可以称作正义的实践。同时必须注意的是，这种意义的正义，其实不过是形式上平等的原则。可是倘若没有限制，它甚至不能被看作平等。正义并非指我们必须同样地对待每一个人，无视于个别的差异，因为这样如同是要我们对每一个杀人犯量以相同的刑罚，不管被告是否心神耗弱或尚未成年。这一形式原则的真正意义是相同的东西应受相同的对待，因此根据分类隶属同一范畴的人，为了某一特定的目的，就应该受相同的待遇。……形式上的正义要求就是按照法律规定分门别类以后的平等对待。[1]

——丹尼斯·罗伊德

[1] ［英］丹尼斯·罗伊德：《法律的理念》，张茂柏译，上海译文出版社 2014 年版，第 90 页。

第一节　债权平等评析:被误解的传统认知

一、平等——法的价值之一

“自由、安全和平等诸价值,根植于人性的个人主义成分之中”。[1] 平等,自古为人类所追求,是人类的终极目标之一。翻开人类社会的发展史,对于平等的追求贯彻于始终。最早主张人人平等的可能是斯多葛派,“斯多葛派自然法观念中的一个重要因素乃是平等原则。斯多葛派哲学家深信,人在本质上是平等的;因性别、阶级、种族或国籍不同而对人进行歧视的做法是不正义的,是与自然法背道而驰的”。[2]

然而,平等是个多元混沌的概念,不同社会发展阶段的哲学家、社会学家、法学家和政治学家对其有不同的解读。在近代社会以前,平等更多指的是阶级范围内的平等。例如,中国古代所存在的“礼不下庶人,刑不上大夫”;古希腊思想家亚里士多德虽然认为人的法律地位应该是平等的,但却将其放在平民或贵族的范围内,而对于平民与贵族的平等地位是根本否认的;古罗马的法学家西塞罗则认为,一个有序的政体需要法律的等级差别。[3] 即使在近现代社会,平等的指向也有多个角度:它可能指向政治参与的平等、收入分配的平等,也可能指向社会地位和法律地位的平等,还可能指向机会平等、形式平等、结果平等。

等级对于人类社会有效率地发展发挥着重要的作用,而且始终存在于人类社会。哺乳动物世界的斗争是不可避免的。斗争的结果是主宰权的确

---

〔1〕［美］E. 博登海默:《法理学:法律哲学与法律方法》,邓正来译,中国政法大学出版社 2004 年版,作者致中文版前言第 6 页。

〔2〕［美］E. 博登海默:《法理学:法律哲学与法律方法》,邓正来译,中国政法大学出版社 2004 年版,第 22 页。

〔3〕参见韩银兰、杜晓智:《债权平等原则在代位权理论中的重释》,载《北京科技大学学报(社会科学版)》2005 年第 3 期,第 33 页。

定,个体之间形成有序的等级关系,每个个体都有其确定的位置、固定的地位,个体之间形成有序的合作关系,维系着社会的稳定和安全,[1]进而形成群体主宰者的权威;而等级关系维护着群体权威,每个群体成员均遵守着群体权威的决策,实现了群体行为的效率,推动群体的发展。此处的等级并非否定法律的平等,而是社会发展所必须的分工合作、各司其职的要求,是社会成员之间存在的事实上的地位差别。

"法是善良和正义的艺术",在价值层面上,法律必须以平等为理念。[2]法律的平等,是指作为法律主体的人的地位平等。法律是人们的普遍行为规范,是社会成员权利和义务的分配规则。因此,法律的平等具体又体现为权利和义务分配的平等,或者说法律规定的权利和义务平等地适用于所有的社会成员。每个社会成员按照法律的规定享有平等的主体地位,享有平等的获得权利和承担义务的机会,进一步而言,其享有的权利也是平等的。正是这种法律上的平等,为事实上处于不同领域的人相互同等对待提供了必要前提,为在事实上地位存在差别的主体之间克服相互敌视、冲突和自卑的心理提供理性基础。正如孟德斯鸠所说,"天地之间有多远,真正的平等精神和极端平等精神之间就有多远。真正的平等精神既不是人人都发号施令,也不是人人都俯首听命,而是服从于我们平等的人,领导于我们平等的人。这种精神不是根本不要主人,而是要让和我们平等的人做主人","在原始状态下,人生而平等,但是,人不可能长期处于原始状态中。社会使人失去平等,只有通过法律才能重新实现平等"。[3] 因此,"平等与极端的平等有天壤之别。平等并不是人们在所有的方面都应当平等",孟德斯鸠认为结果平等是不可能的,起点平等也不可能,机会平等也是不可能的,只有规则平等具有可能性,"所有的人在同一规则下竞争。这种平等具有较大的现实

---

〔1〕 参见[美]保罗.伍德拉夫:《尊崇:一种被遗忘的美德》,林斌、马红旗译,商务印书馆2007年版,第32页。

〔2〕 参见韩银兰、杜晓智:《债权平等原则在代位权理论中的重释》,载《北京科技大学学报(社会科学版)》2005年第3期,第34~35页。

〔3〕 [法]孟德斯鸠:《论法的精神》(上卷),许明龙译,商务印书馆2012年版,第135~136页。

性，比较可取”。[1]

二、债权平等的通常理解

主体法律地位上的平等决定了主体享有权利的平等，主体享有权利的平等也进一步维护着主体法律地位上的平等。对于民事主体来说，其享有的民事权利应该是平等的，无论是人身权利还是财产权利，也无论是财产权利中的债权还是物权。因此，债权平等并不能从字面来理解，也不能从物权法领域没有物权平等原则而推出与债权相对的权利——物权不平等的结论。在调整平等主体之间关系的私法领域，私法主体所享有的权利均应该是平等的。总体而言，债权和物权均为平等的权利。而作为债法领域基本原则的债权平等和物权领域的物权不平等，指的是权利冲突时的权利顺位问题，是解决冲突权利实现时顺位的基本原则。

债权平等是指当同一债务人对不同的债权人存在数个无财产担保的普通债务时，不论该债成立的先后顺序，这些债之间无优劣之分，债权人之间的债权均一律平等。也就是说，时间在后的债权无须等待时间在先的债权实现。债权平等的适用条件为：(1)数个债权均针对同一债务人，即同一债务人负担数个债务。如果数个债权并非针对同一债务人，而是不同债务人针对同一债权人，该数个债权自然是平等的债权，但其并非债权平等的应有之义。债权的内容是请求债务人为特定行为，其对债务人的财产或者债务人的行为没有支配力。债权是请求权，不具有排他性，它不能排除在同一债务人甚至是债务人的同一标的物上成立多个普通债权。因此，数个债权人对同一债务人同时享有债权是普遍现象，甚至针对同一标的物同时存在数个相同债权的现象也是较为常见的，比如“一物二卖”的情形。(2)该数个债权均为无担保的普通债权。适用债权平等原则的债权是以债务人的全部财产为一般担保的债权；债权本身无约定或者法定担保，不享有针对债务人的一般财产或特定财产优先受偿的权利。债务人的没有设定担保的全部财

[1] [法]孟德斯鸠：《论法的精神》，申林编译，北京出版社2012年版，第52页。

产是用于偿还债务或者承担违约责任的财产，是所有普通债权的责任财产。该责任财产是债务人对外行为的信用财产；在债务人未提供特定财产担保的情况下，对于债权人来说，债的关系发生时债权人均是相信了债务人的责任财产的清偿能力。[1] 另外，债权平等原则多突出在债权实现发生冲突的情形，即数个债权之间是存在冲突的，该冲突主要来源于债务人特定财产的不足（比如"一物二卖"）或者债务人的全部财产不足以清偿全部债务时。如果债务人的特定财产或者全部财产足以实现全部债权，那么强调债权平等或者债权受偿顺序的先后并没有实际意义，债权平等通常不会被关注。

债权平等是法律上的机会平等；它使债权人处于平等的地位，享有平等的权利。所有债权人均在平等的起跑线上，大家均有实现自己权利的平等机会。当然，债权平等并非结果平等，其并不能保障所有人的机会均能转变为结果，有的人可能输在起跑线上，也有的人可能跑得太慢没有取得出线资格而被无情地淘汰（债务人已无财产可供清偿）。可见，债权平等只是为债权人提供了平等的预期；至于该预期是否能够真正实现，则取决于每个权利人实现权利的能力和各种可能出现的不确定因素。这种机会和预期，为债权人提供了发挥自己聪明才智的空间和激励。结果平等的不可能已经给主权者或者智者带来了巨大的压力；而机会平等给予人们很好的选择，给予人们充分的自由和充分的主动性，具有巨大的优势。因而，机会平等被认为是人类的智者或者选择者们创造的迄今为止最优的平等观念，是社会强大的稳定器和助推器。[2] 因此，债权平等对债权人来说，实行的是"先到先得"原则，任何债权人均不得以自己的债权成立在先为由要求其他债权人返还已经获得清偿的债权额。

对于债务人来说，债权平等原则意味着债务人债务的任意履行规则。

---

[1] 参见戴新毅：《债权平等及其突破模式选择》，载《河北法学》2013 年第 6 期，第 73 页。

[2] 参见韩银兰、杜晓智：《债权平等原则在代位权理论中的重释》，载《北京科技大学学报（社会科学版）》2005 年第 3 期，第 35 页。

所谓任意履行规则,是指债务人享有选择履行债权的权利,债务人的选择可以不考虑债权成立的先后、债权标的额的多寡和债权的种类,债务人的选择也不受债权人的阻止和妨碍。一旦债务人做出了选择并进行了清偿,那么该清偿就受到法律保护,其他债权人无权主张该清偿无效而要求追回清偿财产。同样,如果债权人通过诉讼方式获得了胜诉判决,并据此判决申请了强制执行,根据强制执行所获得的债权清偿也是受法律保护的。当然,在债务人是企业法人的情况下,如债务人的任意履行符合《企业破产法》规定的撤销权行使条件,则应当由管理人向人民法院申请行使撤销权予以撤销并追回相应的财产。相反,如果债务人并非企业法人,或者虽然是企业法人但其履行行为不符合《企业破产法》规定的撤销权行使条件,即使债务人的财产不足以清偿全部债务,债务人的任意履行行为仍然有效。正如王泽鉴先生所说,"某债权人先为强制执行而受清偿时,其他债权人,纵其债权发生在前,亦仅能就剩余财产受偿。债务人破产时,债权不论其发生先后,均依比例参加分配"。〔1〕

因此,通常理解的债权平等的含义包含以下三个内容:一是针对同一债务人的数个普通债权的实现没有先后顺序。其秉承"先到先得"的原则,哪个债权人有能力先实现债权,无论其债权成立的先后,法律都予以保护。二是债务人秉承任意履行规则,无须按照债权成立的先后顺序履行,其履行哪个债务完全出于自己的意愿。三是债权平等首先表现为债权实现的机会平等、形式平等,即便在债务人财产已不足以清偿全部债务的时候也表现为机会平等、形式平等,只有特殊情况下即进入司法清偿程序时才表现为按债权比例清偿的实质平等。〔2〕

---

〔1〕 王泽鉴:《债法原理》(第2版),北京大学出版社2013年版,第60页。

〔2〕 按照我国法律的规定,在债务人财产不足以清偿全部债务时,只有两种情况下,债权会按比例清偿:一是已判决的债权,债权人可以依据判决书,参加对债权人财产的执行程序,按比例清偿债权;二是在破产程序中,同种类债权在债务人财产不足以清偿时,按比例清偿。

三、债权平等的理论基础：债权的非公示性

债权平等、物权不平等为理论界公认的权利效力的顺序准则。为什么会有如此区别？原因在于债权和物权的不同特征和属性。然而到底是哪个不同的特征决定了债权的平等和物权的不平等，对此学界有不同的解释。笔者在进行梳理的同时提出个人的评价，并在此基础上提出笔者认为的债权平等的理论基础。

有学者认为，债权平等的理论基础在于债权的请求权性质和债权的相对性。[1] 首先，债权平等体现为针对同一标的物的债权的平等。而债权的请求权属性决定了债权的客体是债务人的履行行为，其并不能直接支配债务人的特定财产；因此债权之间不具有排他性，这也就决定了针对债务人同一财产的数个债权能够并存。其次，很多情况下，债权平等体现为非针对同一标的物的债权的平等。社会生活中债的范围非常广泛，其产生于并表现为市场的各种交易关系和人们的各种生活关系。而作为市场经济的主体，交易关系是人们生活的基本关系，任何人在每天的生活中都离不开交易行为，比如买卖行为、借贷行为、乘坐交通运输工具的行为，等等。这些普遍存在的生活行为和非普遍存在的仅属于个人的交易行为，共同构成了人类社会可能发生的债的范围。债的范围的广泛性决定了同一债务人常常负担针对不同债权人的多个债务；而这多个债务可能种类不同，其针对的债务人的财产也不同。但在债务人无法履行的情况下，均会转变为以债务人的全部财产作为一般担保的债权，成为针对债务人的全部财产的债权。这些债权同样不因成立时间的先后和债权种类的差异而有先后顺位。这两种情况说明了债权同时存在的可能性和经常性，因此在债权领域才会产生数个债权的实现顺序问题。相对而言，物权则具有排他性，“一物一权”是物权法的基

---

[1] 参见曹宇：《债权的平等与优先——兼对债权平等理论的反思》，载《河北法学》2012年第10期，第183页；韩银兰、杜晓智：《债权平等原则在代位权理论中的重释》，载《北京科技大学学报(社会科学版)》2005年第3期，第34页。

本原则,即同一物上不允许同时存在两个以上的内容不相容的物权;所有权是该类物权的典型,因此同一物上只能有一个所有权。这种排他性决定了所有权领域不存在权利实现的顺位问题。

笔者认为,上述观点存在漏洞,其对债权平等原因的解释不能让人信服。首先,就债权的请求权属性而言,其对债权平等原因的阐述貌似有一定道理,但存在以下问题:第一,请求权并非权利并存的唯一原因。作为支配权的物权,同样可以并存。物权具有排他性,是指在同一标的物上不允许同时存在两个以上内容不相容的物权。也就是说,同一标的物上可以同时存在两个以上内容相容的物权。比如同一标的物上同时存在两个以上抵押权,这已为我国现行法律所认可和司法实践所接受。第二,数个权利并存并不代表权利实现上的平等性规则。如上文所述,同一标的物上虽然可以同时存在两个以上内容相容的物权,但这些并存的物权在实现效力上是具有先后顺序的。就抵押权而言,我国《民法典》第414条规定了同一标的物上的数个抵押权实现的先后顺序:"同一财产向两个以上债权人抵押的,拍卖、变卖抵押财产所得的价款依照下列规定清偿:(一)抵押权已经登记的,按照登记的时间先后确定清偿顺序;(二)抵押权已经登记的先于未登记的受偿;(三)抵押权未登记的,按照债权比例清偿"。其次,就债权的相对性而言,它只是在解决债权关系的效力范围问题,即当事人之间的债的关系对第三人不发生法律效力。第三人仍然可以针对同一标的物,依据同样的债的发生原因,与债务人订立同种类的债。即使其债无法实现,也不影响债的效力。而是否对第三人发生法律效力,仅指第三人是否对该债权关系负有义务,其并不能说明债权为什么平等。因为在作为绝对权的物权中,也存在平等的物权。比如均未办理抵押登记的同一标的物上的数个抵押权,也处于(实质)平等的实现顺位。[1] 因此,债权的相对性并非债权平等的根本原因。然而,通过考察持债权相对性的学者的观点可以发现,其认为债权平等的原因在于债权不公开和信息不对称,债权平等是为了保护交易安全的一种法

[1] 《民法典》第414条规定,抵押权未登记的,按照债权比例清偿。

律的拟制。债权的相对性决定了债的隐蔽性。正是因为债权只在债的关系的当事人(主要是双方当事人)之间发生法律效力,对第三人不发生法律效力,所以第三人并不知悉他人之债的相关信息,而且第三人也很难查知。这就决定了针对同一债务人会存在数个债权的可能性,而且该数个债权可能针对债务人的同一标的物。而对于这种情况,债权人可能全然不知,这就造成了关于债权是否存在的认识上的信息不对称。在这种情况下,如果按照债权成立时间决定债权的实现顺序,就会因为债权成立时间难以外化而影响交易安全。为了保障交易安全,解决债权人所存在的信息不对称的担心,促进交易的进行,法律规定了债权的平等性,债的实现应遵循"先到先得"的原则,从而赋予债权人平等实现权利的机会。笔者赞同这种观点。但笔者认为,既然权利实现上的平等并非仅存在于相对性的债权,那么主张债权的相对性是债权平等的原因就是不科学的。

笔者认为,债权平等的根本原因是债权不具有公示性。因债权不具有公示性,故与债务人发生债的关系的债权人就不可能知悉和了解债务人负担的债的情况,比如债务人是否已经负担了债务、债务有多少、债务的到期日、债务的履行条件等。因此,债权人缺乏对债务人负担债务的信息知悉渠道。如果法律不拟制债权平等的话,那么债权人在与债务人交易之前,必先了解债务人负担债务的情况,以确保自己的债权在将来能够实现。而这一行为必将使债权人付出高昂的成本,甚至即使如此也无法达到目的。这必将导致债权人在进行成本收益分析后而放弃设债行为,从而影响交易的顺利进行,阻碍社会的发展。因此,在法律没有确认债权交易必须公示而市场经济也不可能允许所有的交易均公示的情况下,债权人是无法通过自己的手段知悉各个与其相关的债的情况的。在这种情形下以及促进交易、降低交易成本的现实要求下,法律需要通过拟制确认债权平等,以保证各个债权平等的实现机会。可见,债权平等原则是在债的公示手段欠缺或者对债进行公示的成本过高时,在法律上进行成本收益分析后的结果;这是对法律进行经济分析的典型表现,是法律欲追求实质公平而不能的无奈。[1]

同样,物权实现上的不平等源于物权的公示,以公示的时间确定物权实现的顺位;而对于没有公示的物权,则同样实行(实质)平等对待。

然而,债权平等原则是否完全不考虑债务人的财产状况而对所有情况下的所有债权均适用?如果是,那么破产债权则不应有顺位差别,所有破产债权应平等地按比例分配破产财产[2],但如此规定是否合理?同为债权,现行破产法将债权分为不同层次,按顺位分配财产的原因到底为何?这些问题有待我们进一步解决。

第二节　债权平等的进一步诠释:形式平等与实质平等并存

一、债务人不同财产状态下债权平等的适用

因债权能否实现完全依赖于债务人的财产状况,故债权平等原则的适用情形可以划分为所有债权均能实现的债务人财产充足状态和债务人财产不足以清偿全部债务的状态。

(一)债务人财产充足:债权形式平等

当债务人财产足以清偿全部债务时,债权实现的先后顺序对于债权人来说,实质上没有太大意义,债权平等原则可以得到全面贯彻。例如,同一债务人同时存在普通债权的清偿义务和劳动者工资支付债务以及税款的缴纳债务,在债务人财产足以清偿时,这三类债权均可以按照法律规定的特定

[1] 参见王立志、李静:《债权平等性:解构与解困》,载《甘肃政法学院学报》2010年第2期,第142页。

[2] 即使破产债权不分层级清偿,或者仅是按比例清偿,也已突破债权形式平等,实为实质平等(结果平等)。因此,认为债权平等仅指形式平等显然是不全面的。

救济措施得以实现,因此三类债权之间会相安无事。[1] 法律无须考虑其中一类债权实现后他类债权能否实现的问题。因此,当债务人的财产充足时,"先到先得"的规则合理且符合社会大众的一般认知;其既提高了交易的效率,也不违反公平,而且能够促进债权人积极维权,并无不妥。[2] 此时的债务人根据债权平等原则,也享有任意履行的权利,其可以根据自己的意愿决定先向哪个债权人履行以及如何履行;但前提是债务人有充足的责任财产能够清偿全部债务,否则就存在厚此薄彼而有违公平的可能性。[3]

(二)债务人财产不足:债权实质平等的前提条件

当债务人资不抵债时,仍然不分情形地适用债权形式平等就具有不正当性,违背了法的价值和实质正义的追求。具体表现为以下几点。

第一,债权原本是平等的。而在债务人财产不足的情况下,部分债权人得到全额清偿或者大部分清偿,其他债权人未获得任何清偿或者仅获得很小部分的清偿,或者清偿比例相差悬殊,这本身就有违平等在人们心中的认知和意旨,也有违法律上的公平。

第二,债权本身具有等级性。不同种类的债有不同的价值,而不同的价值决定了不同债的等级性。对于债权来说,从表象上来看,其承载的大多为单纯的物质利益,更多表现为经济利益。比如借贷之债,债权人享有的是请求债务人返还借款的权利;从普遍意义上来说,该借款对于债权人仅具有经济意义,其并不承载更多的价值。然而,如上文所述,在社会生活中,债的种类纷繁复杂,债的性质和功能也各有不同。有些债虽转变为金钱之债,但并非仅关系到债权人的经济利益,其还承载着更高的价值。劳动债权就承载着劳动者生存的基本保障和生存利益,而非仅仅劳动报酬这一表象上的经济利益。众所周知,生存权是一项基本人权,生存利益的保障是现代社会的

---

〔1〕 参见汪世虎:《论破产程序对担保物权优先性的限制》,载《河北法学》2006 年第 8 期,第 26 页。

〔2〕 参见许德风:《破产法基本原则再认识》,载《法学》2009 年第 8 期,第 53 ~ 54 页。

〔3〕 参见韩世远:《合同法总论》(第 3 版),法律出版社 2011 年版,第 342 ~ 343 页。

第一目标;为社会服务的法律应满足这一现实需求,将基本人权——生存权的保障作为法的第一要义。

另外,劳动这一商品的特殊性也决定了其不同于普通意义上的交易债权。众所周知,劳动来源于人身,其应该属于人的行动自由的范畴,即劳动的付出是人的自由的付出。因此,劳动的内容是自由,其位阶很高。而且,劳动付出之后是无法回复的,即劳动者在提供了劳动之后,其就内嵌于劳动产品中,付出的劳动则一去不复返,劳动者只能向雇主请求劳动的对价——工资。

因此,蕴含生存价值和自由价值等更高的法的价值的债权与仅承载着经济价值的债权,不应同等对待。在债务人财产不足以清偿全部债务而债权仅承载着经济价值时,适用平等原则按照“先到先得”规则实现债权,或者在符合条件的情况下按比例实现债权,均符合法律的正义价值。而当债权不但具有经济价值而且其背后还承载着更高的人权价值(生存价值)时,仍然简单地适用平等原则或者按比例清偿,则可能会与人们的道德观念相悖。正如戴新毅所说,个体生存的人权价值是一个社会的基本价值,保护这种价值的实现就是保护最基本的人权,实现基本的人权价值是平等原则最低限度的要求。因此,不考虑债权背负的不同价值的形式平等,是一种实质上的不平等,是必须予以纠正的非正义。[1] 当然,我们不应忽略价值判断是一件不容易的事情,因为其在不同的社会发展阶段、不同的国家有不同的判断标准。正如凯尔森所言,“人类的哪些需要是值得加以满足的呢?特别是,什么是它们适当的排列顺序呢?这些问题不能用理性认识的方法加以回答。对这些问题的解答是一种取决于情感因素的价值判断(judgement of value),因而在性质上是主观的,它只对判断人有效,从而只是相对的。……自由主义和社会主义也将作出不同的决定,自由主义者认为个人自由是最高的幸福,而对社会主义者来说,社会安定和人人平等比自由更为重要”。[2]

---

〔1〕 参见戴新毅:《债权平等及其突破模式选择》,载《河北法学》2013年第6期,第73页。

〔2〕 [奥]凯尔森:《法与国家的一般理论》,沈宗灵译,商务印书馆2013年版,第33~34页。

第三,特殊群体利益保护的要求。通常情况下,债权平等被理解为是机会平等、形式平等和债权人的地位平等。然而,实质上各个债权人实现债权的机会并不相等。各债权人之间的差异决定了债权实现机会的不平等。资金雄厚的债权人有充足的资金以利用各种途径保障债权。另外,债权债务关系产生的环境因素和政策因素对于债权的实现也具有重要作用。例如,国家政策鼓励和支持的债权人的债权一般情况下较容易实现。因为此时的债权能否实现可能将影响政府负责人的政绩或工作业绩,因此政府会加大监管力度;债务人不履行该债权又可能会带来被认为不遵守和不支持政策的后果,在一个"社会泛政治化""政治思维为大众思维"[1]的国家,债务人通常会积极地履行债务。再如,官办企业和民办企业作为债权人,其实现债权的能力也是不同的。可见,债权人自身的能力对于实现债权的影响是具有重要作用的。[2]

如上文所述,债权人之间的个体差别在债务人财产足以清偿债务时无关紧要,债权形式平等原则的适用没有问题。而在债务人财产不足以清偿债务时,仍然不顾债权人之间的个体差别适用债权形式平等原则,则有违公正。当然,法律规则的一般性决定了此时的债权人之间个体差别的关注不可能具体到每个人的差别,而应是对普遍意义上的特殊群体的关注。以劳动者为例进行考察,就会发现劳动者是以劳动报酬为保障基本生存需要的特殊群体,而该类债权的实现是劳动者作为人的基本需要的满足。如果这种基本需要无法满足,将直接影响人的生存,立法应关注这一问题并采取行动。因此,法律在确认债权形式平等的同时,应关注到可能给特殊群体带来的实质不平等和不正义,在债务人不能清偿全部债务时应优先保护该类债权。正如有学者所认为的,劳动关系中的劳动者一方是"弱者",因劳动者分散、供大于求、谈判能力不足而处于弱势地位,让弱者在激烈的市场竞争中

---

[1] 张卫平:《法治思维与政治思维》,载何家弘主编:《法学家茶座》(总第40辑),山东人民出版社2013年版,第27页。

[2] 参见王立志、李静:《债权平等性:解构与解困》,载《甘肃政法学院学报》2010年第1期,第142页。

进行自由缔约，必然会导致一种强弱分化的态势出现。形式平等这一民法原则，不可能填平强与弱之间的沟壑。〔1〕

因此，当债务人财产不足以清偿全部债务时，如果仍遵循债权形式平等原则，那么就必然会导致有的债权得以实现，而有的债权则无法实现。这完全取决于债权人的能力或者债务人的意愿，其带来的结果是对实质平等的侵害和实质平等的缺失。自罗马法以来发展到现代社会，作为"法锁"的债的范围已经非常广泛，债的种类也呈现多样化，不同种类的债有不同的价值。因此，债权的受偿顺位至关重要，其关系到能否保护体现法和社会更高价值的债，以实现法的更高价值和贯彻法的价值位阶。然而，这是否意味着当债务人财产不足时就应当完全贯彻实质平等的要求，对债权分等级、按比例进行清偿呢？对此，笔者认为，债权的非公示性决定了债务人财产不足仅为债权实质平等的前提条件，而非充分条件，即不能仅凭这一条件就遵循债权实质平等而否定债权的个别清偿。

二、债务人财产不足时债权平等的适用

（一）债务清偿未进入司法程序：债权形式平等

债权的非公示性决定了债务人债务信息的非公开性。当债务人清偿未进入司法程序时，对于债务人财产是否足以清偿全部债务以及不足清偿的时间、债权的数额、债权人的人数等问题，没有一个法定的有审查能力的机构做出公平的判断，当然也无法确定债务人财产是否足以清偿债务；仅靠当事人自己的判断具有随意性和不确定性，在信息不对等的条件下也不具有可信性。同时，以债务人的全部财产作为责任财产的债权按比例清偿或者分层次清偿，也需要由法定的具有司法审查权的机构对债务人的全部财产和全部债务进行清理，在判断财产和债务对比的情况下对所有的债权按照法定的顺序或者比例清偿，如此才对所有的债权人是公平的。而且债权的

〔1〕参见康纪田：《劳动者权独立于劳动权的法治价值》，载《上海政法学院学报（法治论丛）》2017年第3期，第69页。

顺位或者按比例清偿,要求债务人自觉来遵守也是不符合常理的。那么,法律是否可以规定,当债务人财产不足以清偿全部债务时应当按照债权顺位或者债权比例清偿,如果债务人违反,司法机关应当根据当事人的申请按照法律的规定来纠正,即撤销之前的债务清偿行为呢?如此规定,必然会影响交易秩序和交易安全,带来交易的不稳定,而且会造成诉累,使法院陷入干预交易行为之中而不能自拔。这就是我国《企业破产法》第32条将偏颇清偿行为规定为破产程序开始前6个月内的原因。因此,不能简单地认为,当债务人财产不足以清偿全部债务时,债权就应按比例清偿或者按层级清偿而突破债权形式平等原则的适用。也就是说,虽然事实上债务人财产可能已不足以清偿全部债务,但在债务人没有进入破产程序或者没有进入司法强制执行程序时,债权的机会平等原则仍然适用。债权人可以凭自己的能力实现债权,债务人也可以根据自己的意愿履行债务。

(二)债务清偿已进入司法程序:债权实质平等

当债务清偿已进入司法程序时,司法机关在债务的清理和强制执行过程中会发现和确认债务人财产不足以清偿全部债务的事实,应按照法定的债权的层级或者按债权比例清偿债权。具体表现为:如果债务人进入的是破产程序,债权的实现应按照破产法规定的债权清偿顺序进行;如果债务人进入的是强制执行程序,当债务人资不抵债时,已获得执行依据的债权人均可参加到执行程序中,可以要求按债权比例清偿。因为法院的执行机关无审判的能力,所以未获得执行依据的债权人不能直接参与到执行程序中。

第三节 债权实质平等的体现:破产劳动债权优先保护

债务人财产资不抵债,为债权形式平等的突破创造了条件。如上文所述,当债务人的债务清偿进入司法程序而债务人财产又不足以清偿全部债务时,就会发生债权按顺位清偿或者按比例清偿的可能。按顺位清偿是将债权分为不同的层级,按比例清偿是实现了债权清偿的结果公平,无论哪种情况均超出了债权机会和形式平等的范畴。但是,在强制执行程序中按比例清偿的债权仅局限为已获得生效判决的债权。这说明了能够参与按比例清偿的债权是有限的,这些债权是已经按照竞赛规则取得分配资格的债权;其体现了债权的机会(形式)平等,是在债权形式平等的基础上有限度的结果(实质)平等。事实上,这种有限度的结果平等并非真正的实质平等,而债权实质平等的突出表现应为破产程序下对所有的债权在分层级的基础上进行的按比例清偿。

一、债权分层级,同等债权同等保护

债权的分层级只存在于破产程序中。因为只有破产程序是对债务人全部财产和全部债权进行概括清理的程序;其能够全面掌握债务人负担的债务情况,从而实现债的层级化。此时的债权清偿,实质上也是债权平等的一种体现。因为债权平等并非无原则的平等,也并非简单地追求绝对平等,而是一种切合实际的法律上的平等。[1] 基于债权本身的等级性和债权承载的价值位阶的不同,在债务人财产不足以清偿全部债务而进入概括清理债务的破产程序时,债权平等应表现为"相同债权同等对待,不同债权不同对待"。我国《企业破产法》第113条规定了债权清偿的顺位,按照债权的类别对债权清偿的层级进行了划分;其中劳动债权由于其生存权的属性和生存的价值,被列为破产费用和共益债务之后的第一层级。而普通债权仅承载着经济价值,被列为最后一个层级。这充分体现出了相同种类的债权同等对待的思想。因此,相同债权和不同债权的归类,对于债权的清偿顺位和受偿数额至关重要。从域外立法来看,不同国家对于相同和不同的债权划分并不一致。现代各国破产法基于公共利益和公共政策的考虑,并在综合本

---

〔1〕 参见齐树洁主编:《破产法研究》,厦门大学出版社2004年版,第69页。

国的历史传统、现实制度以及经济和社会政策的基础上设置了具有本国特色的优先受偿债权。[1] 我国企业破产法将劳动债权作为优先顺位债权予以规定;而德国、澳大利亚等国家的破产法将职工工资等劳动债权归为普通债权的类别,与仅具有经济价值的债权同顺位受偿。总之,无论各国在破产程序中对债权如何进行分类,其实行按顺位清偿的规则是一致的,即各国均考虑了不同种类债权的层级和其承载的不同价值,反映了对债权实质平等的保护。因此,债权平等理论应包含债权形式平等和债权实质平等两个方面,而债权实质平等又表现为债权的层级性。正如有学者所说,"债权平等理论的重释,兼顾债权平等特征与债权优先效力,并将二者融合于相同债权同等受偿之中"。[2]

二、破产劳动债权优先保护的原因

(一)现行优先债权的评析:以建设工程合同为例

优先权制度是排除债权平等原则的法定方法之一,为法国法系所采用,其用于解决债权清偿的二次顺位问题。[3] 我国现行的债权优先权的规定主要体现在两个方面:一是船舶优先权和航空器优先权;二是建设工程优先受偿权。本部分仅以建设工程优先受偿权为例研究优先权的成因,进而佐证破产劳动债权优先的正当性。

所谓建设工程优先受偿权,是我国合同法规定的发包人不按照合同约定支付建设工程价款,经催告后仍未支付的,承包人享有就该建设工程折价或者拍卖价款优先受偿的权利。我国于 2021 年 1 月 1 日起施行的《民法典》第 807 条规定了建设工程价款优先权,该条规定,"发包人未按照约定支付价款的,承包人可以催告发包人在合理期限内支付价款。发包人逾期不

---

[1] 参见韩长印:《破产法学》,中国政法大学出版社 2007 年版,第 216 ~ 217 页。

[2] 曹宇:《债权的平等与优先——兼对债权平等理论的反思》,载《河北法学》2012 年第 10 期,第 188 页。

[3] 参见孙新强:《破除债权平等原则的两种立法例之辨析——兼论优先权的性质》,载《现代法学》2009 年第 6 期,第 179 页。

支付的,除根据建设工程的性质不宜折价、拍卖外,承包人可以与发包人协议将该工程折价,也可以请求人民法院将该工程依法拍卖。建设工程的价款就该工程折价或者拍卖的价款优先受偿"。于2021年1月1日起施行的最高人民法院《关于审理建设工程施工合同纠纷案件适用法律问题的解释(一)》(法释〔2020〕25号)第35条规定:"与发包人订立建设工程施工合同的承包人,依据民法典第八百零七条的规定请求其承建工程的价款就工程折价或者拍卖的价款优先受偿的,人民法院应予支持。"该解释第36条规定:"承包人根据民法典第八百零七条规定享有的建设工程价款优先受偿权优于抵押权和其他债权。"建设工程优先受偿权的设定是为了担保建设工程承包人的工程价款债权能够实现,那么法律为什么赋予该债权具有优先于其他债权甚至是抵押权的效力呢?笔者认为,其中的一个重要原因就是劳动者的劳动债权优先保护理论。建设工程是承包人及其建筑工人劳动付出的结果;没有他们的劳动,就不可能有建设工程的完成。如建设工程未完成,则不可能有完整的建设工程债权,更没有针对建设工程债权的担保即建设工程优先权。因此,承包人的劳动成果聚集在一起完成了建设工程,建设工程承载着承包人的劳动;所以拖欠工程款,其实质就是拖欠工人的工资、劳动的对价。而劳动债权是劳动者生存的基本保障,正如王泽鉴先生所说,"工资具有绝对神圣性,必须予以保护,始足实现社会正义"。[1] 因此,赋予承包人建设工程优先受偿权,是对劳动者重大生存利益的保障。在无法直接赋予承包人对建设工程所有权或其他物权的情况下,赋予承包人对建设工程享有优先受偿权具有正当性。又根据《民法典》第808条的规定,"本章没有规定的,适用承揽合同的有关规定"。而在承揽关系中,如果委托人没有按照约定支付价款,承揽人对承揽标的物享有留置权,其同样是基于劳动对价而给予的担保保护。

综上所述,建设工程优先受偿权是以建设工程担保承包人劳动债权的优先受偿权利,是基于劳动债权的特殊属性和特殊价值,用劳动所转化而来

---

〔1〕 王泽鉴:《民法学说与判例研究》(第1册),中国政法大学出版社2009年版,第502页。

的产品为劳动债权提供的担保。

(二)洛克的财产劳动学说

从自然权利的角度出发,洛克认为,人拥有天赋的权利,其中包括生命权、自由权和财产权,因此人拥有天经地义获取财产和保有财产的权利。人们之所以从自然状态通过社会契约进入政治国家,唯一的目的就是在自然状态下缺少一个公正的裁判者,不能充分保护他们的财产。[1] 正如洛克所说,"人们之所以联合成为国家并服从政府的统治,最重大、最主要的目的就是保护他们的财产"。[2] 因此,财产权的保护是政治国家存在的前提和基础。

对于私人财产权的产生,洛克结合《圣经》上的论述认为,上帝在创造人类时,将土地及土地上的所有均归属于人类共有。洛克在《政府论》中说:"土地和一切低等生物归全人类共有",[3]没有哪个人天生就享有对自然状态的东西的财产权利。"上帝把世界赐给人类共有的同时,还把理性赐给人类,使他们能够运用理性获取生活的最大好处和各种便利"。[4] 为了实现上帝的意愿,我们不能认为上帝的意思是让世界永远归全人类共有而不用于创造价值。[5] 因此,为了实现人们对上帝给予的共有的土地及地上物使用的价值最大化,必须将人类的共有物划归私有。洛克认为,"每个人对他自己的身体享有所有权,除了他本人以外,其他任何人都没有这种权利。我们可以说,人的身体所从事的劳动和人的双手所做的工作,应该属于他自己"。[6] 因此,劳动者通过劳动获取财产,使人类共有的东西因附加个人劳动而成为个人所有,既然掺入了自己的劳动,那么这种东西就应当成为付出

---

[1] 参见李扬:《再评洛克财产权劳动理论——兼与易继明博士商榷》,载《现代法学》2004年第1期,第172页。

[2] [英]约翰·洛克:《政府论》,杨思派译,江西教育出版社2014年版,第182页。

[3] [英]约翰·洛克:《政府论》,杨思派译,江西教育出版社2014年版,第134页。

[4] [英]约翰·洛克:《政府论》,杨思派译,江西教育出版社2014年版,第133页。

[5] 参见[英]约翰·洛克:《政府论》,杨思派译,江西教育出版社2014年版,第137页。

[6] [英]约翰·洛克:《政府论》,杨思派译,江西教育出版社2014年版,第134页。

劳动的劳动者的私有财产。“劳动是劳动者的毋庸置疑的财产,所以只有他本人有权享有渗透着他的劳动的那个东西”,[1]即“劳动把它们和公有物品区别开来,作为万物之母的自然创造了它们,劳动又在此之上添加了一些东西,因此它们就成为了他的私有产品。……我通过我自己的劳动使它们脱离原来的公有状态,由此确立了我对于它们的财产权”。[2] 关于劳动产生私有财产,马克思也曾说过,“与其说私有财产表现为外化劳动的根据和原因,还不如说它是外化劳动的结果”。同时还说,“私有财产一方面是外化劳动的产物,一方面又是劳动借以外化的手段,是这一外化的实现”。[3]

虽然对于财产劳动学说持批判观点的学者很多,但是劳动之于财产的重要价值是学者所肯定的。因为“劳动赋予所有东西大小不同的价值。……劳动的改进作用创造了土地的绝大部分的价值。如果说对人类生活有用的土地生产出来的产品中,其中有十分之九是劳动的结果,那么这还只是一个十分保守的估计”。[4] 基于劳动增加财产价值的理论,后世的学者主张用“对劳动所增加的价值享有权利”来限制“对整个产品所有价值享有权利”。[5]

劳动学说树立了劳动对于个人财产的增值和社会财富的增加的核心价值:一方面,劳动是个人财产权的取得和个人财富创造的源泉;另一方面,劳动对于社会财富的增加具有核心作用。[6] 这正是在私人财产权取得根据的争论观点(强权原则、利他原则、平均原则、分封原则和劳动性先占原则)

---

〔1〕 [英]约翰·洛克:《政府论》,杨思派译,江西教育出版社2014年版,第134页。

〔2〕 [英]约翰·洛克:《政府论》,杨思派译,江西教育出版社2014年版,第134~135页。

〔3〕 徐文宗:《也谈异化劳动理论在马克思主义体系中的地位》,载《马克思主义与现实》1997年第6期,第5页。

〔4〕 [英]约翰·洛克:《政府论》,杨思派译,江西教育出版社2014年版,第140页。

〔5〕 参见朱理:《财产权劳动学说与知识产权——劳动学说能够为知识产权提供正当性吗?》,载《知识产权研究》2006年第2期,第59页;[美]罗伯特·诺齐克:《无政府、国家与乌托邦》,何怀宏等译,中国社会科学出版社1991年版,第197页;Edwin C. Hettinger, *Justifying Intellectual Property*, in *Intellectual Property: Moral, Legal, and International Dilemmas*, Edited by Adam D. Moore, p. 17 – 36(Boston: Rowman & Littlefield Publishers, Inc. 1997)。

〔6〕 参见张丹丹、马哲:《商品化权的正当性论析——基于财产权劳动学说的思考》,载《当代法学》2009年第3期,第74页。

中,为什么先占原则是最能获得人们心理和道义上的认同与支持的原因。[1]

正是基于劳动之于财产的重要价值,当劳动者付出劳动创造了劳动产品,为企业或者他人获取经济效益后,虽然不能简单按照洛克的财产劳动学说判断,谁对劳动产品投入劳动,谁就取得劳动产品的所有权;但因劳动价值已内化于企业的财产价值中,当基于该劳动获取收益的人拖欠劳动者劳动报酬时,应当赋予劳动者对于劳动产品排他的优先受偿的权利,承包人基于建设工程价款而针对建设工程的优先受偿权即源于此。而对于企业的劳动者来说,劳动产品及其转化的对价内嵌于企业财产之中,劳动所增加的价值是企业财产的重要组成部分。因此,在企业破产需要以全部财产清偿全部债务时,基于劳动对于企业财产的重要贡献,作为对价,劳动者应获得优先受偿的权利,处于全体债权的优先层级。

(三)劳动产品对劳动对价的担保作用:以留置权为例

留置权是我国《民法典》规定的法定担保物权,[2]是指债务人不履行到期债务时,债权人可以留置已经合法占有的与该债权属于同一法律关系的债务人的动产,并有权就该动产优先受偿的权利。通常情况下,留置权所留置的用于担保的动产是留置权所担保的债权的标的物,即留置权人与债务人以留置的动产为对象,发生了双方约定的法律关系:留置权人以债务人的动产为对象,按照约定付出了劳动,使劳动的价值内附于留置的动产上。这是留置权人留置和占有该动产的原因,正如诺奇克所说,“施于某物的劳动使它得到了改善,使它更有价值了;任何人在一个物上面创造了价值,他就

---

[1] 参见李扬:《再评洛克财产权劳动理论——兼与易继明博士商榷》,载《现代法学》2004年第1期,第172页。

[2] 我国《民法典》第447条第1款规定:“债务人不履行到期债务,债权人可以留置已经合法占有的债务人的动产,并有权就该动产优先受偿。”第448条规定:“债权人留置的动产,应当与债权属于同一法律关系,但是企业之间留置的除外。”

有资格拥有这个物”。[1] 因此，留置权所担保的债权性质，通常具有劳动报酬或者工资的性质。[2] 正如学者所说，“留置权人在留置财产上附加的劳动价值，属于劳动债权范畴，对于劳动债权的优先保护，已是世界各国的通例。”[3]如果不赋予已经付出了劳动而对留置动产附加了劳动价值的债权人留置权以担保债权实现的话，那么债权人必然会担心自己投入的劳动和材料得不到回报而减少甚至拒绝与债务人进行交易，从而使交易只能停留在即时交易（一手交钱、一手交货）或者先交钱后交易的传统简单交易中。而现代市场经济是信用经济，信用交易是现代社会发展的推动力和主要交易方式。因此，固守传统交易背离了现代社会的发展要求，阻碍了社会的发展和市场经济的前行。基于此，以内含债权人劳动的债务人的动产为债权人提供留置担保，是市场经济发展的需求，是现代社会发展的需要。正如博登海默所说，“一个法律制度，如果跟不上时代的需要或要求，而是死死抱住上个时代的只具有短暂意义的观念不放，那么显然是不可取的。在一个变幻不定的世界中，如果把法律仅仅视为一种永恒的工具，那么它就不可能有效地发挥作用”。[4]

留置权的设立及其优先性，体现了劳动产品（留置动产）对劳动对价（劳动报酬）的担保作用，也进一步说明了劳动报酬或者工资作为优先债权的正当性。具体到破产企业的破产劳动债权，虽然其没有直接针对劳动产品，但正如洛克的财产劳动学说中所述，劳动者的劳动或者劳动价值已内含于企业的整体财产价值之中，按照留置权的理论，企业应以全部财产作为劳动债权实现的担保。因此，应当赋予劳动债权在破产程序的优先顺位。

综上所述，破产法的劳动债权相比较于建设工程债权来说，其没有直接

---

〔1〕［美］罗伯特·诺奇克：《无政府、国家与乌托邦》，姚大志译，中国社会科学出版社 2008 年版，第 209 页。

〔2〕参见王力回、赵冀韬：《抵押权与留置权并存的效力分析》，载《郑州大学学报（哲学社会科学版）》1999 年第 2 期，第 93 页。

〔3〕朱岩、高圣平、陈鑫：《中国物权法评注》，北京大学出版社 2007 年版，第 744 页。

〔4〕［美］E. 博登海默：《法理学：法律哲学与法律方法》，邓正来译，中国政法大学出版社 2004 年版，第 340 页。

对应的劳动产品;即使有劳动产品,随着产品的流通,也已转化为企业的利润。因此,企业劳动者付出的劳动均融入企业的发展和效益中。也就是说,劳动者的劳动债权不存在直接对应的特定劳动产品,其对应的是企业整体。作为劳动的创造物,企业之中包含着劳动者劳动创造的价值,按照洛克的劳动学说,该部分应为劳动者的财产。既然是劳动者的私有财产,劳动者自然有优先取回的权利。而按照担保理论,企业整体应作为劳动者劳动债权的担保。正如法国学者所认为的,“劳动者通过自己劳动使债务人总财产得以保值和增值,而劳动者工资正是其劳动力价值的货币表现形式,也就是说,在债务人总财产中,其中一部分价值是劳动者的劳动所增加的价值。既然债权人的行为使债务人的财产得以增加或避免了债务人财产的减少,那么就归入债务人财产的增值部分而言,债权人在该增值部分就应当优先于其他债权人而受清偿”。〔1〕 因此,在企业破产中,当其全部财产已不足以清偿全部债务时,劳动债权应优先得到保护。

(四)劳动者的弱势地位

早在1779年苏格兰就立法确认雇员工资的优先清偿效力,1825年英格兰也通过立法确认雇员工资的优先效力,不久澳大利亚也确立了雇员工资优先权。〔2〕 在欧洲大陆,1804年拿破仑法典中已有建筑工人工资优先清偿的规定,并被其他国家立法吸收。后来,在各国破产法立法中,雇员工资优先权得到普遍确立。

苏格兰早期立法确认企业清算时雇员工资优先权是因为将企业清算类比于人的死亡,而将企业清算前雇员的工资类比于葬礼费用等应当在遗产中优先清偿的债务。后来,人们认识到赋予雇员工资优先受偿权还有其他意义,工资是雇员及其家人的生活来源,雇员比其他债权人更依赖于这笔债

---

〔1〕 秦亚东:《论劳动债权优先权——公平与效率的两难选择》,载《学术交流》2008年第7期,第58页。

〔2〕 参见丁文联:《破产程序中的政策目标与利益平衡》,法律出版社2008年版,第160页。

务的清偿。及至 1986 年,哈默报告更明确地从社会原因角度提出了雇员工资优先清偿的理由:“给予欠雇员债务优先清偿的地位的通常原因是由于雇员在雇主破产或解散时处于特别脆弱的地位。在破产立法中规定雇员债权优先权是出于社会福利原因,这样可以减轻由于雇主破产对雇员这一在社会中相对贫穷和缺乏防御能力的群体带来的资金困难。”[1]

首先,雇主与雇员处于不平等地位,这种不平等地位在现代社会大工业生产环境中日趋加强,使雇员越来越处在附随的位置。原因主要是:(1)企业组织日趋庞大,具有雇员无法抵抗的优越地位。以股份公司、财团、跨国公司等大资本集团形式出现的企业组织属于社会的强势主体,单个雇员无法与之抗衡。(2)雇员与雇主严重的信息不对称,雇主全面掌握企业生产与经营的信息,而雇员知之甚少。(3)劳动力商品的天然缺陷加重了雇员的劣势地位。劳动力商品具有很多缺陷,比如劳动力须及时出售而不能储存,消耗后不能恢复原状因此必须卖断,与雇员人身不可分离因此缺乏流动性,是雇员赖以生存的基础故没有谈判的回旋余地等。[2]

其次,雇员与其他债权人比较也处于弱势地位。原因主要是:(1)如前文所述,雇员与雇主处于不平等的地位,雇员一般缺乏就工资、福利支付标准、支付条件等与雇主讨价还价的能力,而只能接受雇主所确定的相对较低的工资支付标准与支付条件。而与雇主发生交易关系的普通债权人具备讨价还价能力,在债权价值确定方面能够尽量维护自己的利益。(2)如前文所述,由于雇员相对于雇主处于附随地位,因此雇员缺乏通过与雇主谈判来回避雇主破产带来风险的能力,只能被动接受雇主破产带来的利益损失。与雇主发生交易关系的其他债权人则一般与雇主处于平等的地位,能够通过谈判来回避或减少破产风险。(3)劳动力商品转让性不及金钱债权。雇员在雇主破产解散情况下丧失的不仅是工资利益而且是工作机会,需要通过再次出售劳动力来维持生活。在高度专业分工的条件下,劳动者欲获得某

---

[1] 丁文联:《破产程序中的政策目标与利益平衡》,法律出版社 2008 年版,第 160 页。
[2] 参见丁文联:《试论劳动合同的附合化》,载《法商研究》1996 年第 6 期,第 67 页。

一专业熟练技术需要花很大代价,而在获得该技术后又很难舍弃此行业另投他行。或者说,劳动力商品的"资产专用性"较高,[1]这决定了劳动力商品转让性较差。相反,普通债权人在债务人破产的情况下损失的主要是债权利益,而其所拥有的金钱债权具有很高的流通性。[2]

本章小结

一般来说,债权平等被认为是债权的形式平等、机会平等和地位平等,债权的实现遵循"先到先得"的规则,而与债权成立的先后顺序无关。债务人享有任意履行的权利,其可以按照自己的意愿履行任何一个债务,没有顺序要求。然而,债权的形式平等并非债权平等的全部内涵。因为法律对平等的追求并非仅是形式平等;法律追求形式平等仅是法律的无奈之举,是法律价值多元的要求。法律作为社会规范,其是社会稳定和发展的工具。因此,法律不但追求平等、正义,而且追求效率和促进社会的发展。形式平等所体现出来的形式正义在确认主体之间自由和地位平等、防止政府权力滥用、保证法律的稳定和预期以及法律适用上的公平性和一致性方面发挥了重要作用。然而,形式平等没有关注到人与人之间的差别,忽视了法律的滞后性和僵硬性,必将使法律成为社会强势主体的工具,从而造成社会的实质不公平。[3] 因此,为了实现社会的正义,法律在追求形式平等的同时,也以实质平等作为价值理念。法律作为调整人们行为的一般社会规范,其具有普遍适用性和一般性,不可能具体到每一个人以及每一个行为。通常情形下法律并不具备追求实质平等的条件,而只能以形式平等作为基本的理念。但是,当法律或者适用法律的条件具备追求实质平等的条件时,则应当以实

---

[1] 参见丁文联:《破产程序中的政策目标与利益平衡》,法律出版社 2008 年版,第 161 页。

[2] 参见丁文联:《破产程序中的政策目标与利益平衡》,法律出版社 2008 年版,第 159 ~ 161 页。

[3] 参见江帆:《经济法实质正义及其实现机制》,载《环球法律评论》2007 年第 6 期,第 55 页。

质平等为理念基础制定具体的规则。例如,消费者权益保护法、劳动法等法律就是在特定环境下对弱势主体实质平等追求的体现。债权平等也不例外,其也应在条件允许的情况下追求实质平等,以真正实现债权人之间的平等保护和实质正义。

债权实质平等的条件有两个:一是债务人财产不足以清偿全部债务;二是债务人进入司法清偿程序。两者必须同时满足,缺少其中之一便不具备适用债权实质平等的条件。所谓债权的实质平等,是指债权按顺位清偿和按比例清偿。如此清偿的原因在于:债权本身具有等级性和特殊群体利益的保护。债权实质平等在我国现行法律中表现为两种情况:一是参与分配制度。最高人民法院《关于人民法院执行工作若干问题的规定(试行)》(法释〔1998〕15 号)第 90 条曾经规定,“被执行人为公民或其他组织,其全部或主要财产已被一个人民法院因执行确定金钱给付的生效法律文书而查封、扣押或冻结,无其他财产可供执行或其他财产不足清偿全部债务的,在被执行人的财产被执行完毕前,对该被执行人已经取得金钱债权执行依据的其他债权人可以申请对该被执行人的财产参与分配”。该条规则在法释〔2020〕21 号司法解释中已被删除。该规定被 2022 年 4 月 10 日施行的最高人民法院《关于适用〈中华人民共和国民事诉讼法〉的解释》(法释〔2022〕11 号)第 506 条规定代替,第 506 条规定:“被执行人为公民或者其他组织,在执行程序开始后,被执行人的其他已经取得执行依据的债权人发现被执行人的财产不能清偿所有债权的,可以向人民法院申请参与分配。对人民法院查封、扣押、冻结的财产有优先权、担保物权的债权人,可以直接申请参与分配,主张优先受偿权”;第 508 条规定:“参与分配执行中,执行所得价款扣除执行费用,并清偿应当优先受偿的债权后,对于普通债权,原则上按照其占全部申请参与分配债权数额的比例受偿。清偿后的剩余债务,被执行人应当继续清偿。债权人发现被执行人有其他财产的,可以随时请求人民法院执行。”参与分配制度对于可以参与分配的债权有明确的限定,只能是已经取得执行依据或者享有优先权、担保物权的债权,而且参与分配对于债权分配的顺序仅规定了应当优先受偿的债权(上述的享有优先权和担保物权的债权),并未规定其他债权分配的顺序,而只是简单地规定按比例清偿。因此,参与分配制度是有限的债权的实质平等,其前提遵循了债权的形式平等,赋予了债权人同等的实现债权的机会,只有那些通过努力获得了执行依据的债权人才能参与按比例分配。二是破产程序。真正体现债权实质平等的程序是破产程序,其完全抛弃了债权的形式平等,对所有的债权和债务人的全部财产进行清理,禁止债务的任意履行和单独履行,也不允许债权人在破产程序之外向债务人主张权利。在破产程序中,基于债权的等级性,将所有的债权划分为不同的层级按顺位清偿,遵循“同类债权同等对待”的原则。同时,又基于劳动债权三个方面的特殊性,即工资债权对于劳动者的特殊意义、劳动创造私人财产权、劳动产品对劳动对价的担保作用,破产劳动债权被列为破产债权中除破产费用和共益债务之外的第一顺位的债权,其是第一层级债权,应当优先予以保护。

第三章　分配与矫正:权利配置中的优先保护

> 在经济领域中,过去的正义,致力于保证个人的财产权利和契约权利,而新的正义必须考虑怎样才能保障每个人的生活标准。这样共享文明的价值将构成一种完全可能的道义生活。[1]
>
> ——约翰·戴维

亚里士多德的正义观将正义分为分配正义和矫正正义。“分配正义是政治的故乡”[2],国家的立法、行政、司法以及其他掌权机关在制定法律、量刑、课税、授予物质和精神奖励的方面,均与分配正义有关。分配正义要求人们很多时候需要承担与其行为没有因果关系或者不应负责的损失的帮助义务。[3] 而矫正义务则是以分配正义为前提,当分配正义受到侵害时矫正侵害行为,平衡双方的利益。[4]

---

〔1〕［美］伯纳德·施瓦茨:《美国法律史》,王军、洪德、杨静辉译,法律出版社2011年版,第187~188页。

〔2〕［加拿大］欧内斯特·J.温里布:《私法的理念》,徐爱国译,北京大学出版社2007年版,第223页。

〔3〕参见［美］格瑞尔德·J.波斯特马:《哲学与侵权行为法》,陈敏、云建芳译,北京大学出版社2005年版,第248页。

〔4〕参见易军:《民法公平原则新诠》,载《法学家》2012年第4期,第68页。

因此,矫正正义是在恢复因不正义的行为破坏的分配正义的秩序。[1] 对破产劳动债权的倾斜性配置是分配正义的追求,当该倾斜性配置被破坏时则需要矫正正义予以恢复。

第一节 权利倾斜性配置的基本理论

一、权利倾斜性配置的产生

(一)法与权利的关系

法与权利从来都是形影相随的,从罗马法开始,法与权利就使用同一词汇“ius”来表达。该种语言表达被后来的很多欧洲国家的语言所继承,比如法语、德语、俄语、意大利语等,这不仅是一种语言习惯,更重要的是法律文化在语言领域的一种反映。[2] 法与权利的同一种语言表达,蕴含着深厚的理性内涵,意味着和体现出法的根本目的在于确认和保护权利,是一种权利本位的长期恪守。法在恪守和努力实现权利的确认和保护的同时,也依靠权利的赋予和配置实现调节社会关系的功能。

法是社会关系的调节器,纳入法的调整范围的社会关系,被称为法律关系。法律关系是以权利和义务为内容的关系,法律通过法律规则的方式,确定行为人的权利和义务。同时,贯彻着“哪里有权利,哪里就有救济”的原则,法律规定行为人权利受到侵害或义务不履行的救济和惩罚措施。法律规则就是以权利和义务为其规范内容的。法学界的共识是,权利和义务是法学的核心范畴和基石范畴,法学就是权利义务之学。[3] 因此,“权利和义务是法律规范的核心内容,一个条文之所以被称为法律规范,就在于它授予

---

〔1〕 参见[美]阿拉斯戴尔·麦金太尔:《谁之正义? 何种合理性?》,万俊人等译,当代中国出版社 1996 年版,第 148 页。

〔2〕 参见费安玲:《论防止知识产权滥用的制度理念》,载《知识产权》2008 年第 3 期,第 10 页。

〔3〕 参见谢晖、陈金钊:《法理学》,高等教育出版社 2005 年版,第 93 页。

人们一定权利，告诉人们怎样的主张和行为是正当的、合法的、会受到法律的保护；或者给人们设定义务，指示人们怎样的行为是应为的、必为的或禁为的，在一定条件下会由国家权力强制履行或予以取缔”。[1] 正如美国法学家弗里德曼所说：“权利是建造法律的基本材料。”[2]可以说，权利是法律的基础，没有权利就没有法律。[3]

（二）权利倾斜性配置的渊源

法律通过权利的配置和义务的设定实现调整社会关系的目的。所谓权利配置，即“制度化的权利配置”。“所谓制度化的权利配置，是宪法和成文法以规则设置的方式配置权利，司法实践中则惯行着先例的原则，并配以法学家的理论解释和限定。”[4]法律是自觉存在的社会规则，[5]其通过立法的方式出现，在经历了立法过程中的利益博弈之后，确定权利配置的样态。法律的普遍性、抽象性、一般性的特征决定了法律应对所有的主体赋予同等的权利，苛以同等的义务，由此体现出适用主体的平等性，所以有“法律面前人人平等”的法律原则。这就是佩雷尔曼所说的“对每个人同样地对待”（佩雷尔曼主张的形式正义的概念）。[6] 这在传统法律——刑法和民法中有充分体现，尤其是在调整平等主体之间关系的私法领域体现更为明显。私法贯彻意思自治、契约自由，其充分彰显行为主体平等地位和权利的交换自由，其基本的原则是“私法自治”。这种权利配置呈现出法律的高度自治和形式主义的特点。[7]

法律的形式主义的权利配置建立在人格平等理念的基础之上，而人格

---

〔1〕 张文显主编：《法理学》（第3版），法律出版社2007年版，第159页。

〔2〕 ［美］弗里德曼：《法律制度》，李琼英、林欣译，中国政法大学出版社1994年版，第264页。

〔3〕 参见钱弘道：《法律的经济分析工具》，载《法学研究》2004年第4期，第136页。

〔4〕 林来梵、张卓明：《论权利冲突中的权利位阶——规范法学视角下的透析》，载《浙江大学学报（人文社会科学版）》2003年第6期，第6页。

〔5〕 参见谢晖、陈金钊：《法理学》，高等教育出版社2005年版，第90页。

〔6〕 参见孙笑侠：《法的形式正义与实质正义》，载《浙江大学学报（人文社会科学版）》1999年第5期，第6页。

〔7〕 参见江帆：《经济法实质正义及其实现机制》，载《环球法律评论》2007年第6期，第55页。

平等的法律思想历史久远。私法人格平等，即民事主体的资格平等，享有平等的民事权利能力，具有从事民事行为的平等地位，不得将自己的意志强加给他人。[1] 人格平等是参与经济生活和获得社会资源的机会平等。从16世纪始，古典自然法学派强调理性的力量普遍适用于任何人。经过文艺复兴和启蒙运动以后，人们的权利意识被唤醒，人格独立、自由平等、个性解放成为人们理想和追求的自然权利。在这种思想的影响下，法国于1789年颁布的《人权宣言》第1条宣布，“人们生来是而且始终是自由的，在权利上是平等的”；于1804年颁布的《法国民法典》又率先将自然法中的自然理性和平等自由的思想贯穿在立法之中，确立了人在市场经济和社会交往中的平等地位和机会。之后，这一立法经验被所有大陆法系国家的民事立法所吸纳，成为民事法律的基本原则。

人格平等的立法观念和法律原则，给予人对抗他人、国家或团体的力量，同时也给予人自由发展、创新的机会，激励人发挥创造力。但是，人格平等是存在缺陷的，它在不同的社会发展阶段有不同的内容，其只能在同一阶层或者同一层次的群体范围内真正存在和实现。然而对于法律来说，由于市场经济和商品经济对于平等普遍性的要求，无论什么性质的立法模式均无法摆脱人格形式平等的特征。[2] 在这种立法特征之下，法律会将市场主体设想成完全平等的主体，在法律同等的保护和规制之下，赋予市场主体“理性人”的假设，鼓励市场主体的自由发展和竞争。主体假设的片面化和主体平等的普遍化是立法的先天缺陷，然而“生而平等”是自然法的理念，人们的理想状态并非客观事实。因此，有学者指出，“人在政治国家中的平等只是一种抽象的、虚幻的平等，而在市民社会中的不平等却是实实在在的不平等。因此，政治解放的一个实际结果，就是以表面上的平等掩盖了事实上

---

〔1〕 参见刘美希：《人格平等理念历史演变考》，载《江苏警官学院学报》2009年第3期，第101页。

〔2〕 参见马俊驹、童列春：《论私法上人格平等与身份差异》，载《河北法学》2009年第11期，第49页。

的不平等”;[1]“由于每个人所处的社会环境不同,与此相比,一部分人缺乏能力或能力受到阻碍,而同时他人的能力却高出一筹或得天独厚,权利平等就成为一种‘漂亮的然而是空虚的浮夸之词’”。[2] 随着市场经济的发展和社会组织形式的多样化,人们之间的差异在进一步扩大。有些人可借助先天的优势(智力、能力、家庭背景、家庭财富、家族企业、家庭成员的权力优势)以及与市场化过程保持同步的能力[3],使自己的财产迅猛地增加,使自己的支配力可以无限扩张。而另一些人则被排除出生产领域,因不合理的民主代表机制被排除出社会表达过程。[4] 社会组织大量出现以及被法律认定为独立的主体之后,团体性决定了其具有较自然人的抗风险能力和对抗能力更强的特征,其相对于自然人属于强势主体。

其实,社会主体的强弱分布是一种普遍性的社会现象。“自然界始终存在一种强者规则,一物降一物,并以此维持生态的平衡。观察身边的自然万物,我们也不难得出这样的结论:不平等是自然状态,平等是反自然的。这种不平等基本上也得到文明社会法律的认可。”[5]因此,无论是人类社会的哪个历史阶段,还是世界范围内的哪个国家,从最广泛意义上来讲,只要存在人类社会,人与人之间的差别就会存在,强势主体与弱势主体就必然存在划分和对立。[6] 然而,随着近现代国家的形成和市场经济的快速、全面发展,其带来的贫富分化愈加严重,强弱对比愈加凸显,而市场失灵和政府失

---

[1] 刘同舫:《人类解放的进程与社会形态的嬗变》,载《中国社会科学》2008年第3期,第9~10页。

[2] [美]伯纳德·施瓦茨:《美国法律史》,王军、洪德、杨静辉译,法律出版社2011年版,第203页。

[3] “从某种意义上讲,谁能与市场化过程保持着同步的关系,谁就有可能率先富裕起来”。参见雷兴虎、刘水林:《矫正贫富分化的社会法理念及其表现》,载《法学研究》2007年第2期,第74页。

[4] 参见马俊驹、童列春:《论私法上人格平等与身份差异》,载《河北法学》2009年第11期,第49页。

[5] 蒋大兴:《公司法的观念与解释Ⅰ:法律哲学&碎片思想》,法律出版社2009年版,第143页。

[6] 参见吴宁:《社会弱势群体权利保护的法理》,吉林大学2005年博士学位论文,第1页。

灵是造成该现象的原因。[1] 市场失灵的原因在于，市场运行的基本机制为竞争机制和价格机制，由于市场主体存在资源、禀赋等方面的差异，市场竞争的优胜劣汰规则必然导致贫富分化以及强弱对比。政府失灵在我国表现在市场经济和社会发展的转轨时期，该时期权力干预市场现象普遍存在，因此会产生不平等的交易以及机会上的不平等。正如经济学家吴敬琏先生所认为的，当前出现的收入差距扩大和贫富悬殊的现象，主要是由机会不平等造成的。[2] 而世界银行组织认为，“权力和财富的不平等转化为机会的不平等，导致生产潜力遭到浪费，资源分配丧失效率”。[3] 因此，每个人智力和才能等个人资源的差异性，使其有了强弱的对比和划分，弱势主体因缺乏与强势主体的抗衡能力，而使法律赋予的权利难以行使和实现，长期发展的结果是弱者愈弱、强者更强。由此形成一种恶性循环。这一现实的失衡发展轨迹使得贯彻形式正义、赋予人普遍平等的法律成为“通过精雕细琢的概念术语编织起来的‘法律世界’，仅仅是一个满足人们确定性偏好的虚拟世界”。[4] 这个虚拟世界在赋予人形式平等的同时，却没有关注人的差异性，最终会产生实质上的不平等。在这种背景之下，为适应社会发展和个人需要，达到社会的实质公平，经济法与社会法在19世纪末应运而生。正如有学者所说，“进入20世纪，伴随着社会经济生活的巨大变化，人们之间的差距越来越大，贫富差距和强弱对比的悬殊，使得立法者、法官和学者在用法律解决社会问题的时候，不得不考虑实质正义，而抛弃完全的形式正义的思维”。[5] 而“经济法是19世纪末生产和其他方面社会化背景下产生的新的法律部门，是社会化的产物，是社会性之法”。[6] “经济法集中体现了马克

[1] 参见余松林：《贫富分化现象的经济法分析》，载《改革与开放》2009年第7期，第5页。

[2] 参见雷兴虎、刘水林：《矫正贫富分化的社会法理念及其表现》，载《法学研究》2007年第2期，第74页。

[3] 世界银行编著：《2006年世界发展报告：公平与发展》，中国科学院—清华大学国情研究中心译，清华大学出版社2006年版，第7页。

[4] 叶明：《经济法实质化研究》，法律出版社2005年版，第33页。

[5] 梁慧星：《从近代民法到现代民法法学思潮——20世纪民法回顾》，载梁慧星主编：《从近代民法到现代民法》，中国法制出版社2000年版，第179页。

[6] 漆多俊主编：《经济法学》，高等教育出版社2007年版，第58页。

斯·韦伯所称的‘现代法的反形式主义’趋势,在总体上是一种实质理性法或称回应型法”。〔1〕因此,“以市场失灵为参照,民法催生和增强市场失灵,经济法则矫正市场失灵”。〔2〕社会领域立法的宗旨之一,是为那些不幸的少数群体(弱势群体及缺乏生活能力的群体)提供对他们来说具有特殊重要性的服务。公法属性的社会法的主旨在于实现社会利益的平衡,尤其是实现对弱势权利主体的利益保护。社会法的这一特性使得其追求社会的实质公平,协调利益主体之间的失衡状态。该类公权力介入的法律的兴起,使得权利倾斜性配置成为法律规范的内容,为法学研究所关注。其突破了契约自由下的自由意志和权利平等,赋予弱者更多的权利以保护自己的利益。

二、适用权利倾斜性配置的法域之特点

如果要法律制度不犯错误,其运行成本会高得无法运行,因此,现实世界中最好的法律制度的运行都会出现大量法律结果的不平等。〔3〕因此,并非所有的不公平都需要通过制度化的手段予以调整,对于不具有普遍意义的不公平的个案,可以通过其他途径实现正义。〔4〕“一般性是制度的特征,因此,制度应当对所有人普遍适用,不应在无确切理由的前提下对任何人差别对待”。〔5〕法律也应坚守这一原则。法学界已经认识到人的不平等的自然事实,并主张通过法律手段调整利益失衡,实现社会的整体利益。但是,法律作为社会关系的调节器,普遍性是其基本特征,这体现为每个人在法律上的平等存在,反映了社会全体人员的共同诉求。因此,法律对社会关系的调整,首先应建立在普遍性调整的基础上,坚持对人的形式平等的普遍性立

〔1〕 叶明:《经济法实质化研究》,法律出版社2005年版,第13页。

〔2〕 王继军、张钧:《对加入WTO后中国经济法功能的再认识——兼论经济法与民商法的关系》,载《法学家》2001年第6期,第10页。

〔3〕 参见[美]理查德·A.波斯纳:《法理学问题》,苏力译,中国政法大学出版社2002年版,第417页。

〔4〕 参见段礼乐:《论差异性分配中公平的实现方式》,载李昌麒、岳彩申主编:《经济法论坛》(第10卷),群众出版社2013年版,第332页。

〔5〕 [德]柯武刚、史漫飞:《制度经济学:社会秩序与公共政策》,韩朝华译,商务印书馆2000年版,第148页。

法,对任何人均规定同样的权利和义务;人的不平等的客观存在要求法律的调整在形式平等的基础上,再针对普遍性的主体之间的不平等而形成的群体不平等,进行利益失衡的矫正。

法律对市场经济的调整分为两个层次。第一层次是对权利和义务的首次配置,其是对市场运行的初次干预,是市场运行的前提,具体体现为人格平等的赋予和权利义务的确认。这种权利配置可能会导致市场失灵,而市场失灵的本质在于利益失衡。因此,国家需要再次干预,即法律对权利义务需要进行二次配置。正如有学者所说,合同法是私权确认的初始配置,消费者权益保护法是通过立法对经营者的权利予以限制和义务赋予来调整经营者与消费者的利益失衡,是公权力对私权领域的介入,是对市场经济的二次干预。[1] 权利和义务的初次配置是不区分主体层次的普遍性的平等配置,而二次干预则是以权利和义务的倾斜性配置为内容的,其区分主体的层次和类别,从而赋予具有对抗性或者利益冲突的主体不同的权利和义务。因此,第二层次是对权利和义务的倾斜性配置。民法作为调整私人生活的基础性法律,是尊重市场规律的法律,其是对所有人平等对待的普遍性调整的法律,在该法律领域,不存在主体之间的层次划分,也不存在不同的权利和义务的设置,任何人均可成为权利主体或者义务主体。其属于对所有主体的权利平等的初始配置。[2] 而作为国家干预经济或者社会生活的经济法和社会法,是在权利初始配置的基础上,对特殊的领域通过权利设置进行的矫正配置。需要国家制度进行矫正配置的特殊领域,应当是存在主体之间

---

〔1〕 参见应飞虎、王莉萍:《经济法与民法视野中的干预——对民法与经济法的关系及经济法体系的研究》,载《现代法学》2002 年第 4 期,第 118 页。

〔2〕 这里的平等的初始配置,表现为法律不区分主体的普遍性规定,即该种法律规定适用于所有的主体,只要其符合适用法律的条件。原因在于权利主体和义务主体具有互换性,即任何人均可能成为权利主体或者义务主体。我国《民法典》除侵权责任编外的各编均具有这一特征。随着社会的发展,侵权领域的扩张,《民法典》侵权责任编未改变原《侵权责任法》的立法模式,其发展成为包含各个侵权领域的大而杂的法律,各个领域的专业化越来越强的特征决定了该领域侵权的主体不具有互换性。因此,权利和义务也不具有互换性,所以其具有了主体划分的特征。为了保护受侵害方的利益,《民法典》侵权责任编规定了无过错归责原则。

的划分和仅靠主体自身的力量难以实现权利的领域。正如阿玛蒂亚·森所言，“是否给予每个人平等的完成行为的能力，是判断社会公正的标准”。[1]例如我国劳动关系领域，正是因为用人单位和劳动者两类主体的明确划分以及两类主体的强弱对比，使劳动者在面对强势的用人单位时，其权利常会难以行使和实现。因此，《劳动合同法》规定了签订劳动合同的强制性规定、最低工资标准、劳动者解除劳动合同的无障碍规定等，以保障作为弱势群体的劳动者的利益。

基于以上论述，我们可以判断出权利倾斜性配置适用于具备以下条件的法域：(1)法律规范所调整的主体类型化、层次化，且不同类主体之间不能实现直接的角色互换，即不同类主体之间的权利和义务不具有互换性。正如蒋大兴教授在谈到商法的公平时曾说，“商法上的公平是一种相对的、承认差别的机会式公平，该种公平不是通过给予小股东与大股东同等权利来体现，而是在承认差别的基础上，通过自由主义经济结构所衍生的均等机会来实现——由于风险无处不在，股东地位是流动的。‘风水轮流转’，任何一个小股东都可能成长为大股东，任何一个大股东也都可能沦落为小股东。在复杂的风险社会，没有人能真正未卜先知，法律也不能。商法主要保护这种竞争过程或者竞争机会的平等，并不刻意去关照结果意义上的公平”。[2]而随着社会生产力的发展，在市场交易中，个体之间的差异进一步扩大，可互换性和平等性作为近现代民法主体的两大表现和特征不复存在，出现了主体之间严重的分化和等级，比如生产者与消费者、用人单位与劳动者的对立，从而产生了现代私法中的具体人格。[3]（2）不同类主体之间存在利益冲突或对抗，即存在利益此消彼长的关系，这是由资源的有限性和稀缺性所决定的。(3)不同类主体之间存在强弱对比，即不予以权利倾斜性配置将导致弱势主体的权利不能实现，使弱势群体的状况更糟，从而扩大社会矛盾，

---

〔1〕 Amartya Sen, *Choice: Welfare and Measuremant*, Oxford Blackwell Co., 1982, p. 26.

〔2〕 蒋大兴：《团结情感、私人裁决与法院行动——公司内解决纠纷之规范结构》，载《法制与社会发展》2010年第3期，第63页。

〔3〕 参见范健、王建文：《商法的价值、源流及本体》，中国人民大学出版社2007年版，第224页。

影响社会的稳定。因此,罗尔斯认为,为了改善社会境况最差者的境遇,这种不公平是可以容忍的。[1]

三、权利倾斜性配置的原因

(一)实质正义的追求

正义是社会制度的首要价值。法律以正义的实现为最终的价值目标,其通过基本权利和义务的分配来确定正义,通过惩恶来伸张正义,通过补偿来恢复正义。[2] "正义具有着一张普洛透斯似的脸,变幻无常、随时可呈现不同形状并具有极不相同的面貌"。[3] 自古以来,思想家、哲学家对于正义的理解千差万别、形态各异,但形式正义和实质正义的划分是正义的基本分类。[4] 所谓形式正义,是指法律上的正义、规则性正义,是法律和制度对人们实行公正一致的管理或者对每个人同样对待(抽象正义),而不关注实质性原则是什么或者个人之间的差异性以及法律调整的实质性结果如何。简言之,法律上的形式正义是指法律的普遍平等的适用。实质正义是法律在关注人的普遍平等(一视同仁)的同时,还关注人们之间的差异性,根据不同

〔1〕 参见段礼乐:《论差异性分配中公平的实现方式》,载李昌麒、岳彩申主编:《经济法论坛》(第10卷),群众出版社2013年版,第333页。

〔2〕 参见陈俊:《法对实质正义的追求和维护》,载《贵州社会科学》2008年第9期,第42页。

〔3〕 [美]E.博登海默:《法理学:法律哲学与法律方法》,邓正来译,中国政法大学出版社2004年版,第261页。

〔4〕 关于形式正义和实质正义的分类,存在以下三个标准:一是罗尔斯的与社会正义相对的形式正义,其是指法律正义或者制度正义。社会正义是指社会基本结构的正义,是在赋予人们最大的平等自由的基础上贯彻差别原则的正义,其承认人们之间的差别,主张社会和经济的不平等应安排得对所有人都有利,尤其是使处于最不利地位的人获得最大的利益。而形式正义是公正一致适用法律的正义。二是与具体正义相对应的形式正义,其是指抽象正义。该形式正义为比利时法哲学家佩雷尔曼所主张,其概念是指对每个人同样对待,即不区分人的主体差别,无论是长辈还是晚辈、健康或者虚弱、富裕或者贫困、高贵或者卑贱,都予以同等的对待。而实质正义是具体正义或者特殊正义,其存在于个案之中,对具体的人的具体的行为,根据具体的内容和特殊情况,予以具体的对待。三是与实体正义相对应的程序正义。实体正义是对实体权利和义务分配的正义。而程序正义是对程序权利和义务分配以及法律在诉讼程序中适用的正义。本文的形式正义和实质正义是指第一种和第二种,主要是指第二种。参见孙笑侠:《法的形式正义与实质正义》,载《浙江大学学报(人文社会科学版)》1999年第5期,第6~7页。

主体的具体状况来分配权利和义务。法律作为“公平正义之术”，[1]其表达着正义的形式方面和实质方面。然而，法律的形式正义仅给予人们同等机会，适用平等的程序，其缺乏对于个体差异的关注，会导致具体适用法律结果的实质的不正义。寄望形式上的正义，成为人与人之间公平判断的工具，还有一项困难。因为，如同亚里士多德曾经指出，规则的一般性并不是说每一种个别的情况都能够被预料，或做适当的规定，于是形式上的正义在个别的案件中，就可能发生扞格。[2] 因此，法律需要在坚持人们在法律上一律平等的同时，在分配实体权利和义务时又必须关注不同主体的具体状况。比如，法律基于男女不同的生理差别，在劳动法和妇女权益保护法等法律中规定了对妇女特殊保护的权利，而男子不能享有这些权利。法律基于对实质正义的价值追求，承认主体之间实质不平等的存在，对不平等主体之间的权利义务进行不平等的分配，实行对主体之间的不平等的矫正，实现亚里士多德所说的矫正正义和罗尔斯的社会正义。只有法律通过规则设置了不平等的或者说是倾斜性的权利，才能实现现代社会所追求的人的真正的社会平等。[3] 权利的不平等是马克思主义正义观的基本原则，马克思基于劳动者之间的差异而对权利的分配进行论述时认为，“生产者的权利是和他们提供的劳动成比例的；平等就在于以同一的尺度——劳动来计量。……这种平等的权利，对不同等的劳动来说是不平等的权利。它不承认任何阶级差别，因为每个人都像其他人一样只是劳动者；但是它默认不同等的个人天赋，因而也就默认不同等的工作能力是天然特权。所以就它的内容来讲，他像一切权利一样是一种不平等的权利。……某一个人得到的事实上比另一个人多些，也就比另一个人富些，如此等等。要避免所有这些弊病，权利就

[1] 杰尔苏斯的名言。参见[意]斯奇巴尼选编：《正义和法》，黄风译，中国政法大学出版社1992年版，第38页。

[2] 参见[英]丹尼斯·罗伊德：《法律的理念》，张茂伯译，上海译文出版社2014年版，第94页。

[3] 参见凌新、高园：《论权利的不平等——马克思主义平等正义观的基本原则》，载《江汉论坛》2004年第9期，第8页摘要。

不应当是平等的,而应当是不平等的"。[1] 综观整个社会,不同主体之间的差别也是天然存在的,法律如果仅固守形式正义对所有的主体一律平等地对待而不考虑主体之间的差别,必然会带来社会实质的不平等和不正义。因此,法律应当在形式正义的基础上追求实质正义,针对不同主体的差别进行不同的权利和义务的分配,通过法律的权利配置对弱势群体权利进行倾斜性配置来纠正主体之间不平衡的经济利益关系。

(二)弱势群体的保护

弱势群体,其实质是相对的概念。具体来说,弱势群体是指在社会生产生活中与其相对应的主体而言,具有经济上或者社会地位上、能力上的弱势的人群,在相应的法律关系中,他们无法依靠自己或者家庭的力量与之对抗,因此经常处于受制于人或者受人摆布的位置,其对受到的伤害无能为力。[2] 由于每个个人的自然条件和社会条件差异的永久存在,弱势群体自古皆有,这是任何人类社会和国家均无法回避的现象。"从经济和社会发展的规律来说,由于诸多条件的客观不平等以及自然灾害或人为风险等偶然因素的客观存在,弱势群体的存在是必然的"。[3] 直至发展到近现代文明社会,随着人的主体意识的觉醒以及自由、平等、博爱思想的传播和深化,人类社会进入人格平等的文明社会,人的主体性被充分宣示,人被从神权、皇权的压制和束缚下解放出来。社会的发展和进步被认为最终需要自由、自主、自治的人,在这种认识下,人被充分解放,国家给予人充分的自由,国家仅充当"守夜人"的角色。在法律理念上,西方社会建立了个人本位的私法传统。而近现代社会市场经济的高速发展带来了人的异化。市场经济是追逐利润最大化的经济,市场主体以资本逐利为最终的目的,其奉行物竞天择、优胜劣汰的"丛林法则";工业革命和市场经济所带来的巨大利润使人沉

---

[1] [德]马克思:《哥达纲领批判》,中共中央马克思恩格斯列宁斯大林著作编译局译,人民出版社1965年版,第13~14页。

[2] 参见余少祥:《弱势群体保护之法哲学论纲》,载《法学评论》2006年第6期,第10页。

[3] 赵讯:《弱势群体保护的社会契约分析》,载《政法论坛》2007年第4期,第51页。

迷于物质利益和物质诱惑之中，人们对工具理性过度算计，对资本意志过分屈从，从而形成"商品拜物教"和"金钱拜物教"，人在摆脱了上帝的统治后又被"物"奴役。[1] 在市场经济中，人们过分追求个人利益而忽视了对他人人格的尊重和利益的保护，忘记了近现代社会得以产生和发展的人本主义理念——对人自身的关怀、对人主体性的尊重。这种自由放任主义的市场经济，在个人的自然禀赋和社会条件存在差异的情况下，造成了贫富分化，这是弱势群体产生的原因之一。而在社会的功利主义之下，实现社会的发展可以以牺牲一部分人的利益为代价，这是弱势群体产生的另一个原因。[2]

然而，马克思主义认为，由于契约追逐私利的个人主义内涵，"它在最终意义上并不适合于人类生活的所有领域"。[3] "一个正义的社会决不应以牺牲这些弱势群体的自尊基础为代价，来换取社会的发展"。[4] 人是世界的最高价值，既包括强势群体在内的人的价值，也包括弱势群体的人的价值。无论对于强势群体还是弱势群体，基于人的价值的平等性，法律和社会制度应当给予同等的保护和尊重，实现人作为人的存在。弱势群体的经济和社会地位的不利状况，决定了实现其作为人的保护和尊重，仅仅是赋予弱势群体与强势群体一致的形式平等并不足够。因为"仅有形式平等，弱势群体的'弱势'特质仍会被淹没在抽象的普遍人格之中，反而导致了广泛的社会不平等，因而必须实现从形式平等向实质平等的转向"。[5] 从社会共同体的角度来看，人类社会存在的基本客观事实是社会连带责任关系。[6] 人

---

[1] 参见赵讯：《弱势群体保护的社会企业基础》，湖南大学2008年博士学位论文，第165～166页。

[2] 参见赵讯：《弱势群体保护的社会契约分析》，载《政法论坛》2007年第4期，第52～53页。

[3] ［英］迈克尔·莱斯诺夫等：《社会契约论》，刘训练、李丽红、张红梅译，江苏人民出版社2005年版，第365页。

[4] 赵讯：《弱势群体保护的社会契约分析》，载《政法论坛》2007年第4期，第49页。

[5] 赵讯、刘焕佳：《弱势群体保护的人本主义诠释》，载《湖南大学学报（社会科学版）》2009年第1期，第118页。

[6] 参见赵讯、严颂：《弱势群体保护的法哲学诠释——以社会连带为视角》，载《法学杂志》2006年第5期，第127页。

作为社会生活的成员，有着生存和发展的欲望和本能。然而人是社会的一员，其不能脱离社会而独立存在，人们之间有着共同的发展目标，而这个目标的实现单靠个人的力量是无法达成的。因此，每个人的生存与发展和其他主体之间是相互依存的，人们之间必须结成具有社会连带责任关系的共同体。当个人在社会生活中遭遇风险和障碍时，仅靠个人的力量无法克服，这种风险也并非个人的责任，而是需要社会共同体承担连带责任。[1] 在一个社会共同体中，弱势群体和强势群体属于一个社会有机体，其均属于社会有机体的一部分。弱势群体的“弱势”是指该主体在社会生活和发展中所遇到的障碍和风险，这种风险和障碍需要社会共同承担责任。因此，作为社会共同体的国家应该肩负起对弱势群体予以直接的特殊保护义务，给予弱势群体倾斜性的保护。这是维系社会共同体和社会存在的必要，因为弱势群体与强势群体之间的矛盾和冲突，是一个社会稳定的关键所在，也是一个社会和谐的最大障碍和风险。[2]

第二节　破产劳动债权倾斜性配置的正当性

一、破产法的法域特点

博登海默曾说过，法律的主要作用之一是调整和调和各种利益冲突。[3] 赫克亦曾指出，法的每个命令都决定着一种利益的冲突，法起源于对利益的斗争。法的最高任务是平衡利益，此处的利益包括私人利益与公众利益、物质利益和精神利益等。[4] 破产法是利益平衡的法律，从产生之

---

〔1〕 参见李昌麒：《弱势群体保护法律问题研究——基于经济法与社会法的考察视角》，载《中国法学》2004年第2期，第82页。

〔2〕 参见赵讯、严颂：《弱势群体保护的法哲学诠释——以社会连带为视角》，载《法学杂志》2006年第5期，第129页。

〔3〕 参见林来梵、张卓明：《论权利冲突中的权利位阶——规范法学视角下的透析》，载《浙江大学学报（人文社会科学版）》2003年第6期，第8页。

〔4〕 参见张文显：《二十世纪西方法哲学思想研究》，法律出版社2006年版，第109页。

初,破产法就以协调利益冲突为主要功能。一般认为,破产制度是为了弥补个别强制执行的不足的集体性偿债制度。学者们多认为,破产制度发端于罗马法,[1]无论是罗马法上的“财产泵卖”,还是“财产零售”制度,[2]其目的均是当债务人财产不足以清偿全部债务时,能够保证在各个债权人之间公平分配债务人有限的财产。[3]债权平等保护原则被认为是破产法的“起始规则”或“任何破产法都必须遵守的最高准则”。[4]这里的债权平等指的是债权的实质平等,是法律对具体权利的关注,是债权按比例清偿的平等,也是“相同权利相同对待,不同权利不同对待”的平等。因此,破产法从一开始就是平衡债权人之间利益的法律。在破产法调整的领域,必然存在着债权人之间的利益冲突。因为债权人的利益实现完全依赖于债务人的财产,而债务人财产的不足致使债权人之间的债权实现的比例存在牵连关系,即此涨彼消的关系。而随着商品经济的发展和市场经济的繁荣,人们之间交往的频繁以及适用破产程序的商人的大量出现和普遍化,债的种类也不断拓展,由原来的契约之债、侵权之债,发展到现在的劳动债权、税收债权等多样化的债权类别。这些随着商人、企业的出现而产生的债权(劳动债权、税收债权),因对整个经济和社会秩序有重大影响,故成为破产法上不得不解决的非常态问题。对于这些问题,破产法从来都是超越纯粹的债权人立场而融入更多的利益考量。[5]通过破产法的利益考量确定了债权之间的受偿顺位。庞德教授认为,实在法可分为等同法和排序法,而破产法属于排序法。等同法是体现交换正义、实现经济效率的法律,其通过损害赔偿等类似的方式实现对一般的、抽象人格的普遍保护;排序法是以分配正义、社会

---

〔1〕 参见付翠英编著:《破产法比较研究》,中国人民公安大学出版社2004年,第3页。

〔2〕 “财产泵卖是当时用于多数债权人分配债务人财产的较为完整的清算程序。……财产零售制度已经具备现代破产制度的雏形”。参见付翠英编著:《破产法比较研究》,中国人民公安大学出版社2004年,第23页注释①。转引自韩长印:《企业破产立法的公共政策构成》,中国人民大学2001年博士学位论文,第21~23页。

〔3〕 参见付翠英编著:《破产法比较研究》,中国人民公安大学出版社2004年,第23页。

〔4〕 参见许德风:《破产法基本原则再认识》,载《法学》2009年第8期,第53页。

〔5〕 参见冯辉:《破产债权受偿顺序的整体主义解释》,载《法学家》2013年第2期,第84页。

公平为主要价值目标的法律,其依靠利益平衡的方式优先保障某些利益,通过具体的制度安排对特殊群体、具体人格进行倾斜性保护。[1] 破产法通过对破产债权受偿顺位的确定划分了债权的类别。因债务人财产的不足使得不同类别的债权人之间存在着利益冲突。该利益冲突具体表现之一为,破产劳动债权是否优先受偿直接决定着普通债权能否得到清偿以及清偿比例。

在破产程序中,除了债权人之间存在利益冲突,破产程序的其他主体之间也存在利益冲突,比如债权人与债务人之间。因此破产法是涉及不同利益诉求的利益群体的法律,该利益群体包括:(1)财产权利人;(2)债权人;(3)雇员;(4)政府机构;(5)债务人;(6)其他利益相关人。[2] 企业是多方利益的组合体。从这个意义上说,破产法上的企业,是一个面临危机的利益共同体,该危机导致多方利益的冲突显现,此时,各方已没有同舟共济的梦想,也没有了患难与共的动力,具有的仅是财产分配的最大化。因此,破产法律制度需要提供利益调和与权利妥协的机制,完成法律解决社会利益冲突的任务。[3] 破产法调整的主体具有类型化的特征,各个主体之间在破产法领域不存在相互转换的可能,即主体之间不存在可互换性。主体的可互换性是指任何主体均可能享有受优先保护的权利,也同样有可能享有不受优先保护的权利,在具体个案中,任何主体均可能会因享有优先的权利而对抗其他主体处于后位的权利。[4]

总结破产法的法域特点,其主要表现为:(1)破产法是调整利益冲突的法律。因为破产法从一开始就调整着不同主体之间的利益关系,从仅关注债权人的债权(公平)实现,侧重保护债权人的利益,到债权人利益和债务人

---

〔1〕 参见张平华:《权利位阶论——关于权利冲突化解机制的初步探讨》,载《法律科学(西北政法学院学报)》2007年第6期,第33页。

〔2〕 参见丁文联:《破产程序中的政策目标与利益平衡》,法律出版社2008年版,第19页。

〔3〕 参见王卫国:《论重整制度》,载《法学研究》1996年第1期,第98页。

〔4〕 参见林来梵、张卓明:《论权利冲突中的权利位阶——规范法学视角下的透析》,载《浙江大学学报(人文社会科学版)》2003年第6期,第9页。

利益的兼顾，以及到现代社会的公共利益的兼顾，其实现着对不同主体之间利益关系的协调、利益冲突的平衡。而利益平衡的目的是“认识所涉及的利益、评价这些利益各自的分量、在正义的天秤上对他们进行衡量，以便根据某种社会标准去确保其间最为重要的利益的优先地位，最终达到最为可欲的平衡”。[1] (2)破产法所调整的主体具有明显的类型化，其划分为不同的群体，需通过具体的制度予以协调保护。(3)破产程序对于不同群体的意义不同。对于弱势群体来说，其不但是债权救济的方式，而且是生存的保障。例如，对于劳动债权人来说，劳动债权直接关系到劳动债权人的生存利益，具有保障人的生存和发展的价值，而劳动债权人在与债务人企业订立劳动合同时多处于没有谈判地位或者谈判能力的弱势，其对于劳动债权无法通过事先的风险预测来设定风险防范措施。相对而言，契约债权人则具有通过契约谈判的方式来为自己设定风险防范措施(担保)的能力和机会，而且通常情况下，契约债权对于契约债权人来说，其并不关系到生存利益。

破产法的法域特点与权利倾斜性配置的法域特征相一致，这决定了破产法通过权利倾斜性配置对劳动债权予以优先保护的正当性。

二、劳动债权的价值分析：确定权利的位阶

权利冲突既然存在，就需要解决。根据博登海默所说，法律的主要作用之一就是调整及调和相互冲突的利益，无论是个人的利益还是社会的利益。这在某种程度上必须通过颁布些评价各种利益的重要性和提供调整这种种利益冲突标准的一般性规则方能实现。[2] 德国利益法学以及评价法学也认为，利益冲突的规整和解决是法律的目的之一，规整的方式是通过确定冲突的利益之间的顺位使特定利益优先而他种利益退让，从而达到利益主体

---

[1] [美]E. 博登海默：《法理学：法律哲学与法律方法》，邓正来译，中国政法大学出版社 2004 年版，第 151 页。

[2] 参见[美]E. 博登海默：《法理学：法律哲学与法律方法》，邓正来译，中国政法大学出版社 2004 年版，第 414 页。

之间的协调和妥协。[1] 因此,解决权利冲突的重要方法就是确定权利位阶。[2] 权利冲突的存在使得以“简单的权利义务一一对应结构”型构全部社会关系的企图破灭了,权利位阶是解决权利冲突的最简便和最具有操作性的方法。[3] “利益衡量乃在发现立法者对各种问题或利害冲突,表现在法律秩序内,由法律秩序可观察而得之立法者的价值判断。发现之本身,亦系一种价值判断”。[4] 因此,权利位阶的确定往往涉及对权利价值的评价。然而价值的判断是很难确定的,其原因在于人类对价值问题认识的有限性以及权利冲突的具体情形决定了价值位阶的差异。价值的判断并非两个孤立事物可以有明确的、简便的判断标准,而是需要结合具体情况和各个要素进行综合评价。[5] 价值的抽象性和难衡量性决定了权利价值位阶的不具体性、不确定性。[6] 债务人破产给不同债权人带来的影响不同,债权的不同价值决定了不同的影响,即不同种类的破产债权要达到的目的或欲实现的宗旨不同。基于在破产的具体情形下破产债权价值的不同位阶,破产法做出了破产债权的顺位安排。基于人道安排和救助弱者的精神,破产法确立了破产劳动债权的优先顺位。该优先顺位源于破产程序中劳动债权的价值优位。劳动债权的价值具体表现为以下几个方面:

(一)劳动债权的生存价值

1. 劳动权因生存而产生

从劳动权的产生角度来看,劳动权是基于人的生存利益保障而产生的。生存作为一种原始的愿望,是伴随着人类的产生而产生的。人类生存的基

---

〔1〕 参见[德]卡尔·拉伦茨:《法学方法论》,陈爱娥译,商务印书馆2003年版,第1页。

〔2〕 参见马岭:《权利冲突与权利位阶》,载《云南大学学报(法学版)》2008年第5期,第30页。

〔3〕 参见张平华:《权利位阶论——关于权利冲突化解机制的初步探讨》,载《法律科学(西北政法学院学报)》2007年第6期,第32页。

〔4〕 杨仁寿:《法学方法论》,中国政法大学出版社1999年版,第175~176页。

〔5〕 See Aleksander Peczenik, *The Passion for Reason*, Luc & J. W. eds., The Law in Philosophical Perspectives, Kluwer Academic Publishers, 1999, p. 185.

〔6〕 参见张平华:《权利位阶论——关于权利冲突化解机制的初步探讨》,载《法律科学(西北政法学院学报)》2007年第6期,第34页。

本途径是获取财产，而最初的资源贫乏成为影响人类生存的根本决定因素。正是因为财产对于人生存的重要作用，所以在打破了原始的平均分配规则之后，掌管着财富分配的少数人大量地集聚财富，从而产生了阶级和私有制，人们之间形成了统治与被统治的控制关系。拥有大量财富的人控制着没有生活来源和不能获取到财富的人，这些被控制的人被当作“物”对待。控制者只关心自己的生存利益，而不再关心集体的生存，为了生存甚至可以杀死他人。这种现象一直持续到中世纪。〔1〕

然而不可忽视和无法改变的现实是，人类社会存在一个基本的客观事实是存在社会连带关系。〔2〕人类社会是由各个阶层组成的有机体。在中世纪，基于神权思想和神学观念，认为神既然准予人出生，就应当保障所有人的生存，包括生存条件不全和生存条件齐备的所有人的生存。神学家托马斯·阿奎那在其《神学大全》中写道，“如果一个人面临着迫在眉睫的物质贫乏的危险，而又没有其它办法满足他的需要，——那么，他就可以公开地或者用偷窃的办法从另一个人的财产中取得所需要的东西”；〔3〕“人类的法律制度的规则设置均是把极端状态排除在外的，而自然法理论之父的格劳秀斯认为，人类社会在出现极端必须的时候，关于物的权利规则可恢复为原始的共有权利状态，为人类所共有。以重新安排规则使极端状态恢复正常状态”。〔4〕这些认识均体现了人类共同体的思想，有财产的人与生存受到威胁的人共担生存的风险。

随着人类共同体观念的深入和人性的解放，人们的思想也发生了改变，生存不再仅依赖于个人的努力，而由社会共同来实现。1791 年法国《宪法》在“宪法所保障的基本条款”中规定，应该设立或组织一个公共救济的总机构，以便养育弃儿、援助贫苦的残疾人，并向未能获得工作的壮健的贫困人

〔1〕 参见徐显明：《生存权论》，载《中国社会科学》1992 年第 5 期，第 40 页。

〔2〕 参见赵迅、严颂：《弱势群体保护的法哲学诠释——以社会连带为视角》，载《法学杂志》2006 年第 5 期，第 127 页。

〔3〕 阿奎那：《阿奎那政治著作选》，马清槐译，商务印书馆 1963 年版，第 143 页。

〔4〕 徐显明：《生存权论》，载《中国社会科学》1992 年第 5 期，第 41 页。

供给工作。[1] 1793年这一规定在法国《宪法》序言中又进一步发展为:“公共救济是神圣的义务。社会对于不幸的公民负有维持其生活之责,或者对他们供给工作,或者对不能劳动的人供给生活资料”。[2] 人们有从社会获得工作以维持自己生存的权利,劳动权由此而萌芽。之后,随着资产阶级工业革命的进行,资产阶级的垄断进一步扩张,大量的手工业者、农民被瓦解分化,有的被吸收为产业工人,有的则双手空空别无他物,贫穷的劳动者失去了劳动的机会,失业队伍日渐壮大。基于此,法国在1848年“二月革命”后设置了“国立劳动场”以保障失业劳动者的劳动。[3] 纵观自由资本主义到垄断资本主义的发展历史可以发现,这一时期的社会弱者正是基于劳动权和社会救济权才得以生存的。

随着资本主义的发展、马克思主义思想的传播和社会主义国家的建立,保障劳动者的劳动权以实现人的生存目的的观念在全社会得到进一步的宣扬和实践。第一次世界大战后,新生的社会主义国家苏联颁布了《被压迫被剥削劳动者权利宣言》,该宣言以保障劳动者的劳动权利和生存目的为核心,全面确认了劳动者通过劳动获得生产资料和生活资料以实现其生存的目的的权利。自此,劳动权被定型化,劳动权的保障成为全社会的共同责任,国家是劳动权的义务人和保障人。可见,劳动者引起了生存权这一人权问题。因此,对劳动者劳动报酬权的保障具有更深层的意义和更高的价值,其解决的是多数人的生存权问题。

2. 生存权实现的途径

财产是实现生存权的物质保障,然而财产的取得和财富的创造离不开劳动。因此,劳动与生存权的实现紧密相关,劳动是实现生存权的基本手段。[4] 劳动不但保障劳动者本人的生存,而且维系着社会的生存。因此,

---

[1] 参见徐显明:《生存权论》,载《中国社会科学》1992年第5期,第42~43页。
[2] 徐显明:《生存权论》,载《中国社会科学》1992年第5期,第43页。
[3] 参见徐显明:《生存权论》,载《中国社会科学》1992年第5期,第43页。
[4] 参见林嘉:《劳动法与现代人观念》,载贾俊玲主编:《21世纪亚太地区劳动法与社会保障法发展趋势》,中国劳动社会保障出版社2001年版,第130页。

生存并非仅是个人的事情，而是社会（国家）的责任。奥地利法学家安东·门格尔曾指出，生存欲望是人的本能欲望，在人的所有欲望中具有优先地位，社会应该确立财富分配的一般标准，以使社会成员可以根据这一标准向国家提出为维持自己生产所需要的物和劳动的要求。[1] 劳动者的劳动权得到国家的充分保障，不但可以使劳动者本人获得劳动报酬，保障生存权的实现，而且国家通过税收和社会保险的方式提取劳动报酬的一定比例，从而建立社会保障和社会救济制度，去帮助无能力劳动或者失去劳动机会的人，保障这些人的生存。因此，劳动权是给予人们选择适合工作的权利，其包含就业权、择业权以及劳动报酬权，劳动权由生存权引申而来，目的在于借工作机会以保障其生存。[2]

劳动者劳动权的赋予也关系着社会上财富充足的主体的生存利益。从利益相关者角度来说，有产者的利益与劳动者的利益密切相关，劳动者的生存直接关系到有产者的生存，二者的生存欲望是统一的。劳动力是实现有产者生产方式的条件，若对劳动者过度压榨而使其生存难以为继的话，会使劳动力资源趋于枯竭而使有产者的生产无法顺利进行。有产者不但要考虑劳动者的生存问题，为使劳动者能够持续付出充足的劳动力，而且应当给予劳动者保证其劳动力能够得到恢复并且精神获得满足的劳动补偿，保证其生存条件，而且还要考虑直接关系到资本利润的劳动力的成本问题，劳动力成本的降低直接关系到有产者利润的增加。竞争是降低劳动力成本的最好办法，充分的竞争途径是保持劳动力市场的供过于求，当然前提是必须保证供过于求的失业劳动者至少有最低的劳动能力，而该最低的劳动能力需要基本的生存条件予以保障。因此，失业者可从国家获得社会救济保证其生存，该救济来源于国家对有产者的强制缴纳，实质是有产者为维持失业者的劳动力而支出的必要成本。从企业主的长远利益来看，维持劳动者、失业者

[1] 参见徐显明：《生存权论》，载《中国社会科学》1992年第5期，第39页。

[2] 参见谢瑞智：《宪法词典》，文笙书局1979年版，第17～18页。转引自王天玉：《工作权研究》，吉林大学2010年博士学位论文，第37页。

以及其后代的基本生存条件是必需的,其关系到企业主的长远发展。[1] 古典经济学家穆勒针对资本家和工人的关系曾说,“资本家离了工人什么也干不成,而劳动者没有资本也不行”。[2] 马克思也曾明确地指出,“除劳动能力以外一无所有的阶级的存在是资本的必要前提”;[3]“资产阶级从它产生的时候就背负着自己的对立物:资本家没有雇佣工人就不能生存”。[4]

3. 小结

劳动权的实现是保障人们生存和社会发展的基本手段,而劳动报酬权即劳动债权,是劳动权实现的核心内容,也是生存价值得以展现的关键。没有劳动报酬权的劳动权是空想主义,是没有任何实际意义的,也无法实现人们的生存利益。这也是为什么人们在研究劳动权时总是将劳动权与人们的生存联系起来的原因。对此,杜茨曾说过,“对于一个正在寻找工作的失业者来说,以什么为生活来源以及怎样找到工作岗位,是生死攸关的”。[5] 因此,劳动债权包含着生存价值,关系到人们的生存利益,又如博登海默所说,“生命(生存的最基本层次的涵义)的利益是保护其他利益的正当前提,因此应当高于财产方面的利益。健康(生存的较高层次的涵义)方面的利益似乎在位序上要比享乐或娱乐的利益高”。[6] 因此,生存价值是人类的最高价值,作为人类利益保护工具的法律应当贯彻和维护人类的生存价值,应当将包含生存价值的劳动债权置于优先保护的位置。

---

〔1〕 参见徐显明:《生存权论》,载《中国社会科学》1992 年第 5 期,第 52 ~ 53 页。

〔2〕 [英]约翰·穆勒:《政治经济学原理及其在社会哲学上的若干应用》(上卷),赵荣潜等译,商务印书馆 1991 年版,第 245 页。

〔3〕 中共中央马克思恩格斯列宁斯大林著作编译局:《马克思恩格斯选集》(第 1 卷),人民出版社 1972 年版,第 364 页。

〔4〕 中共中央马克思恩格斯列宁斯大林著作编译局:《马克思恩格斯选集》(第 3 卷),人民出版社 1972 年版,第 405 页。

〔5〕 [德]W. 杜茨:《劳动法》,张国文译,法律出版社 2005 年版,第 36 页。转引自秦国荣:《劳动权的权利属性及其内涵》,载《环球法律评论》2010 年第 1 期,第 63 页。

〔6〕 [美]E. 博登海默:《法理学:法律哲学与法律方法》,邓正来译,中国政法大学出版社 2004 年版,第 416 页。

(二)劳动债权的秩序价值

秩序是指“在自然进程和社会进程中都存在着某种程度的一致性、连续性和确定性”。[1] 秩序意味着有序,按照一定的规则行事,其决定着社会关系的稳定性、结构的一致性、人身财产的安全性和事件的可预测性,秩序是社会稳定的关键和社会发展的前提。劳动债权是用工单位所欠劳动者的工资等劳动报酬而形成的债权。在劳动者与用工单位之间存在天然冲突(矛盾)和劳动对于劳动者的生存意义之下,劳动债权的大量存在是影响社会稳定的不可小觑的因素,如果因其无序化而无法得到充分保障,必然会破坏社会秩序,造成社会动荡。

1. 劳动者与用人单位之间的天然冲突

劳动者是依靠其劳动换取劳动报酬维持其生存的,劳动报酬是劳动者获取生活资料的主要来源,是劳动者生存和发展的基础,是劳动者及其家庭的主要经济来源。因此,劳动报酬是以劳动从用人单位换取生存保障的劳动者的最大利益,而劳动报酬的最大化是劳动者的主要目标。相反,对于投资人来说,资本投入的目的是获取利润,追求利润最大化是资本与生俱来的本能。利润的最大化与成本的降低密切相关,而劳动力成本降低是成本降低中的重要一环。因此,用人单位为了追求利润的最大化会想尽各种办法降低劳动报酬,而劳动者又必然要求优化劳动条件、提高劳动报酬。二者之间的经济利益冲突呈现出一定程度的此消彼长的关系,这种经济冲突成为引发劳资双方矛盾的深层根源。另外,在劳动关系中,劳动者与用人单位之间存在资强劳弱的力量不平衡的状态。用人单位凭借着自己的强势地位,与劳动者建立劳动关系后,通过内部管理制度决定着劳动者职位的升降、劳动报酬的高低以及工作的得失,其直接影响和决定着劳动者的生活状态和生存质量。用人单位的资本强势地位吞噬着劳动者的利益,这种利益的不

---

〔1〕［美］E. 博登海默:《法理学:法律哲学与法律方法》,邓正来译,中国政法大学出版社2004年版,第227～228页。

平衡状态形成了劳资冲突滋生与蔓延的直接动因。[1] 在社会经济、文化等生产生活联系极为密切的现代社会，劳资冲突带来的不仅是劳动者和用人单位双方的对立，而且会溢出企业社区甚至是经济的范畴，从而造成对社会经济秩序甚至是社会整体秩序的冲击。[2]

2. 劳动债权与社会秩序

人是社会的动物，在社会中生存就需要秩序，以保证行为的规则性、社会的稳定性以及争议解决的顺畅性。秩序是人类活动的必要前提，是人类的理想和社会发展的目标。"只有在秩序的基础上，社会才能存续。"[3] 然而，秩序并非自动形成，其产生需要多个条件，而劳动债权的保障和实现是社会秩序形成的重要条件之一。正如常凯教授所说，"如果说今后中国可能会发生某种不稳定局面的话，那么，酿成这种不稳定局面的主要因素应该是劳动问题的积累和社会劳动关系矛盾的激化"。[4] 劳动债权的普遍化以及大量的通过救济手段不能实现的情形，将导致社会大量劳动者的生活质量因收入下降而降低，由此而带来大量失业，这必将影响社会的稳定。美国一个州的劳动法协会认为，当失业使失业者无力生活或者由于压力而抑郁或者百无聊赖时，其可能的选择是犯罪。因为失业所带来的问题是复杂的，其不单单是断绝了失业者的生活来源，降低其生活质量，而且给失业者及其家庭成员带来精神压力——来自生活的压力和自信心上的压力。由于没有劳动，缺乏与社会沟通的正当途径，因此会造成失业者为了生计或者因精神、心理压力而铤而走险走上违法犯罪的道路。[5] 亚当·斯密在他的《道德情操论》中有一句经典名言，"如果一个社会的经济发展成果不能真正分流到

---

〔1〕 参见张在范：《论劳动法的直接目的与终极目的》，载《河南社会科学》2009 年第 1 期，第 92 页。

〔2〕 参见张在范：《论劳动法的直接目的和终极目的》，载《河南社会科学》2009 年第 1 期，第 92 页。

〔3〕 [美]霍贝尔：《初民的法律》，周勇译，中国社会科学出版社 1993 年版，第 12 页。

〔4〕 常凯主编：《劳动关系·劳动者·劳权》，中国劳动出版社 1995 年版，第 7 页。转引自胡玉浪：《劳动报酬权研究》，厦门大学 2007 年博士学位论文，第 49 页。

〔5〕 参见黎建飞：《论我国〈劳动法〉立法的目的》，载《河南政法管理干部学院学报》2003 年第 5 期，第 66 页。

大众手中,那么它在道义上将是不得人心的,并且是有风险的,因为它注定会威胁到社会的稳定"。[1] 美国学者威廉·格雷德也告诫说,"压榨劳工,作为经济交易,可以保持经济增长、获得利润;作为社会交易,它播下了血腥暴乱的种子"。[2] 劳动者是社会的主要人群,劳动者的利益关系到社会的稳定,而正常的劳动秩序关系到经济的发展和社会的进步。因此,劳动关系的稳定源于劳动者利益的实现,而劳动关系的稳定是和谐社会的基础。[3] 劳动对于财富的增长和贫困的消除、秩序的创造、命运的自我掌控等方面具有决定性作用。[4]

权利的倾斜性配置具有社会心理的安抚功能。立法者通过法律对权利和义务的配置,赋予弱势群体(劳动者属于弱势群体)倾斜性的权利,这是弱势群体的心理预期所在,这种国家层面的制度安排使政府建立了权威和公信力。"这种积极改善社会阶层关系的立法态度会给弱者以信心,使其对政府、对法律、对自身的未来有了憧憬的动力和渴望。而弱者心态的健康化有利于缓和社会阶层之间的矛盾性心理、减少阶层对抗行为的产生,并最终有助于增进整个社会的和谐与稳定"。[5]

(三)劳动债权的正义价值

亚里士多德的正义观将正义分为矫正正义和分配正义。破产劳动债权的正义价值体现为国家在破产程序中对劳动债权实现的分配正义价值。亚

---

〔1〕［英］亚当·斯密:《道德情操论》,谢宗林译,中央编译出版社 2011 年版,扉页。

〔2〕［美］威廉·格雷德:《资本主义全球化的疯狂逻辑》,张定淮等译,社会科学文献出版社 2003 年版,第 490 页。转引自胡玉浪:《劳动报酬权研究》,厦门大学 2007 年博士学位论文,第 49 页。

〔3〕参见黎建飞:《论我国〈劳动法〉立法的目的》,载《河南政法管理干部学院学报》2003 年第 5 期,第 67 ~ 68 页。

〔4〕参见［英］齐格蒙特·鲍曼:《流动的现代性》,欧阳景根译,上海三联书店 2002 年版,第 214 页。转引自袁立:《作为基本权的劳动权之本位价值:人的自我实现》,载《法学论坛》2011 年第 6 期,第 65 页。

〔5〕吴飞飞:《从权利倾斜到责任倾斜的弱者保护路径转换——基于法经济学视角的解读》,载《广东商学院学报》2013 年第 6 期,第 90 ~ 91 页。

里士多德认为,正义是相等的人应该分配给予相等的事物,正义的分配应当是给予付出者收受恰当价值的对价。[1] "古罗马法学家乌尔比安首创的一个著名的正义定义是'使每个人获得其应得的东西的永恒不变的意志'"。"西塞罗也曾把正义描述为'使每个人获得应得的东西的人类精神取向'"。[2] 中世纪神学家托马斯·阿奎那也认为,正义是"一种习惯,使每个人依照这种习惯以一种永恒不变的意志获得其应得的东西"。[3] 美国学者罗尔斯认为,"正义是……社会主要制度分配基本权利和义务……方式"。[4] 我国学者徐国栋也认为,正义首先是一种分配方式,无论是利益还是不利益,如果分配方式正当,能让每个人各得其所,就是正义。[5] 可见,分配正义是正义的首要要求,是保持社会稳定和良性运转的核心要素,是社会利益平衡的首要层次,没有分配正义,矫正正义犹如无源之水、无根之木而无的放矢。通过劳动权的赋予,给予劳动者劳动报酬权,使其获得与付出的劳动相适应而且社会认可的等价值的劳动报酬,是分配正义的体现。当劳动报酬权没有得到实现时,为了保护劳动者的利益,法律赋予劳动者劳动报酬请求权,同时为用工方设定了必须支付劳动报酬的债务,使双方之间产生债的"法锁"关系,通过矫正正义的方式,使权利受到侵害的劳动者的利益得到保护和救济。而进入破产程序,破产法通过立法的方式确立破产劳动债权的优先保护顺位是分配正义的再次体现。

黑格尔指出,为了保护和促进国家自己界定的人民的普遍利益,国家可以直接干预市民社会的事务。[6] 弱势群体与强势主体的地位已处于实质

---

[1] 参见[古希腊]亚里士多德:《政治学》,高书文译,江西教育出版社2014年版,第114页。

[2] [美]E.博登海默:《法理学:法律哲学与法律方法》,邓正来译,中国政法大学出版社2004年版,第277页。

[3] [美]E.博登海默:《法理学:法律哲学与法律方法》,邓正来译,中国政法大学出版社2004年版,第278页。

[4] [美]约翰·罗尔斯:《正义论》,何怀宏、何包钢、廖申白译,中国社会科学出版社1988年版,第7页。

[5] 参见徐国栋:《民法基本原则解释——成文法局限性之克服》(增订本),中国政法大学出版社2001年版,第350页。

[6] 参见邓正来:《国家与社会:中国市民社会研究》,北京大学出版社2008年版,第41页。

不公平的状态,其利益对比已经不平衡。国家通过对弱势群体的权利倾斜性配置,能够从制度上保障弱势群体获取利益的机会和可能性增大,从而平衡已经失衡的利益关系,实现对全体人民的普遍利益。

对于同一债务人的多个债权人,当债务人财产不足以清偿全部债权时,由于债权对其意义的不同决定了债权人的地位不同。正如前文所述,由于劳动债权具有生存价值,其直接关系到劳动者及其家庭成员的生存利益。而其他债权则仅具有经济价值,一般而言并不会直接影响债权人的生存利益。这就决定了劳动者相对于其他债权人处于相对弱势地位,而且劳动债权在法律体系中具有更高的价值和根本性的意义。分配正义即在于根据主体的实际情况分配利益和分担损失,实现经济能力强者对经济能力弱者的相当体恤,实践"扶贫济弱"的集体主义思想。[1] 因此,根据分配正义的要求,法律应当对劳动者给予倾斜性的保护,在破产程序中赋予劳动债权优先受偿的顺位。

三、破产劳动债权倾斜性配置的原因

(一)劳动者弱势地位保护的要求

平等无疑是现代社会的一大主题,而人格平等、形式平等所带来的实质平等已经被人们所认识,且实质平等已被现代社会所关注。然而一个社会要实现完全的平等或者绝对的平等是不可能的。因此,只能争取实现相对而言最大的平等。所谓最大的平等,就是通过社会制度的安排最大限度地帮助社会的不利群体。在罗尔斯看来,社会的不利群体是指处于社会的最底层的人们,他们是社会中权力、机会、财富和收益的最少拥有者,社会的不平等最能体现在这部分人身上,因此他们是社会的最不利的群体。一个正义的社会的法律制度安排应该最大限度地改善这部分群体的利益,缩小他们与其他人之间的差距。[2] 劳动者在与用人单位和其他债权人之间的关

---

〔1〕 参见易军:《民法公平原则新诠》,载《法学家》2012 年第 4 期,第 67 页。
〔2〕 参见丁文联:《破产程序中的政策目标与利益平衡》,法律出版社 2008 年版,第 74 页。

系中处于不利群体的地位,应通过强制性干预的方式扶助劳动者,赋予其在破产债权中优先受偿的顺位。

首先,劳动者与用人单位相比较处于弱者的地位。主要表现在:第一,劳动力市场供过于求的失衡状态决定了劳动者的弱势地位。随着现代科技的发展,现代化的工业生产的普遍化,机器化生产和劳作成为企业生产的常态,大量的劳动岗位被现代化的机器所替代,未被替代的劳动岗位上所需要的劳动人员也大为缩减,劳动力市场总是处于供过于求的状态,[1] 尤其是我国这样一个人口大国,劳动力供大于求的状态更为突出。劳动力的供过于求决定了用人单位处于交易的优势地位,其有充分的选择空间,并可以提出苛刻的工作要求和较低的工资标准,从而使劳动者处于劣势地位。劳动者处于劳动力竞争之中,这使他们丧失了与用人单位对抗的能力。为了能够取得一份满意的工作,他们就会压低身价,接受苛刻的工作条件,甚至为了保全工作会忍气吞声。第二,劳动关系的隶属性和依附性使劳动者难以与用人单位对抗。在劳动关系中,用人单位作为劳动的组织方,享有制定劳动规则以及各种规章制度的权利,而劳动者负有遵守的义务。用人单位完全可能利用这一权利对劳动者进行剥削和压榨,以实现其追求最大化经济利益的目的。而且信息的不对称也会加剧这种对抗的差距,因为企业掌握着生产和经营的全部信息,而劳动者却知之甚少,其难以找到与用人单位对抗的依据。学术界一般认为"一旦劳动关系建立起来,作为劳动者个人与雇主之间的平等关系即告结束"。[2] 在劳动契约订立后的实际执行过程中,劳动者与雇主之间不再平等,而是一种"从属"关系。在这一过程中,劳动者将自己置于用人单位的指挥、管理和监督之下并必须听从,不能够按照自己的意志从事生产劳动,完全处于"从属"地位。"通过劳动合同确立的劳动关系,在形式上似乎平等,实际却是一种从属关系。这种从属性直接表现为劳

---

[1] 参见陈文煊:《劳动法倾斜保护劳动者原则之合理性论证——从价值判断的实体性论证规则出发进行的探讨》,载林嘉主编:《社会法评论》(第2卷),中国人民大学出版社2007年版,第376~389页。

[2] 常凯:《论劳动合同法的立法依据和法律定位》,载《法学论坛》2008年第2期,第8页。

动者必须服从雇主的指挥、指令和要求完成特定的任务,并由此产生劳动者的人身从属、社会从属”。[1] 第三,劳动对于劳动者的生存意义以及失业对于劳动者的威胁,加剧了劳动者的弱势地位。劳动力市场的供过于求决定了社会上必然会有失业人群,失业对于劳动者来说意味着生活来源的中断,意味着家庭收入的减少和家庭生活质量的降低。且失业的长期性还会给劳动者带来精神压力和负担,其会失去对国家和社会的信任,从而影响其人格的发展和人性的成长。长期的中止劳动,还会使劳动者劳动技能退化而无法适应社会,长此以往必将影响其以及家庭成员的生存。“生存”不同于“生活”,达到影响生存的程序是人们所不能承受的。

其次,劳动者与其他债权人相比处于弱势地位。具体表现在:第一,由于上述劳动者与用人单位之间的弱强对比,劳动者在与用人单位建立劳动关系时,没有充足的能力与用人单位讨价还价,只能接受用人单位较低条件的安排。而债权人作为与用人单位能力上平等的主体,其具有讨价还价的能力和条件,能够使自己的债权保持较高的价值从而维护自己的利益。第二,劳动者与用人单位之间的依附关系决定了劳动者只能被动地接受企业经营失败的风险而无法事先预防。普通债权人与企业之间是平等的主体,二者没有隶属和依附的关系,因此,债权人在与企业进行交易时可以通过法律规定的方式(担保)来预防风险,从而最大限度地保证自己债权的实现。第三,劳动力商品具有天然的缺陷,比如劳动力付出后无法恢复,劳动力必须及时出售而不能储存,劳动力与劳动者人身相依附而缺乏流动性等。[2] 更为重要的是,现代化生产之下社会分工更为精细,而劳动者在某一个行业获得的技能需要付出很大的代价,如果其失业,将很难舍弃此行业而投身于其他行业,故劳动力商品的“资产专用性”很高。[3] 这些都决定了劳动者的弱势地位。而在大市场化下,普通债权的流通性和订立时的可选择性反而

---

〔1〕 常凯:《劳动关系的集体化转型与政府劳工政策的完善》,载《中国社会科学》2013 年第 6 期,第 92 页。

〔2〕 参见丁文联:《试论劳动合同的附合化》,载《法商研究》1996 年第 6 期,第 67 页。

〔3〕 参见丁文联:《破产程序中的政策目标与利益平衡》,法律出版社 2008 年版,第 161 页。

越来越高,这决定了普通债权人与企业之间的平等性以及普通债权人债权实现的多种可能性。

从罗马法开始,法律中就存在着针对特殊阶层或者特殊群体的照顾性规定。[1] 现代的福利社会和追求实质平等的文明社会,在对待劳动者这一弱势群体的劳动债权时也应当予以特别的对待。因此,破产法在破产财产分配时,赋予劳动债权优先顺位具有正当性。

(二)人权保护的要求

如前文所述,劳动债权具有人权属性,其决定着劳动者生存权和发展权的实现。人权是人的基本权利,是人之所以作为人的权利,其关系到人的主体资格确立和人格实现的权利。自近现代社会民法法典化以来,从《法国民法典》始,无不以自然法的天赋人权、人权至上以及人本位为理念。[2] 现代法律体系的建立更是以人权的保障为核心。在这种思想的指导下,现代法律贯彻着权利平等的原则,尤其是债权的平等原则,并通过强制保障每一平等的权利得到实现,维护社会的信用体系以及公平。然而,当这些权利(债权)与人的尊严、生存和生命健康的权利相冲突时,法律在平衡利益时,必然会按照利益的位阶(层次性)在冲突的利益中选择优先保护人身利益,而放弃或者将财产利益置于劣后的顺序。劳动债权虽形式上表现为债权,但其事关劳动者及其家庭成员人身利益的实现,是劳动者及其家庭成员生存的基础和依赖,是劳动者人权实现的基石。因此,当劳动债权与其他债权发生冲突时,应优先实现劳动债权,这体现了以人为本的思想。

---

〔1〕 "在《十二表法》中,它被明确禁止:privilegia ne inroganto(不得适用只针对单个人的法律)。但是,在帝国时代,privilegium 这个词也被用作'个别法'的同义词,人们使用委婉的说法'constitutio personalis'(对个人的谕令)等表示真正含义上的特权。特权通常是对一个人或一个阶层的照顾性条件,对其负担或其他义务性规则的豁免。"参见[意]彼德罗·彭梵得:《罗马法教科书》(修订版),黄风译,中国政法大学出版社 2005 年版,第 9 页。

〔2〕 参见刘文:《论破产法上劳动债权的优先性》,载《电子科技大学学报(社科版)》2005 年第 2 期,第 103 页。

(三)劳动债权的人身性和事先弱预防性的要求

劳动债权是劳动者付出劳动力后的劳动报酬权的转化形式,其建立在劳动者与用人单位之间的劳动关系的基础上。在这一法律关系中,各方的身份特征明显且固定,劳动债权不仅是双方具有财产性质的法律关系,而且具有身份依赖性和隶属性。因此,劳动合同实质上是一种具有“身份从属性”的合同。[1] 劳动关系是身份上的从属关系,这决定了劳动关系不同于一般的民事关系,建立在劳动关系基础上的劳动债权的确定应以劳动关系的确定为前提。劳动债权一般来说只能由劳动者本人行使,在劳动关系及劳动债权没有被司法机关以裁判文书的形式确定之前,劳动债权不能转让。因此,由劳动关系产生的债权自然也是具有一定的从属性的,其从属于劳动者。[2]

劳动关系是劳动者与用人单位之间建立的以劳动力给付与受领为内容的债权债务关系。工作的取得对于劳动者来说意味着生存利益的保障,以及劳动者只是众多的竞争者中的一员的事实,决定了劳动者没有与用人单位签订劳动合同时就设定预防劳动债权无法实现的担保条款的能力。且劳动关系的建立实质是劳动者与用人单位之间形成了共同体的关系,该共同体能否盈利,能否在市场中获得竞争优势直接关系到双方当事人的利益,这种共同的利益决定了劳动者也无法像一般的民事关系对立主体双方那样,要求相对人提供债权担保。

(四)社会责任分担的要求

现代社会,企业的社会责任越来越受到法学和社会学领域的关注,尤其是随着社会化大生产和公司制企业形态的发展,公司等社会团体和组织在

---

〔1〕 参见黄越钦:《劳动法新论》,中国政法大学出版社2003年版,第86页。

〔2〕 参见翟玉娟:《破产程序中的劳动债权的界定及保障》,载《云南大学学报(法学版)》2006年第5期,第60页。

社会生产和生活中发挥着越来越重要的作用,其在推动社会进步的同时,因其追求营利的私人特性导致了其与其他社会主体的冲突越来越严重。基于此,现代立法均考虑公司等营利性组织的社会功能,通过设定法律的强制性规定,要求公司等企业组织最大限度地增进股东利益的同时强化公司的社会责任,以实现公司的营利性与社会责任并重。

企业破产所带来的后果往往是企业主体资格的消灭,而企业破产影响的不仅是企业和债权人本身,还涉及职工、消费者、上下游厂商主体,甚至可能会对周边的经济以及人们的生活带来影响。因此,在破产法上同样应当关注企业的社会责任分担问题。破产法不应再将破产仅认定为是债权人的风险和债权人博弈问题,其带来的风险已经波及了社会各个领域和各个层次的各类主体。破产法在破产制度的设置上除了应该关注债权人的利益,还应该考虑保护雇员利益、消费者利益、上下游厂商利益、社区居民利益等众多相关人的利益。[1] 只有做到了对破产法的全面关注和相关主体利益的全面保护,才能实现社会责任的分担,实现社会秩序的稳定和社会的公平。而在破产法的社会责任分担上,显然雇员(劳动者)的利益是其应当重点关注的利益。因为劳动者利益的实现和维护,直接关系到社会的稳定和社会秩序的正常运行。

四、破产劳动债权倾斜性配置的可行性

应飞虎教授认为,不当的权利倾斜性配置可能带来以下弊端:第一,诱发道德风险。因为“权利倾斜性配置使交易一方在正常的交易框架之外无对价或低对价地获取了一些利益”,[2]其会使一些原本不符合享有倾斜性权利的主体通过各种不正当的手段进入该行列之中。第二,对策行为。人的理性、自利的经济人特性决定了人的选择性,即针对特定的问题做出有利于自己的选择,并将对自己不利的因素通过选择对策予以降低或者排除。

---

〔1〕 参见丁文联:《破产程序中的政策目标与利益平衡》,法律出版社2008年版,第75页。

〔2〕 应飞虎:《权利倾斜性配置研究》,载《中国社会科学》2006年第3期,第133页。

权利倾斜性配置对当事人的权利和义务进行规制,使当事人的权利处于不平等的状态,形成损人利人的制度安排,其是对策行为产生的制度前提。第三,交易成本的提升,交易安全的降低,交易机会的减少。权利倾斜性配置必然使得交易的相对方支出大量的时间和金钱用于获取信息,以最大限度地保护自己的交易安全,在信息获取障碍或者不能的时候,交易相对方会将对方列入不宜交易的范畴,甚至取消交易。

破产法对劳动债权的倾斜性配置不会带来上述弊端。原因在于:首先,破产程序中的各类债权是平行的,各自有独立的发生原因,相互之间不存在转化的可能。且破产程序是法院参与的司法程序,处于法院和破产管理人、债权人会议的监督之下,破产债权因破产程序的启动而具有了封闭性,不存在处于劣后顺序的债权向优先顺序债权转化的路径。因此,破产程序中不会出现债权人通过不正当手段进入优先受偿债权人行列的情形,权利倾斜性配置不当而可能会诱发的道德风险在破产制度中并不存在。其次,市场经济下信用交易存在的必然性决定了债权人不可能因为债务人可能会(普遍的)拖欠劳动者工资而不与其进行交易。当然,劳动债权的倾斜性配置会促使与债务人交易的债权人关注债务人企业的劳动者工资支付状况,这本身是理性交易时的信息的组成部分,是作为“经济人”“理性人”的市场交易者参与市场交易应当获取的交易对方的信息,而无论劳动债权是否倾斜性配置。劳动债权的倾斜性配置只是进一步提醒了债权人。事实上,如果债务人是在与债权人交易后才普遍地拖欠劳动者工资的,这是债权人所无法预料和预防的。最后,虽然劳动债权的倾斜性配置会使债权人更加关注劳动者工资的支付情况,而且可能会为此支出较之以前更多的费用,相对而言确实是提高了交易的成本,但其带来的是交易的安全,其并没有因为该制度的存在而降低交易安全。因劳动债权倾斜性配置在我国并非新设立的制度,我国从 1986 年颁布《企业破产法(试行)》开始就贯彻着这一原则,故新《企业破产法》的规定并不会给市场主体带来过重的交易风险。相反,在市场秩序基本建立、市场规则相对完善、市场交易机制和退出机制已经基本形成的情况下,会促进交易的发展和繁荣。综上,破产制度中劳动债权的倾斜性配置不会产生应飞虎教授所述的弊端，其并非不当的权利倾斜性配置。

五、小结

随着社会立法理念的深入和实质公平追求的扩张，法律对权利的倾斜性配置也有扩张之势。破产法作为商法，其属于私法的范畴，调整的是平等主体之间基于营利性活动所形成的社会关系。[1] 而商法作为私法，其法律规范大多为任意性规范，其基本原则仍为契约自由、地位平等等私法的基本原则。然而具体到破产法却有所不同，因为破产涉及企业的消灭或经营结构的调整，其涉及社会的稳定、交易的安全等社会利益。因此，破产法赋予了管理人"客观主义"的破产撤销权、管理人享有待履行合同的处理决定权，以及最高人民法院《关于适用〈中华人民共和国企业破产法〉若干问题的规定（二）》（以下简称《破产法解释（二）》）对于破产取回权的规定等，均体现了给予特定主体权利倾斜性配置。这些都是因为社会本位观念的深入，人们对于个体的社会责任要求逐步提升，增大了个人对于他人及利益相关者的责任。而在社会本位和社会责任以及利益相关者利益保护的理念下，立法者在破产法这一商法领域设置了权利倾斜性配置的规则。[2]

第三节　我国现行破产法中劳动债权倾斜性配置的立法评析

一、劳动债权在分配顺位上的倾斜性配置

（一）劳动债权优先于普通债权

我国自 1986 年颁布企业破产法以来，法律始终确立了劳动债权优先于

---

〔1〕 参见赵旭东主编：《商法学》，高等教育出版社 2007 年版，第 4 页。

〔2〕 参见崔艳峰：《基于权利倾斜性配置的破产取回权行使期限分析》，载《商业研究》2014 年第 12 期，第 181 页。

普通债权的规则。1986 年颁布的《企业破产法（试行）》第 37 条第 2 款规定："破产财产优先拨付破产费用后，按照下列顺序清偿：（一）破产企业所欠职工工资和劳动保险费用；（二）破产企业所欠税款；（三）破产债权。"该企业破产法（试行）仅适用于全民所有制企业，其首次以法律的形式确立了劳动债权的优先受偿效力。随后，1991 年颁布的《民事诉讼法》规定了"企业法人破产还债程序"一章，其第 204 条规定了与《企业破产法（试行）》完全一致的破产财产分配顺序，《民事诉讼法》这一章的规定适用于全民所有制企业之外的一般企业法人。这两部法律的规定，统一了企业法人破产财产分配时劳动债权的优先顺位。该规定一直沿用至今，已被 2006 年颁布的统一适用于所有企业法人的《企业破产法》所采用，其第 113 条第 1 款规定："破产财产在优先清偿破产费用和共益债务后，依照下列顺序清偿：（一）破产人所欠职工的工资和医疗、伤残补助、抚恤费用，所欠的应当划入职工个人账户的基本养老保险、基本医疗保险费用，以及法律、行政法规规定应当支付给职工的补偿金；（二）破产人欠缴的除前项规定以外的社会保险费用和破产人所欠税款；（三）普通破产债权。"该法坚持了劳动债权优先受偿的顺位，其享有优先于税收债权和普通债权获得清偿的地位。因此，《企业破产法》已经确立对劳动债权的倾斜性配置，对于劳动债权优先于普通债权受偿的顺位的规定在学界也少有争议，而被认为是符合法律的公平正义观念的。

（二）《企业破产法》颁布前的劳动债权优先于担保物权

对于劳动债权与担保物权的顺位问题一直是学界所关注的焦点。在 20 世纪 90 年代，我国企业改革处于高潮期，国家出台了一系列政策保护职工的利益。例如，1994 年 10 月 25 日发布的《国务院关于在若干城市试行国有企业破产有关问题的通知》（国发〔1994〕59 号），1997 年 3 月 2 日发布的《国务院关于在若干城市试行国有企业兼并破产和职工再就业有关问题的补充通知》（国发〔1997〕10 号），1996 年 7 月 25 日发布的国家经贸委和中国人民银行《关于试行国有企业兼并破产中若干问题的通知》（已失效），1996 年 8

月20日财政部发布的《国有企业试行破产有关财务问题的暂行规定》(已失效),等等。这一系列的国务院和各部委的通知,成为除1986年的《企业破产法(试行)》外国有企业破产的依据,因此当时的国有企业破产又被称为"政策性破产"。[1] 在政策性破产之下,职工权益被优先保护,甚至优先于有财产担保的债权保护。根据规定,"国有企业破产时,职工安置费用可以从破产企业依法获得的国有土地使用权转让所得中优先拨付,即使破产企业以国有土地使用权上已经为其他债权人设立抵押担保物权的,其转让所得也应该首先用于安置职工。离退休费、医疗费等其他劳动债权也和职工安置费用一样,享有优先受偿的权利,由企业破产财产中优先支付"。[2]

这些政策确立了劳动债权在破产程序中的绝对优先地位,基于法律应当给予人们稳定的预期的要求。2006年8月27日颁布的《企业破产法》对于劳动债权与有财产担保的债权之间的优先效力上,采取了"新老划断"的解决方法,即《企业破产法》颁布之前的劳动债权人享有优先于有财产担保权利人就担保财产优先受偿的权利,而之后的劳动债权人则不享有该优先权利。

二、破产前对劳动债权的个别清偿有效

根据《企业破产法》第32条的规定,人民法院受理破产申请前6个月内,债务人已经具备《企业破产法》第2条第1款的规定,仍然对个别债权人进行清偿的,管理人有权请求人民法院予以撤销。这是《企业破产法》赋予管理人对债务人的偏颇清偿行为的撤销权。然而,对于劳动报酬的个别清偿,《企业破产法》却持支持和肯定的态度。最高人民法院《关于适用〈中华人民共和国企业破产法〉若干问题的规定(二)》第16条规定:"债务人对债权人进行的以下个别清偿,管理人依据企业破产法第三十二条的规定请求

[1] 参见王卫国:《破产法精义》(第2版),法律出版社2007年版,第38页。

[2] 任宪文:《论〈破产法〉中劳动债权的优先清偿——以〈企业破产法〉第113条第1款为视角》,吉林大学2014年硕士学位论文,第19页。

撤销的,人民法院不予支持:(一)债务人为维系基本生产需要而支付水费、电费等的;(二)债务人支付劳动报酬、人身损害赔偿金的;(三)使债务人财产受益的其他个别清偿。"因此,我国司法解释已经明确规定了破产前6个月内债务人对劳动债权的清偿有效,确立了劳动债权的优先保护地位。

三、劳动债权在程序上的倾斜性配置

(一)劳动债权免于债权申报

债权申报,是指债务人在被法院受理破产申请后,自认为拥有合法债权的债权人按照人民法院指定的债权申报期限,向管理人申报债权,以示参与到破产程序中并按照破产程序主张其权利的意思表示。[1] 债权申报是破产程序中债权人主张权利并实现权利的途径,是债权人能够参与到破产程序中行使权利的前提。没有申报债权或者申报的债权未被确认的债权人,即便是真正的债权人,也不被视为破产程序中的破产债权人。[2]

劳动债权是否需要申报债权以及如何申报债权,各国破产法规定不一。有的国家破产法规定了劳动债权与其他债权同样的债权申报义务。例如美国破产法规定,劳动债权人需申报债权,并需提供债权发生的原因,而退休福利或者工资是劳动债权产生的原因之一。[3] 相反,基于劳动债权的特殊性,为了保护劳动者的利益,有些国家破产法规定了劳动者无须申报债权。比如法国《商法典第六卷　困境企业》(1985年颁布,2001年编入商法典,2004年5月修改文本)第621-43条(2003年1月3日第2003-7号法律)规定,"自判决公布之日起,除职工外,所有其债权在作出开始司法重整判决之前发生的债权人,向债权人代表申报其债权"。[4] 不过,"在1985年法国法修改前,职工应申报工资债权,但1985年修改后的法国法为避免职工因不遵

[1] 参见刘明尧:《破产债权申报制度研究》,载《湖北社会科学》2006年第7期,第148页。
[2] 参见邹海林:《破产程序和破产实体制度比较研究》,载梁慧星主编:《中国民商法专题研究丛书》,法律出版社1995年版,第116~117页。
[3] 参见潘琪:《美国破产法》,法律出版社1999年版,第110~111页。
[4] 李飞主编:《当代外国破产法》,中国法制出版社2006年版,第373页。

守申报期限而失权,取消了申报义务”。[1]

由于劳动债权关系到劳动者的生存利益,是社会和经济上处于弱势地位的劳动者的生活来源,如果规定劳动债权与其他债权同样的申报债权的义务以及未按时申报的后果,会影响劳动债权人的生计,有违社会公平。据此,我国《企业破产法》第48条第2款规定,“债务人所欠职工的工资和医疗、伤残补助、抚恤费用,所欠的应当划入职工个人账户的基本养老保险、基本医疗保险费用,以及法律、行政法规规定应当支付给职工的补偿金,不必申报,由管理人调查后列出清单并予以公示。职工对清单记载有异议的,可以要求管理人更正;管理人不予更正的,职工可以向人民法院提起诉讼”。可见,我国企业破产法确认了劳动债务无须申报的制度。但对于“不必申报”是否是指职工没有任何申报的义务,学界有不同的理解。有人认为,“‘不必申报’并非是指职工债权不需要申报,更不是指职工债权可以不纳入破产债权的范围获得清偿,而是指为了职工债权人行使债权之便,被简化了的申报程序”。[2] 笔者赞同这种观点。根据《企业破产法》第48条的规定,对于劳动债权,劳动者无须直接申报,而是由管理人完成查阅债务人的相关材料等调查行为后制作所欠劳动债权的清单。该清单是对劳动债权的初步确定而非最终确定,其最终确定需要劳动者的确认。因此,在该清单公示后,劳动者享有提出异议并要求更正的权利,以及在更正被拒绝后的诉讼权利。在一个程序之中,劳动者债权申报分为两种情况:一是对公示的管理人制作的清单没有异议的,在公示时起,债权申报完毕,劳动者无须积极的申报行为,只需消极地确认即可;二是对公示的清单有异议,则需要通过提出异议请求更正或者诉讼等积极的行为来申报债权。但是,无论如何,劳动债权的申报是简化了的,其有利于职工劳动利益的保护,实现了社会对弱势群体的关注,是立法的权利倾斜性配置的体现。

---

[1] 李永军:《破产法:理论与规范研究》,中国政法大学出版社2013年版,第208页。

[2] 齐明:《破产法学:基本原理与立法规范》,华中科技大学出版社2013年版,第136页。

(二)重整程序中劳动债权组独立表决

对于职工是否是债权人会议的成员,在破产法立法时是一个颇有争议的问题。[1] 对此,学界有两种声音:一种观点认为,劳动债权虽属于破产债权,但职工不应作为债权人会议成员;[2] 另一种观点认为,劳动债权人是债权人会议的成员,享有参加债权人会议并表决的权利。[3] 即使认为劳动债权人有参加债权人会议的权利,在破产清算和和解程序中,债权人会议是统一的全体债权人会议方式,劳动债权人在债权人会议的组成人员中以及职权的行使上也没有特殊性。而在破产重整程序中,对重整计划草案的通过,债权人实行的是分组表决的方式,而劳动债权人独立作为一个表决小组进行表决,因为在破产状态下,职工债权人面临着其特殊利益——工作机会丧失的可能,因此企业进行破产重整尽量恢复企业的营业,为职工提供就业机会是职工债权人的利益所在。[4] 劳动债权的独立小组表决是破产法在程序上为了保护劳动者的利益的制度安排,是破产法权利倾斜性配置在程序上的体现。

---

〔1〕参见王欣新:《破产法》(第3版),中国人民大学出版社2011年版,第206页。

〔2〕主要原因是,劳动债权不同于商事活动债权,破产法给予其优先受清偿的权利,其利益得到了充分保证。且劳动债权人人数众多,全部作为债权人会议成员参加债权人会议,缺乏可操作性。参见沈建峰:《论劳动债权人的债权人会议参与权》,载《中国劳动关系学院学报》2009年第2期,第72页;王欣新:《破产法》(第3版),中国人民大学出版社2011年版,第206~207页。

〔3〕从我国现行破产立法上来看,职工债权人也并没有被排除在债权人会议成员范围之外。职工债权被依法申报债权,那么职工债权人就是债权人会议的成员。参见齐明:《破产法学:基本原理与立法规范》,华中科技大学出版社2013年版,第152页。王欣新教授认为,"一般而言,职工债权人不宜作为债权人会议成员参加会议,尤其是享有表决权。但如债权人会议的决议事项影响到职工债权人的利益,而立法又不能保证对其优先清偿时,就应当考虑允许职工债权人参加债权人会议并行使表决权,如表决重整计划草案"。参见王欣新:《破产法》(第3版),中国人民大学出版社2011年版,第206页。

〔4〕参见齐明:《破产法学:基本原理与立法规范》,华中科技大学出版社2013年版,第151页。

第四节 破产劳动债权倾斜性保护的实证分析

一、破产劳动债权倾斜性保护的实例

实例一[1]:河南省一家集体所有制企业,1995 年 8 月 8 日因支付不能向法院申请破产。该企业债务总额超过 2999 万元,土地使用权和工厂建筑物等分别抵押给甲银行和乙信用社。由于破产企业职工众多,在受理破产申请后,企业所在市政府直接提议甲银行和乙信用社放弃优先权,甲、乙没有接受该提议,继续主张优先权。对此,法院以甲、乙的抵押权未经企业工会同意为由宣布主张无效。法院在分配方案中,把出售企业财产所得的价款 2640 万元,除了清偿共益债务 81 万元,其余全部用作职工安置费、拖欠的工资以及社会保险费等。其结果是,包括抵押权在内的所有其他权利人均没有得到任何清偿。

实例二[2]:1997 年 2 月 11 日,某市中级人民法院宣告甲公司破产,该公司负债总额 27,134.6 万元,可用于清偿的财产折合人民币 17,447.1 万元。该公司最大的债权人是工商银行本市支行乙。该公司设定了抵押权的土地使用权、厂房、机器设备合计 6415.3 万元。破产管理人为了让职工得到更多的清偿,提出包括担保物在内的财产进行一体出售,得到了法院的认可。出售价款所得优先用于支付了职工安置费、拖欠的工资,剩余价款按照当时的《企业破产法(试行)》第 37 条规定的顺位进行了分配。

实例三[3]:上海特毅企业有限公司、上海特毅通用动力机械有限公司

---

〔1〕 参见黄学海、王少春、马桦编著:《企业法、公司法案例精选精析》,法律出版社 1999 年版,第 203 页。

〔2〕 参见黄学海、王少春、马桦编著:《企业法、公司法案例精选精析》,法律出版社 1999 年版,第 210 页。

〔3〕 参见王欣新主编:《破产法原理与案例教程》,中国人民大学出版社 2010 年版,第 277 ~ 278 页。

与上海美浩电器有限公司是拥有一套人马的关联公司。后来，三家公司经营均出现困难，资不抵债，生产无法继续进行，而三家公司的实际控制人潘某也已经下落不明。2008 年 4 月 14 日，上海市金山区法院先后收到对三家公司的破产申请书，金山区法院经审查并报请上海市第一中级人民法院批准，于 2008 年 5 月 14 日裁定立案受理，合并审理三家公司破产案件。2008 年 10 月 30 日，拍卖公司就上海特毅企业有限公司位于上海市闵行区莘庄镇的地块及相应的基础工程进行了拍卖，拍卖成交价为 5500 万元，竞买人于 2008 年 11 月 20 日付清了全部拍卖价款。

金山区法院在案件审理过程中发现，三家公司拖欠 372 名职工工资及解除劳动合同补偿金 300 余万元，在破产案件审理前法院已经审结，裁判文书已经发生法律效力。按照破产法的规定，破产财产的分配需由管理人制订分配方案，提交债权人会议通过后经法院裁定认可，管理人方可按照分配方案执行，对破产财产进行分配。但根据三家公司破产的进程召开债权人会议尚有一段时间，因此破产财产尚不能进行分配，拖欠的职工工资和法定补偿金也不能进行清偿。但法院发现，由于企业破产，大批职工失业，其中部分职工尚未重新就业，生活非常困难。为此，金山区法院提议并经债权人委员会讨论通过，金山区法院决定提前清偿拖欠的职工工资和法定补偿金。2008 年 12 月 22 日，上海市金山区人民法院提前将 300 余万元的工资和补偿金提前清偿给了 372 名职工。

这三则案例均体现出国家机关包括法院在处理破产事务时对职工利益的特殊保护，即使在破产企业的特定财产已经设定担保的情况，依然优先保护劳动债权，表现出了国家与人民特别是工人阶级之间的特殊关系，国家的“家长”身份凸显。当然，这三则案例从时间的顺序上也反映了国家的职责、身份和态度的变化。前两则案例均发生在 2007 年《企业破产法》施行之前，按照当时的《企业破产法（试行）》的规定，担保物权的清偿确实排在劳动债权之后，因此法院对这两则案例中财产分配顺序的处理是符合当时的立法规定和国家政策的。而第三个案例是发生在 2007 年《企业破产法》施行之后,该法对于担保物权和劳动债权的关系采取了"新老划断"的方式,在该案例中虽然法院亦对劳动债权给予了优先的提前清偿保护,充分地保护了职工的利益,但其中并没有提及对于担保物权的处理,即担保物权与劳动债权的关系或者优先顺位在该案例中不能体现出来,不能因该案例中法院对于劳动债权给予了特殊的优先保护,就得出劳动债权优先于担保物权的结论。当然,对于职工债权予以破产财产分配之前的提前清偿已足以彰显国家对职工利益的倾斜性保护。

二、破产劳动债权倾斜性保护的进化历程

我国破产法的发展,和国有企业改革紧密联系在一起,也与广大国企职工的切身利益紧密联系在一起。对于国有企业改革是否有必要引入破产法,在改革初期各方就曾发生激烈争论。有学者指出,在中国建立破产制度过程中,如何处理破产国有企业的下岗职工是中国的破产立法者需要面对的一个重大问题。[1] 在这场争论中,反对引入破产法的代表性理由之一是制定破产法的"配套条件"还不充分,国有企业宣告破产之后会出现严重的失业问题。另外,部分保守人士还担心破产会影响职工的优厚福利和充分就业,动摇人们对社会主义的信念。[2] 为了应对反对的声音,并针对破产法施行可能带来的就业等社会稳定问题,破产法的立法支持者在《企业破产法》起草的文本中专门用一章来规范破产企业职工的安置和福利问题。[3] 处理失业问题并不是破产法的主要任务,但为了尽量消除反对破产法起草的阻力,几乎每一份破产法草案和建议稿都会设专章来保障破产企业的职

---

〔1〕 See Henry R. Zheng, *Bankruptcy Law of the People's Republic of China: Principle, Procedure and Practice*, Vol. 19:1, p. 712 – 713 (1986).

〔2〕 See Ta – kuang Chang, *The Making of the Chinese Bankruptcy Law: A Study in the Chinese Legistive Process*, 28 Harv. Int'1. L. J. 368 (1981).

〔3〕 See Henry R. Zheng, *Bankruptcy Law of the People's Republic of China: Principle, Procedure and Practice*, Vol. 19:1, p. 712 – 713 (1986).

工利益。[1]

最终于 1986 年出台的《企业破产法(试行)》对劳动权益给予了非常优待的保护。根据该法第 37 条第 2 款的规定,劳动债权的清偿顺位优先于税收债权,但“当时普遍的观念认为企业欠国家钱优先偿还是天经地义,这是一个来之不易的胜利”。[2] 根据该法第 4 条的规定,国家承诺“妥善安排”重新就业,这明显超出了促进就业的范围,接近于安置就业,可谓一诺千金。国家还按照国务院颁布的《国营企业职工待业保险暂行规定》(国发〔1986〕77 号,已失效),为破产企业劳动者提供待业救济金,最长领取期限达 12 ~ 24 个月,领取标准达标准工资的 50% ~75%,这大大超出了后来的失业保险金的待遇水平,[3]可谓慷慨非常。在 20 世纪 90 年代的国营企业改革和下岗大潮中,国家推行“政策性破产”,实事求是地放弃了安置就业的承诺,降低了待业救济金的标准,但是新增加了一次性安置费,总体补偿标准仍然远高于失业保险。根据 1993 年颁行的《国有企业职工待业保险规定》(替代原《国营企业职工待业保险暂行规定》,已失效)的规定,“待业救济金的发放标准为相当于当地民政部门规定的社会救济金额的百分之一百二十至百分之一百五十”。根据 1994 年发布的《国务院关于在若干城市试行国有企业破产有关问题的通知》(国发〔1994〕59 号)的规定,“一次性安置费原则上按照破产企业所在市的企业职工上年平均工资收入的 3 倍发放”,不足部分由财政负担;转让企业土地使用权所得要优先安置职工,剩余部分才列入破产财产分配方案,这意味着劳动债权的清偿顺位优先甚至局部地优先于有财产担保债权。[4]

国家如此厚待破产企业劳动者的原因何在? 这是因为,旧破产法的适

---

〔1〕 See Ta – kuang Chang, *The Making of the Chinese Bankruptcy Law: A Study in the Chinese Legistive Process*, 28 Harv. Int'l. L. J. 369(1981).

〔2〕 陈夏红:《从核心到边缘:中国破产法进化中的职工问题(1986—2016)》,载《甘肃政法学院学报》2016 年第 4 期,第 92 ~ 117 页。

〔3〕 参见《国营企业职工待业保险暂行规定》第 7 条;《失业保险条例》第 17、18 条。

〔4〕 参见阎天:《破产法上劳动者形象的变迁及其宪法根源》,载《中国法律评论》2020 年第 6 期,第 5 页。

用对象是国有企业(《企业破产法(试行)》第2条),而国有企业职工为公共利益做出了特殊的牺牲,这种无私的奉献精神需要肯定和补偿。在建立现代企业制度之前,国有企业并不具有独立的法人资格和经营自主权,而是承担了大量公共职能;与此相匹配的是,国有企业职工的劳动成果被国家大量占有,而自身分配到的份额非常有限。这种特殊牺牲被经济学界称为国有企业职工的"超额贡献"[1],主要表现在三个方面:一是国家长期实行高积累、低消费政策,压低国有企业职工的工资;二是国有企业职工承担了支农、援建等大量义务性的劳动任务,缺乏回报;三是国有企业职工当中涌现出一大批"舍小家、顾大家"的劳动模范和先进工作者。如果对这些贡献不加补偿,就等于在事实上否定了奉献精神,这种精神所服务的公共利益就会遭到损害。这是旧破产法及政策性破产厚待劳动者的原因所在。[2]

在起草2006年《企业破产法》的漫长过程中,立法机构仍然对于职工债权与担保债权的优先问题存在激烈的争议,该争议也成为该法律起草过程中的焦点之一。席涛教授将职工债权和担保债权优先顺序的争议归纳为三种类型:第一类,来自金融机构的代表认为,担保债权应当优先于职工债权;第二类,代表劳动者和工会的学者和官员倾向支持职工债权优先于担保债权;第三类,中间派学者,他们希望综合平衡这两种冲突的价值和利益。[3]

以时任中国人民银行行长周小川为代表的金融界的观点,一般都支持担保债权优先于职工债权。在周小川看来,如果将职工债权放在优先地位,将会导致担保债权得不到履行。根据他的研究,在中国的"政策性破产"中,贷款的平均偿付率只有1.2%,不到银行业预期的1/10,这令银行和银行业者非常失望。周小川预测,如果破产法中职工债权的优先顺序普遍化,银行将会调整政策,限制公司从金融机构获得贷款的机会,这种调整将会给公司

---

〔1〕 参见杨冬梅:《破产法与破产企业职工安置》,载《政法论坛》1998年第2期,第28~34页。

〔2〕 参见阎天:《破产法上劳动者形象的变迁及其宪法根源》,载《中国法律评论》2020年第6期,第5页。

〔3〕 参见席涛:《我们所知道的法律和不知道的法律——法律经济学的一个分析框架》,载《政法论坛》2010年第1期,第6~7页。

造成严重损害。[1] 周小川强调,为了解决国有企业和其他公司破产可能造成的问题,有必要建立良好的社会保险体系,这显然已经超出了破产法的范围。[2]

以当时中华全国总工会民主管理部部长郭军为代表的观点,支持职工在债权人的顺序中享有较高的顺位。郭军认为,职工债权的优先地位不会动摇担保制度,这种优先地位将会继续执行,它符合国际惯例,并且不会损害经济发展。[3] 郭军还认为,破产企业的职工是破产案件最大的受害者,他们可能被拖欠工资和保险费,因此在公司破产程序中如果仍然忽视他们的声音,是无法让人接受的。[4]

2006 年的《企业破产法》从 1994 年开始起草,由于存在诸多争议,在 2004 年之前一直没有什么进展。对该法的起草如同 1986 年《企业破产法(试行)》起草时一样,关于职工权益的处理问题一度是争议最激烈的问题之一。这些争议间接导致该法几经推迟后才得以通过。

2006 年《企业破产法》草案早在 1995 年就被提交给全国人大常委会,但是由于社会保险制度不配套而未能上会审议;2000 年重启,又因为个别地方出现企业不稳定现象而未能上会;2003 年再次重启,历经三次审议才艰难调和了关于劳动者问题的不同意见,新法才得以出台。[5] 立法的争议也蔓延到学界。围绕劳动债权的清偿顺位等问题,民商法学界与劳动法学界展开

---

〔1〕 参见周小川:《金融改革期待新〈破产法〉》,载《财经界》2005 年第 1 期,第 59 页。

〔2〕 参见周小川:《金融改革期待新〈破产法〉》,载《财经界》2005 年第 1 期,第 59 页。

〔3〕 参见郭军:《新〈破产法〉关于职工权益保护的制度设计评析》,载《中国工运》2006 年第 12 期,第 26～27 页。

〔4〕 参见郭军:《新〈破产法〉关于职工权益保护的制度设计评析》,载《中国工运》2006 年第 12 期,第 27 页。

〔5〕 参见《中华人民共和国企业破产法》起草组编:《〈中华人民共和国企业破产法〉释义》,人民出版社 2006 年版,第 11～13 页

了针锋相对的辩论。[1]

2006年的《企业破产法》将劳动债权列为第一顺位的债权。该法第113条第1款规定:"破产财产在优先清偿破产费用和共益债务后,依照下列顺序清偿:(一)破产人所欠职工的工资和医疗、伤残补助、抚恤费用,所欠的应当划入职工个人账户的基本养老保险、基本医疗保险费用,以及法律、行政法规规定应当支付给职工的补偿金;(二)破产人欠缴的除前项规定以外的社会保险费用和破产人所欠税款;(三)普通破产债权。"如果未能根据该条的规定完全清偿职工劳动债权,则应根据2006年的《企业破产法》第132条的规定处理,该条规定:"本法施行后,破产人在本法公布之日前所欠职工的工资和医疗、伤残补助、抚恤费用,所欠的应当划入职工个人账户的基本养老保险、基本医疗保险费用,以及法律、行政法规规定应当支付给职工的补偿金,依照本法第一百一十三条的规定清偿后不足以清偿的部分,以本法第一百零九条规定的特定财产优先于对该特定财产享有担保权的权利人受偿。"破产企业职工在2006年的《企业破产法》下,已不再享有优先于担保债权的超优先地位,但是破产劳动债权仍然具有优先性。这背后的逻辑是:在旧破产法出台20年后,曾经做出"超额贡献"的国有企业老职工已经基本退出劳动岗位;新破产法所调整的劳动者基本未做出过"超额贡献",也就不再有权利获得"超额待遇"。奉献的特质正在远去和消退,而新一代劳动者的行动和其他破产债权人一样,都遵循自利的逻辑,着眼于谋生的需求,对他们的债权加以"平等保护"或"同顺位清偿"似乎是必然的推论。即使仍然将劳动债权放在优先清偿的位置,也不是出于补偿的目的,而是对于弱者的

[1] 民商法学界的代表观点,参见王利明:《关于劳动债权与担保物权的关系》,载《法学家》2005年第2期;王欣新:《论职工债权在破产清偿中的优先顺序问题》,载《法学杂志》2005年第4期;许德风:《破产法论:解释与功能比较的视角》,北京大学出版社2015年版,第175~178页。劳动法学界的代表观点,参见郭军:《对〈企业破产法〉劳动债权保护制度的评析》,载《中国律师》2009年第8期;郑尚元:《实质公平与形式正义之间的〈破产法〉——再谈"劳动债权"与担保债权清偿顺序》,载郑尚元:《劳动法与社会法理论探索》,中国政法大学出版社2008年版。对于争论的综述,参见张善斌主编:《破产法研究综述》,武汉大学出版社2018年版,第167~177、549~578页。

特殊保护,甚至是为了履行国际公约的义务。[1]

本章小结

法律是权利和义务的配置技术,法律对权利和义务的配置主要有两种方式,而基本的方式是法律对于主体既有的和预期的正当利益予以确认,赋予其权利,给予其保护。其属于主体固有利益和按照市场规则应当取得的期待利益或可得利益的保护,是建立在自然主体长期力量角逐和博弈的基础上的,其贯彻的是对形式正义的追求。[2] 然而,“生存竞争是世界的永恒主题,而生存竞争的结果是产生弱者和强者。达尔文提出了整个自然界的竞争规则,弱肉强食、物竞天择。但是,人类社会是不同于自然界的社会,其是有温度的,在人类的家园中,时刻充斥着同情之心和人的‘类’情怀,因此对他人尤其是弱者的帮助和保护是人类特有的道德法则”。[3] 因此,法律基于对于弱者的保护和实质正义的追求,而对主体之间的权利予以倾斜性配置。此种权利配置方式是建立在国家公权力强制的基础上的,其缺乏对市场机制的遵循,也非主体之间博弈的结果。[4]

对于人类的一般社会关系,其权利和义务主体具有互换性,存在“风水轮流转”的特性,任何民事主体均有处于对方主体地位的机会和可能,对于这种社会关系,法律采取普遍规定、平等规定的方式,无须对权利进行倾斜性配置。只有法律规范调整的主体具有类型化、层次化的特点,且不同类主

---

〔1〕 参见阎天:《破产法上劳动者形象的变迁及其宪法根源》,载《中国法律评论》2020年第6期,第10页。

〔2〕 参见崔艳峰:《基于权利倾斜性配置的破产取回权行使期限分析》,载《商业研究》2014年第12期,第180页。

〔3〕 吴宁:《社会弱势群体保护的权利视角及其理论基础——以平等理论透视》,载《法制与社会发展》2004年第3期,第60~68页。

〔4〕 参见崔艳峰:《基于权利倾斜性配置的破产取回权行使期限分析》,载《商业研究》2014年第12期,第180页。

体之间的权利和义务不具有互换性，当权利发生冲突时，为了保护弱势群体的利益，才需要对权利进行倾斜性的配置。破产法的主体分为债务人、职工、有财产担保债权人、普通债权人等多个类型，且主体之间不存在相互转换性，主体之间存在利益冲突且有强弱对比。因此，破产法符合权利倾斜性配置适用法域的特点。

劳动债权决定着劳动者的生存权和发展权的实现，其在劳动者的人权实现中发挥着核心的作用。基于此，劳动者无论与用人单位相比较，还是与其他债权人相比较，其均处于弱势群体的地位。破产法通过权利倾斜性配置的方式对劳动者这一弱势群体保护是人类道德情怀的体现，是社会公平正义的追求。权利的价值决定了权利冲突时的权利位阶，劳动债权的价值（生存价值、秩序价值和正义价值）决定了其处于优先于其他债权的位阶，这为破产法对于劳动债权的权利倾斜性配置提供了正当性的价值基础。

而破产程序是债务人全部债权的概括实现的程序，其关注的是交易结果以及结果的公平，在交易过程中或单个交易结果的权利倾斜性配置可能会发生的弊端，在破产程序中并不存在，这决定了破产劳动债权倾斜性配置的可行性。

通过考察我国现行《企业破产法》的规定可以发现，破产劳动债权的倾斜性配置已经实际存在：一是实体方面，《企业破产法》规定了劳动债权优先于普通债权获得破产财产分配的顺序；对于劳动债权与有财产担保债权之间优先关系采取了“新老划断”的方法，规定《企业破产法》颁布之前的劳动债权优先于有财产担保的债权；规定破产前 6 个月内对于劳动债权的个别清偿有效。二是程序方面，主要体现在劳动债权无须申报和劳动债权作为独立的债权小组对重整计划草案的表决上。

正是基于劳动债权所具有的生存、秩序和正义价值追求，在司法实践中才存在着超越法律规定对劳动债权优先保护的案例，即司法上的劳动债权倾斜性保护，这也进一步证明了劳动债权优先保护的正当性和必要性。

第四章 “物文”与“人文”：人文关怀中的优先保护

> 有一适用任一情形的优先范畴：为何某一个体的形上规则具有最高优先性；此优先范畴意谓，决定优先的论证必须给予此人（关于个体价值之分配，处于较不好情况的人），如果有一情形存在，此人处于较不好的情况，如果此个体的形上规则由处于较好情况的人所持有。以一般理解的用语来说：少数人之保障（在确保生存方面，需要优先于能力）、基本权利、基本自由。[1]
>
> ——阿图尔·考夫曼

破产劳动债权与担保物权的顺位选择，涉及“人文”和“物文”法律定位的选择。物文主义即从维护市场秩序、保障交易安全的视角入手，坚持担保物权的绝对优先受偿效力，认为在破产程序中，担保物权人可就设定担保的特定财产优先受偿，而不受破产劳动债权的限制。人文主义则从保护劳动者的生存利益、维护社会稳定的视角入手，认为在担保物权与破产劳动债权的关系中，担保物权的优先受偿

[1] ［德］阿图尔·考夫曼：《法律哲学》（第2版），刘幸义等译，法律出版社2011年版，第199页。

效力应当受到限制，破产劳动债权具有优先于担保物权的效力。

如前文所述，在破产程序中，劳动债权居于优先受偿顺位具有法哲学和人权保障上的合理性。但是，该优先受偿顺位只是劳动债权相对于其他无财产担保的债权处于破产财产分配的第一顺位，其不能解决与担保物权之间的顺位问题。而根据《企业破产法》第132条的规定，对于劳动债权与担保物权的关系采取了"新老划断"的办法，即"本法施行后，破产人在本法公布之日前所欠职工的工资和医疗、伤残补助、抚恤费用，所欠的应当划入职工个人账户的基本养老保险、基本医疗保险费用，以及法律、行政法规规定应当支付给职工的补偿金，依照本法第一百一十三条的规定清偿后不足以清偿的部分，以本法第一百零九条规定的特定财产优先于对该特定财产享有担保权的权利人受偿"。这个规定实际上是考虑了政策性破产到市场经济破产的过度，考虑了我国体制转轨的特殊情况，既要解决历史遗留问题，又要关注到市场经济规律和市场秩序的维护，因此，确立了本法公布前后不同的劳动债权与担保物权的顺位关系。该条规定的总体思想是清楚的，即确立了劳动债权相对于担保物权的非优先地位。有学者认为，尽管国外立法例中有法国这样将担保债权置于劳动债权之后受偿的情形，在美国也有学者主张担保债权在破产程序中的"部分优先性"，主张将担保债权人获得的担保利益部分让渡于无担保债权人，[1]但笔者主张在我国应该坚持担保债权优先于无担保债权受偿的优先效力。理由是：(1)担保权制度的真正意

---

[1] 美国学者Bebchuk和Fried最早提出"部分优先原则"(partial－priority rule)，他们首先对担保债权在破产程序中的优先地位提出质疑，他们认为，给担保债权人优先权实际是把本来属于"调整不能债权人"的价值都转移给担保权人，为此，就会发生担保权的无效率利用，增加债权人和债务人之间的契约条款上的扭曲等效率性成本。所谓"调整不能债权人"，是指因债务人不法行为的债权人和对债务人财产状况不具有充分信息的小规模交易债权人。他们认为现行法所采用的"完全优先原则"(full priority rule)若由"部分优先原则"代替，担保债权人的担保权益在破产程序中只应得到部分满足。在美国《统一商法典》第九编的改革中，Warren教授提出了一条"剪切提案"(cave－out)，即把担保债权额的20%设定为无担保债权。前述这种主张担保债权在破产程序中只能获得部分优先效力的意见，受到理论界与实务界的反对。参见付翠英：《论企业破产预防制度与担保关系之调整》，中国人民大学2002年博士论文，第91～92页。

义在于在债务人破产时，能保证担保债权人的债权，因为在债务人尚有财产支付债务时，担保债权人和无担保债权人一样能获得清偿。因此，否定担保债权在破产程序中优先受偿效力将动摇担保物权制度的根基，使担保物权制度失去意义。(2)否定担保债权在破产程序中的优先效力，将损害担保债权人的商业预期，损害市场交易秩序。(3)由于担保是金融信贷的支柱，否定担保债权在破产程序中的优先效力，会降低担保物权价值，从而导致信用萎缩，对社会整体经济运行产生不良影响。[1] 如此规定对于我国的现实情况来说是否合理？这需要回答以下问题：担保物权优先受偿效力的绝对性，以及担保物权的优先受偿效力在破产法中的绝对性程度问题；赋予劳动债权优先权的可行性和是否具有法哲学基础问题，以及对于二者之间顺位的不同安排所带来的社会效果及社会弊端等问题。

第一节 担保物权的绝对性及在破产程序中的限制

一、担保物权优先效力的绝对性及其限制

(一)担保物权优先效力的绝对性

担保物权在其所担保的债权未能实现时，享有就担保财产优先于其他债权受偿的效力。一般来说，担保物权的该种优先效力具有绝对性，即不存在排除适用的可能。担保物权优先效力的绝对性来源于交易风险的保障和信用成本。

交易分为即期交易和远期交易。即期交易为一手交钱、一手交货的交易，双方同步履行义务的交易，而远期交易为交易双方的义务不同步履行的交易。“信任”是商品交易的核心，是“商业的灵魂”，由“信任”而产生的“信

[1] 参见丁文联：《破产程序中的政策目标与利益平衡》，法律出版社2008年版，第247~248页。

用”更被看作“第二种货币”。[1] 信用是交易的前提，无论是即期交易还是远期交易。信用是交易的“润滑剂”，在交易双方当事人充分信任的情形下，信用必然会促进交易的顺畅进行，降低交易成本。[2] 然而，信用的取得需要付出代价，该代价即为信用成本。从主体的角度来看，信用成本包括信用双方为提供和承受信用而付出的时间、金钱和精力成本，即信用提供者为建立信任而付出的时间、金钱和精力，以及信用承受者为确定对他人的信任而付出的时间、金钱和精力。信用成本决定着双方当事人交易的可能性。经济学家威廉姆森形象地把交易成本比喻为经济世界中的“摩擦力”。在即期交易中，当事人通常会“货比三家”选择信用较好的企业，很多情况下会因无法寻找到信用良好的企业而放弃交易。在远期交易中，交易者会选择转移信用成本的方式进行交易。在这种交易中，信用承受者相对于信用提供者承担的风险要大，因此，信用承受者会选择将信用成本转移给信用提供者，让其提供能使信用承受者相信并与其进行交易的信用状况的证明。提供担保并确认担保权人对担保财产的优先受偿效力，是信用提供者证明自己的信用诚意和信用能力的一种有效方法。因为在现实世界中并不存在完全有信用的交易，一方面信用承受人根本无法准确了解信用提供者的守信意愿和守信基础；另一方面就连信用提供者本人通常也无法准确把握投资的风险及回报，从而可能导致其原有的守信意愿破灭，守信基础丧失。[3] 事实证明，无论在何种交易中，交易风险均存在着。传统银行业的经验认为，最保险的贷款是无须担保的贷款。[4] 然而现实世界告诉我们，完全保险的贷款并不存在。因此，在每一交易中，债权人均会存在债务人不履行债务的担心，而在交易的过程中提供担保成为减少风险的必要。

---

[1] 参见蒋大兴：《公司法的观念与解释Ⅰ：法律哲学 & 碎片思想》，法律出版社 2009 年版，第 167 页。

[2] 参见徐洁：《信用交易：担保物权制度演变的经济分析》，载《社会科学研究》2007 年第 3 期，第 80 页。

[3] 参见许德风：《论担保物权的经济意义及我国破产法的缺失》，载《清华法学》2007 年第 3 期，第 62 ~ 63 页。

[4] See Bülow, Recht der Kreditsicherheiten, Heidelberg, Verlag C. F. Müller, 1999, Rn. 1.

担保源于信用,其是在双方当事人信用缺失下的“信用保障”,而信用是市场交易的前提和保障,在信用成本较高、交易风险始终伴随的情形下,担保在市场交易中发挥着基石的作用。担保保障和推动着交易的顺利进行,促进资本的流通和融通,提高资本的使用效率,增进社会整体效益。正如科斯所说,“合约(契约)的形成是通过不同的资源的流转或组合来实现资源的有效配置的。而合约要达到实现资源优化配置的目的,就是以不同的合约安排选择来减少或降低资源运作中的交易费用”。[1] 合同中的担保条款或者担保契约帮助市场中的“经济人”实现追求效率的目的。因此,在担保设定后,其应当具有优先受偿的绝对效力,以保证市场信用的维持和市场经济的发展。交易的保障存在两种途径:一是物的担保,二是以债务人全部一般财产为基础的信用担保。担保物权优先效力的绝对性即在于担保物权人就特定的担保财产享有优先受偿的权利,即使在债务人资不抵债、无能力清偿全部债务时,而其他债权人只能在该担保债权优先受偿之后才能受偿。

(二)担保物权绝对优先效力的限制

担保物权是一项历史悠久的制度,具有优先受偿的效力,人们自愿接受与使用它,很大程度上说明其具有合理性。[2] 这种合理性来源于双方当事人承担风险的自愿,即交易双方为担保债务的履行而约定由债务人的特定财产提供担保,债权人接受即取得在债权不能实现时就该担保财产的价值优先受偿的权利。一般来说,债权是请求权,债权人的债权实现以债务人的一般财产为基础,对于债务人的特定财产没有控制和支配的权利,当然也没有对债务人处置和利用自己的财产包括在财产上设定担保权提出异议的权利。但是不容忽视的事实是,与债务人发生债的关系的当事人包括自愿当

[1] [美]R.科斯:《社会成本问题》,载《财产权利与制度变迁——产权学派与新制度学派译文集》,刘守英等译,上海三联书店、上海人民出版社1994年版,第138页。

[2] 参见许德风:《论担保物权在破产程序中的实现》,载《环球法律评论》2011年第3期,第50页。

事人,其中还存在很大比例的非自愿当事人。[1] 正如有学者所提出的,根据债的法律关系的产生方式和原因来划分债权人对自己所面临的偿债风险的调控能力不同,可将债权人划分为:(1)完全被动的债权人,即非出于自己的意愿而发生的债的关系,比如侵权之债;(2)非完全被动的债权人,即虽非完全非自愿,但系生产生活所必需而迫使发生的债的关系,比如公共设施、公共事务提供,自来水、燃气、电力等生活必需品提供;(3)社会经验缺乏、简单单纯的债权人;(4)标的额太小的债权人,即在商事交易中,大企业经常会欺负或压迫小企业;(5)完全主动的债权人,即该债权的发生是完全自愿的。[2] 实践中经常会出现的情形是,非自愿当事人被动与债务人发生债的关系,却要承受债务人自由处分财产(通过设定担保而转移财产)的风险和后果。当债务人财产不足以清偿非自愿债权人的债权时,贯彻担保物权优先受偿的绝对效力必然会造成社会的不公平,此时担保物权优先受偿的正当性违反了人道主义,缺乏人权基础。在这种情况下,应当对担保物权的优先效力予以限制。为了保护非自愿债权人的利益,我国的相关法律规定了特别的优先权,并明确了其优先于担保物权的效力,具体表现为船舶优先权、民用航空器优先权和建设工程优先受偿权。

二、担保物权优先效力在破产程序中的限制

破产程序是债务人财产不足以清偿全部债务,对全部债权公平清偿的概括执行程序。担保物权是具有绝对优先受偿效力的权利,担保物权人可以在债务人未履行债务时就担保财产的价值优先受偿,而无论债务人未履行债务处于何种境况下。"这在民事实体法学者看来应当说是天经地义的事,没有人对此提出质疑,甚至认为提出该问题是很荒谬的。"[3]但是正如

---

[1] 参见许德风:《论担保物权在破产程序中的实现》,载《环球法律评论》2011 年第 3 期,第 50 页。

[2] 参见齐砺杰:《当公平成为更大的效率——新破产法中劳动债权特别优先合理性之探讨》,载《特区经济》2007 年第 12 期,第 18 页。

[3] 付翠英编著:《破产法比较研究》,中国人民公安大学出版社 2004 年版,第 453 页。

学者所说,在破产程序中,不同性质的债权是否仍然表现为破产前民法上的权利状态而处于平等的地位,取决于破产程序的性质。破产程序是在债务人丧失清偿能力时对债务人的有限财产进行变价,公平地清偿所有债权的概括的司法执行程序。这一特殊程序决定了其所追求的公平是需要将破产前处于平等地位的债权,按照种类、性质进行分类,区分等级,即便是有财产担保的债权也丧失其绝对的优先性,在破产程序中重新进行等级认定。[1]因此,担保物权在破产程序中应受到必要的限制,破产法基于建构市场主体退出的法治秩序、挽救债务人事业以及增进社会公共利益的多元化价值目标的考量,须对担保物权的行权予以必要的最低程度的限制,且担保物权于破产程序中的限制,主要体现为在破产程序启动后担保物权行权的自动中止与担保物权实现等程序性的权利限制。破产法对担保物权的优先受偿力之外内容的全面干预,使得担保财产被纳入破产财产之中,有财产担保债权也被归于破产债权的范畴内。而反映担保物权之物权效力的破产别除权,在现代破产法中完全地别除破产程序的干扰已然不能实现,程序法意义上的破产别除仅在个别的破产环节发挥作用。而在实体层面,担保物权的破产别除仅于优先受偿力处得以保留。[2] 综合以上,担保物权效力在破产程序中的限制,主要表现为程序方面的限制和实体方面的限制。

(一)程序上的限制

程序上的限制即担保物权行使上的限制,担保物权人在破产程序中行使担保物权,不但要遵守物权法的规定,满足债务人不履行到期债务或者发生双方当事人约定的情形的条件,而且还要符合破产法的规定,比如应当申报债权、重整期间暂停行使等。在破产程序中对担保物权的行使予以限制,其原因主要有二:一是由概括执行程序这一破产程序的性质决定的;二是破

---

〔1〕 参见方芳:《破产程序中担保物权受限制之合理性探讨》,载《吉首大学学报(社会科学版)》2011年第6期,第131页。

〔2〕 参见范志勇:《论担保物权的破产别除效力》,载《中国海洋大学学报(社会科学版)》2023年第5期,第99页。

产立法价值使然。[1] 破产程序是针对债务人仅有的有限财产的清偿程序，债权之间存在冲突，破产程序需要合理地处理这些冲突，为了保证破产程序的正常进行，必须对担保物权的行使予以限制。现代破产的立法价值已不再是对债权人的单纯保护，而是对债权人、债务人利益以及社会整体利益的兼顾保护。重整制度是拯救债务人的制度，为了实现对债务人的拯救，破产法做出了限制担保物权行使的规定，其符合现代破产法的多元立法价值。

（二）实体上的限制

实体上的限制即债权公平受偿上的限制。当债务人财产足以清偿全部债务和债务人承担无限责任的情形下，债权不存在受偿程度上的不同，只是有财产担保债权的受偿路径为担保财产，而无担保财产的受偿路径为信用。而当债务人财产不足以清偿全部债务并且已经陷入破产的状态下，债权实现的冲突显现，某一债权的实现必然带来其他债权实现比例的降低或不能实现，形成了债权实现上的"零和博弈"。正如汪世虎教授所说，在债务人未破产时，不同种类的债权之间的冲突或者竞争问题是不存在的，比如普通债权的清偿和劳动报酬的支付以及缴税之债之间，没有任何关系和牵连。因为不同类别的债权有其各自既定的清偿规则，因此，债权之间相安无事。而在进入破产程序后，这些债权之间的区别和冲突显现出来，债权之间的竞争产生，进而引发债权的先后清偿顺序问题。[2] 此时，是否应当继续坚持担保物权的绝对优先效力，则取决于各国的国情和社会政策，具体表现为政策倾向于哪一类债权人更能促进整个社会的福利和提高分配效率。[3] 对此，美国学者 Bebchuk 和 Fried 提出了对于担保权的"部分优先性"的观点，他们

〔1〕参见汪世虎：《论破产程序对担保物权优先性的限制》，载《河北法学》2006 年第 8 期，第 25 页。

〔2〕参见汪世虎：《论破产程序对担保物权优先性的限制》，载《河北法学》2006 年第 8 期，第 26 页。

〔3〕参见齐砺杰：《当公平成为更大的效率——新破产法中劳动债权特别优先合理性之探讨》，载《特区经济》2007 年第 12 期，第 18 页。

在发表的论文中,[1]对于破产程序中担保权的优先地位提出了质疑。他们提出了"调整不能债权人"的概念,所谓"调整不能债权人",是指因债务人不法行为的债权人以及对债务人财产状况不能获得充足信息并不具有充分的协商能力的债权人。他们认为,调整不能债权人的债权发生并非完全出于债权人的本意,债权人没有能力进行充分的控制,应当对这类债权人予以特殊调整,当其债权与担保债权发生冲突时,考虑这两类债权的利益平衡,保证各类债权的价值,以及各债权的功能和有效率的利用,而不应将所有利益均绝对优先于担保债权。因此,他们提出了用"部分优先原则"替代"完全优先原则",具体是指:(1)实行"调整优先原则",即对担保权的优先数额进行调整后优先受偿;(2)实行"固定部分除外优先原则",即设定担保债权的固定比例(比如25%)为无担保债权,其余部分优先受偿。[2] 我国也有学者基于"调整不能债权人"与担保债权人的地位优劣的差异,提出"如果说进行公平分配的话,那些不能通过契约维护自己利益的职工和不法行为的受害人才是真正应当优先获得分配的人"。[3]

综上所述,债务人以自己的财产为债权人设定的担保物权,在债务人破产的状态下,破产法将其称为别除权。从字面文义理解,应当是债权人享有的可别除于破产程序就债务人的特定财产进行优先受偿的权利。我国台湾地区学者陈计男认为,别除权是就破产财产中的特定财产优先且个别受偿的权利,其权利基础为担保物权,别除权人可不依破产程序行权,而优先权不论是特别优先权,还是一般优先权,均须与普通破产债权一并在破产程序中受偿。[4] 然而,现代破产法中的破产别除权受到诸多限制,这体现了破产法的主旨目标仍然需要对担保物权进行全面约束。别除权是债权人基于

---

[1] See Lucian Arye Bebchuk & Jesse M. Fried, *The Uneasy Case for the Priority of Secured W. Mooney*, in Jr. , Measuring the Social Costs and Benefits and Identifying the Victims of Subordinating Security Interests in Bankruptcy. 转引自付翠英编著:《破产法比较研究》,中国人民公安大学出版社2004年版,第453页。

[2] 参见付翠英编著:《破产法比较研究》,中国人民公安大学出版社2004年版,第455页。

[3] 付翠英编著:《破产法比较研究》,中国人民公安大学出版社2004年版,第456页。

[4] 参见陈计男:《破产法论》,台北,三民书局股份有限公司2004年版,第183~184页。

其享有的担保物权或法定特别优先权，就债务人的特定财产在破产程序中优先受偿的权利，别除权的称谓是根据私法中特定的优先受偿权利结合破产程序的特点而命名的。[1] 别除权的行使受到破产程序的影响，尤其是在担保物为破产管理人占有时，别除权人无法逾越管理人而实现权利，别除权的概念强调其优先受偿力不受破产程序的干扰，这不同于“在破产程序之外行使权利”与“不依破产程序受偿”之类的表述。[2] 李永军教授认为，我国相对完整意义的别除权只存在于破产清算程序中，破产和解程序对别除权施加了限制，而在破产重整程序中没有别除权，只存在担保物权。[3] 破产程序中的别除权已不同于作为其基础权利的担保物权，别除权的优先受偿必须在破产程序中实现，破产法的债权平等受偿原则所不能打破的只是担保物权优先受偿力这一实体权利内容。[4] 日本学者谷口安平认为，实体法上的担保物权以优先受偿力为核心内容，在破产程序中无条件地承认其效力，可能会有违破产法调整的目标，因此应当依据破产法治的政策判断赋予何种担保物权以别除权的法律地位。[5] 日本学者伊藤真认为，虽然担保物权的优先受偿力得到破产法的尊重，但不等于担保物权不受破产管理人的干涉，比如关于非典型担保等权利类型是否构成担保物权，以及未公示的采登记对抗主义的担保物权能否对抗破产管理人，或者具备特殊设立情形的担保物权能否进入破产撤销权的视野等问题，破产法均须予以衡量。[6]

---

〔1〕 参见王欣新：《破产法》（第4版），中国人民大学出版社2019年版，第355页。

〔2〕 参见王欣新：《破产别除权理论与实务研究》，载《政法论坛》2007年第1期，第31～47页。

〔3〕 参见李永军：《破产法：理论与规范研究》，中国政法大学出版社2013年版，第303页。

〔4〕 参见杨春平：《我国“别除权”立法及理论研究》，载《河北法学》2010年第3期，第102～106页。

〔5〕 参见［日］谷口安平主编：《日本倒产法概述》，佐藤孝弘等译，中国政法大学出版社2017年版，第121～122页。

〔6〕 参见［日］伊藤真：《破产法》，刘荣军、鲍荣振译，中国社会科学出版社1995年版，第83页。

第二节　确立破产劳动债权优先权的法哲学基础

一、人的尊严理念的确立促使劳动权产生

劳动在法律上成为“权利”源于“人的尊严”理念的确立,源于人的自由、平等的基本权利在法律上的确认。人类的原初观念中并没有“权利”思想和“尊严”观念,这两个观念的产生经历了一个漫长而复杂的人类思想变迁过程。在法律史上,虽然古希腊先哲柏拉图、亚里士多德等的思想为现代法学奠定了基础,但是在他们的思想框架里,个人是依附于城邦的动物,个人离开城邦就无存在价值,个人独立的尊严在这种依附性下无法展现。“人是天生的政治动物”系亚里士多德的定性,其认为人在城邦之下才能获得人格。在当时,尊严取决于人的血统、行为和社会地位等,其来源于个人的成就和社会的承认,而非人类天生就有的自然品质。古希腊后期的斯多葛学派虽提出了所有人均享有自由的思想,并提出人之理性天赋的内在尊严,但这时的人之尊严理念仍处于萌芽阶段。基督教诞生以后,《圣经》描写到,人由上帝按照自己的形象创造,按照《圣经》中所传播的这一意旨,人分享了上帝的理性并使得每一位普通的人取得“尊严”的地位。而中世纪的教会时期,神学并没有延续“上帝创造人”的思想,而是强调人来源于上帝,必须遵守上帝的指示,依附于上帝,这种思想使人的尊严在上帝面前全无,仅剩下义务。“从人在上帝面前包括在常设制度中的地位反映出来的只是其对公共福利所承担的相关义务”。〔1〕引领人类进入近代社会的文艺复兴带来了思想启蒙,解放了人类的思想,随后的宗教改革使人类摆脱身份的束缚,人的独立和尊严观念在西方人的思想中逐渐成熟,法学家提出了大量的关于人的自然权利、平等和理性的思想。比如霍布斯强调的人的自然平等,其认

---

〔1〕［美］乔治·恩德勒等主编:《经济伦理学大辞典》,王淼洋等译,上海人民出版社2001年版,第322页。

为“自然使人在身心两方面的能力都十分相等”。[1] 再如洛克的人的平等观,其认为,“每个人都是平等和独立的,所以任何一个人都不得侵犯他人的生命、健康、自由和财产。……既然我们被赋予同样的能力,在同一个自然社会里共享一切,就不能设想我们之间存在任何会使我们有权互相毁灭的从属关系,好像我们生来就是互相利用的,就像低等动物生来是供我们利用的一样”。[2] 这些思想经过传播逐渐被普世化,在这种思想的推动下,各主要国家在宪法上完成了保障人的尊严的制度架构。人的尊严观念在法律上的确立,为劳动权的证成提供了理念基础。

劳动是人的基本天性之一,这是心理学和哲学的基本理论。人类与动物的不同在于人能够改造自然,创造一个适合自己需求的非自然环境。正如有学者将创造称为人的“精神本能”一样,劳动兼具有“物质本能”和“精神本能”的双重特性,因为创造属于劳动的范畴。而物质需求是人类劳动的原始动力,这是人类生存必须的条件,它推动着人类适应自然和改造自然,推动人类永不停止地创造。[3] 正如卡西尔所指出的,“人的劳动是人与众不同的标志,是人的突出特征,这是人的天然本性而非后天的本性。劳动创造了人类活动和生活的体系和环境,规划了‘人性’。人类社会中所产生的艺术、历史、宗教、语言、神话等都是人性的各个侧面和组成部分”。[4] 制度是有成本的,因此制度的设定需要进行成本效益的分析,当制度成本的付出并非必需,而收益的取得又并非来源于付出成本的制度的刺激,从逻辑上来说,该制度的设定是没有必要的。劳动是人的基本天性,尽管从表现上来看是社会需要人的劳动,而非相反,但“天性是强大的制度外动力”,[5] 法律无须通过设定劳动权的制度方式提供额外的制度刺激。因此,在人类历史上,劳动和劳动权并不同步,劳动是人的天性,是人的原始能力,而劳动权作为

---

[1] 胡玉鸿:《“人的尊严”的法理疏释》,载《法学评论》2007年第6期,第4页。

[2] [英]约翰·洛克:《政府论》,杨思派译,江西教育出版社2014年版,第122页。

[3] 参见李琛:《知识产权法基本功能之重解》,载《知识产权》2014年第7期,第4页。

[4] [德]恩斯特·卡西尔:《人论》,甘阳译,上海译文出版社2013年版,第115页。

[5] 李琛:《知识产权法基本功能之重解》,载《知识产权》2014年第7期,第4页。

制度性存在,其凝聚着社会正义和文明秩序。[1] “一切法权现象只有理解了与之相适应的社会生活条件,并且从这些社会条件中被引申出来的时候,才能把握其底蕴”。[2] 人的尊严的觉醒,使得人们普遍的权利意识与权利文化形成,产生一个尊崇法律的共同体,生活在这样共同体的人具有对权利的想象力和创造力。当人的尊严理念普遍化后,人们之间形成平等主体关系,随着平等主体观念的深入人心,带来的是劳动关系领域问题的出现,比如劳动条件问题、劳动报酬问题等危害人的尊严实现的问题大量出现。当这些劳动问题出现时,处于尊崇法律的共同体的人们能够想象透过权利的方式进行解决。而事实上从现代国家劳动权的具体内涵来看,劳动权的性质是劳动保障权,其包含实现劳动者就业的权利、保证劳动条件的权利等内容。这些权利设定的目的即是保障人的尊严的实现,保障人能有尊严地生存。因此,劳动权是随着人的尊严观念的确立而产生的。

二、劳动权的目的在于保障人的基本权利的实现

“人的尊严”是人成其为人的哲学、伦理和法理学观念,其表现为人的自主、自治和自由,是人所具有的内在的高贵特质;其源于人的理性生命存在,而非源于法律或者制度的赋予,也不受人的个体差别的影响。“因为人性尊严之存否,若受个人能力之影响,甚至取决于人之主体特质,很可能许多人将被视为非人、下人或物质而遭社会排拒,甚至被消灭”。[3] 国家或者法律存在的正当性在于保障人的尊严的实现。法律保障的“人的尊严”就是在法律上确认人的主体存在,并积极保障作为主体人应当享有的权利的实现,从而保障在现实生活中实现人的尊严。[4] “人格尊严是一切人权和公民权的基础,人权和公民权是人格尊严的派生物。这就决定了任何力求实现权利

---

〔1〕 参见薛长礼:《劳动权论》,科学出版社2010年版,第80页。
〔2〕 公丕祥:《权利现象的逻辑》,山东人民出版社2002年版,第348页。
〔3〕 李震山:《人性尊严与人权保障》,元照出版有限公司2011年版,第16页。
〔4〕 参见胡玉鸿:《“人的尊严”的法理疏释》,载《法学评论》2007年第6期,第3页。

正义的法律制度,都必须奠基于对人格尊严的尊重"。[1] 从法律角度来看,"尊重人意味着把人作为有能力计划和设计自己未来的个体来对待,因此,尊重人包括尊重他们的自治,尊重他们控制自己未来的权利"。[2] 随着社会的发展,人们认识到国家和法律的存在不仅应当保护个人的权利不受国家或者他人的侵害,即人的生命尊严,而且应当为权利的实现和自我的发展创造条件,即人的社会尊严。早期的自由市场经济和古典宪法时代忽视了这一点,国家和法律仅充当着权利的保护人角色,使市民陷入资本的冷酷之中。工人的劳动价值(工资)被剥夺和抹杀,"工人生产的财富越多,他的产品的质量和数量越大,他就越贫穷。工人创造的商品越多,他就越变成廉价的商品"。[3] 工人在缺乏经济基础和生存保障下,人的尊严仅基于人的自然属性而存在,而"仅从人的自然属性的角度揭示人的尊严并不能全面涵盖人的尊严的全部内容。人是社会的动物,人的自然属性也融于社会之中,因此,即使是人的自然属性所表现的人的生命尊严也需要在社会现实中予以转化"。[4] 在现代社会,当人的生命尊严已得到保护后,人的社会尊严显得尤为珍贵。人的社会尊严表现为人的自我实现和自我发展,其是公民基于自己的声誉、社会地位、家庭关系、工作成绩等各种因素所产生的对自己的社会评价,其中包括自我评价和他人评价。[5] 如果没有工资这一基本物质生活条件保障,人的社会尊严就无法实现。生命尊严和社会尊严是相互依存,依次递进的,且均以物质条件为基础。"人是一个生物性存在,必须满足衣食住行等基本生活条件后才能生存。如果人的衣食住行都没有解决,那么其尊严是大打折扣的。一个一文不名、衣不遮体、食不果腹的人,很难说他(她)有什么人格尊严可言"。[6]

---

〔1〕 程燎原、王人博:《权利论》,广西师范大学出版社2014年版,第177页。
〔2〕 夏勇:《法治是什么——渊源规诫与价值》,载《中国社会科学》1999年第4期,第137页。
〔3〕 [德]马克思:《1844年经济学哲学手稿》,人民出版社1985年版,第47页。
〔4〕 杜承铭:《论作为基本权利范畴的人之尊严》,载《广西社会科学》2013年第3期,第231页。
〔5〕 参见王利明:《改革开放中的民法疑难问题》,吉林人民出版社1992年版,第68页。
〔6〕 邱本:《人权论集》,吉林大学出版社2009年版,第33页。

劳动权的确立建立在保障人权的基础上,“法国大革命时喊出了‘不就业,毋宁死’的口号”,[1]通过赋予劳动权使劳动者享有获得劳动的机会以及在良好的劳动条件下进行劳动的权利,劳动者通过个人的努力为自己提供较好的生活与发展的条件,让人不仅是自然的生存,而且能够实现有尊严的社会生存。而在这一过程中,劳动报酬权发挥着基础和至关重要的作用,劳动报酬权为人生存和全面发展提供了经济支撑。只有劳动者有了稳定的经济收入,才能有物质条件从事社交、学习、旅游等社会活动,才能参与到社会关系中并彰显自己,实现人的生命尊严与社会尊严的统一。[2]

三、“有限理性”理论和罗尔斯的“差别原则”

传统经济学的理论基点是“理性经济人”假设,即“看不见的手”引导市场主体各自追求自身利益最大化的同时会促进社会共同福利最大化。但事实上每个理性经济人的这种自利行为将不可避免地会在整个社会关系中产生各种矛盾和冲突,进而减损公共利益。随着心理学的发展,对于人的认识能力的非至上性和行为选择的多样性的认识不断深入,行为经济学对“理性经济人”的基本假设提出了质疑,推出了“有限理性”理论。[3] 其认为“理性就是用评价后果的某个价值体系去选择令人满意的备选行为方案”,现实生活中作为管理者或决策者的人是介于完全理性与非理性之间的“有限理性”的“管理人”。[4] 人的理性是在特定环境限度内并由人的心理机制决定的有限理性,出于内在的公平互惠偏好,行为人并非只按照“自利”这种单一规则行事,还会关注公平、互惠和社会地位等许多其他方面。这为市场主体基

---

[1] 黎建飞:《工资的属性与特殊保护》,载《法治论坛》(第10辑)2008年第2期,第108页。

[2] 参见杜承铭:《论作为基本权利范畴的人之尊严》,载《广西社会科学》2013年第3期,第232页。

[3] See Simon H. A, *Theories of Bounded Rationality*, Decision and Organization, 1972 (1): p. 161 - 176.

[4] See Korobkin R, *Bounded Rationality, Standard Form Contracts, and Unconscionability*, The University of Chicago Law Review, 2003, p. 1203 - 1295.

于对公平的追求而以互惠的行为进行合作的可能性奠定了理论基础。[1]传统民法的制度设计也是基于"理性经济人"的基本假设,将意思自治奉为圭臬,确立为基本原则,但随着"有限理性"理论的影响逐渐深入,民法的现代化,特别是私法的公法化和社会法的诞生,法律开始注重从抽象人格的平等对待到具体人格的区别对待,从追求形式平等到追求结果平等以保障实质公平。这也正好契合了罗尔斯《正义论》的观点。

罗尔斯将社会契约论提到一个更高的层次,全面系统深入地论证了正义理论体系,其认为正义是社会制度的首要价值,[2]正义观的规定是社会发展的基石,[3]并提出两大原则,一是自由平等原则,二是机会的公正平等原则和差别原则的结合。罗尔斯承认社会个体差别的客观存在,同时强调社会合作互惠,其认为社会是一个利益的矛盾体,既有冲突也有一致。"这就必须要有一批确定利益分配的原则。它们一方面规定了在社会基本制度中划分权利和义务的方式,另一方面又规定了社会合作的利益和负担的适当分配"。[4] "所有社会价值——自由和机会、收入和财富、自尊的社会基础都要平等地分配,除非对其中一种价值或所有价值的一种不平等分配合乎于每一个人的利益"。[5] 对于"最少受惠者"要实行差别原则,社会和经济不平等的安排应"合乎最少受惠者的最大利益"。所谓"最少受惠者",即我们所说的弱势群体,一般指自然的原因和社会的原因造成的社会地位低下、经济收入少、拥有社会资源不足、社会竞争力弱、生活质量不高的处于弱势地位的社会群体。既然"最少受惠者"是不可避免的,那么我们应当在分配时找出"最少受惠者",通过各种方式将利益向他们倾斜,以便其同享社会

---

〔1〕 参见刘敬伟、蒲勇健:《行为经济学中的公平互惠——和谐社会的经济理论基础》,载《当代财经》2008 年第 4 期,第 10 页。

〔2〕 参见[美]约翰·罗尔斯:《正义论》,何怀宏、何包钢、廖申白译,中国社会科学出版社 1988 年版,第 3 页。

〔3〕 See Rawls J. A, *Theory of Justice*, Harvard University Press, 1997, p. 13.

〔4〕 Rawls J. A, *Theory of Justice*, Harvard University Press, 1997, p. 14.

〔5〕 [美]约翰·罗尔斯:《正义论》,何怀宏、何包钢、廖申白译,中国社会科学出版社 1988 年版,第 62 页。

经济的发展成果,缩小社会底层与中高阶层之间的社会、经济不平等,在社会合作体系下促进他们各自的利益都得以提高,使公平正义得到最大的实现,从而缓和社会内部矛盾。在我们寻找“最少受惠者”之际,法律便开始从普遍的抽象人格的平等到甄别具体人格的区别对待过程中转变,“取代自由主义的合约体系,倒转梅因‘从身份到契约’的命题……”[1]

劳动者于是也就被身份识别为“最少受惠者”群体,从而有了特定的“弱者身份”,并从原本只注重过程的机会均等、自由平等竞争到需要加以特别保护,确保竞争结果的实质平等。这时调整形式上平等而实质上不平等的社会关系以保护公民的社会权利,尤其是保护弱势群体利益的追求实质平等、公平正义的社会法便应运而生。社会弱势群体的特殊身份决定了社会法的基本原则是“倾斜性保护”或者“优先保护”,其包括“倾斜立法”和“保护弱者”两个方面。[2] 这种立法上的“倾斜性保护”或者“优先保护”,是对一般保护的必要补充,实为实质正义的应有之义,其使弱势群体的特殊利益与一般群体的共同利益同样受到平等保护,旨在确保权利的合理分配和有效实现,因而并不违背平等保护的精神实质。故在社会法领域对于作为弱势群体的劳动者最为重要的劳动债权进行“倾斜性保护”和“优先保护”也就顺理成章了。[3]

第三节 确立劳动债权优先权的社会原因

一、维护社会稳定的基理考察

劳动权作为一项基本人权,能否实现不但影响着每位劳动者的利益得

---

〔1〕 P. J. Williamson, *Varieties of Corporatism: A Conceptual Discussion*, Cambridge University Press, 1992, p. 20.

〔2〕 参见董保华:《社会法原论》,中国政法大学出版社2001年版,第158页。

〔3〕 参见邓峰:《劳动债权研究》,湖南大学2016年博士学位论文,第101~103页。

失,而且影响社会的安定与和谐。劳动权是实现生存权和发展权的基础。和谐的劳动关系是市场经济发展的必要前提,也是社会稳定的保障。劳动者的劳动报酬权被侵害,劳动债权无法得到实现,就必然会激化劳资矛盾。因此,国家和法律在劳动关系保障中应当发挥不可推卸的责任。如果劳动关系不和谐,劳动权屡造侵害,则民怨必然产生,引发各种社会矛盾,进而影响到社会稳定。一个国家长期处于冲突、矛盾和不安状态中,难言社会的安定与和谐。

虽然劳动债权相较于金融债权而言数额较小,但我国是人口大国,产业工人数量庞大,尤其是随着市场经济改革的深入,农民工劳动力大量增加,企业劳动者的数量日益扩大,而劳动报酬是劳动者的基本生活来源,劳动债权不能得以实现,"无异于剥夺了劳动者的血汗钱和救命钱"〔1〕。这也必然会引起劳动者的不满情绪,产生对国家和社会甚至是法律的"不公"的思想,"仇富心理"、劳资矛盾形成并逐步加深,从而导致社会矛盾的加大,国家和法律的权威丧失,成为社会的不稳定因素,最终影响经济的发展和社会的进步。因此,国外也有许多学者认为,"在可能的情况下,应当把雇佣问题(employment)作为最优先的问题。这在转型国家尤其重要,因为社会和经济的变动往往同时也伴随着政治风险"。〔2〕

二、完善公司治理的现实需要

"现代的破产法和公司法是一对亲密兄弟。无论是破产法学者还是公司法学者,都应当关注那些对公司控制者的行为具有激励性和抑制性影响的破产法规则"。〔3〕 以对公司经营者的控制和激励为核心的公司治理自20世纪80年代起即为公司法研究的课题,而破产法虽然规定了债权人参与破

〔1〕 刘文:《论破产法上劳动债权的优先性》,载《电子科技大学学报(社科版)》2005年第2期,第103页。

〔2〕 Council of Europe, Bankruptcy and Judicial Liquidation, https://unov. tind. io/record/6477 (1996) 1994, p. 1 ff.

〔3〕 王卫国:《新破产法草案与公司法人治理》,载《法学家》2005年第2期,第5页。

产程序的规则,但这属于公司经营失败后的事后监督,其起到的仅是维护公平的作用,对于通过破产法规则实现公司行为的事前监督的研究则较少。

利益相关者理论认为,现代企业的本质是由利益相关者缔结的一系列契约。而在公司法中,利益相关者主要是指对公司贡献了资产专用权而使该资产处于风险状态的人或者集团。〔1〕股东、职工和债权人均属于公司的利益相关者。〔2〕股东以出资为限对公司承担有限责任,而债权人尤其是银行债权人是公司资产中借贷资金的主要提供者,当公司资不抵债时,债权人承担着公司不能清偿的风险。正如有学者所说,公司的直接利益相关者除了股东,另一重要主体是债权人,债权人是公司经营过程中业务往来的重要参与者,是公司经营资金的重要提供者,随着公司规模的扩大,债权人提供的资金会超过甚至远远超过股东。因此,债权人会成为公司重要的债务承担者,其承担着公司经营的风险,该种风险甚至会超过股东。〔3〕职工是公司的劳动资产提供者,其劳动报酬能否取得以及劳动报酬的高低完全取决于公司的经营状况。作为利益的共同体,债权人和职工应当参与到公司经营中,发挥公司外部主体对公司经营权和控制权的外部约束。〔4〕《OECD公司治理原则(2004 年)》对利益相关者在公司治理中的作用做了如下规定:现代社会,公司与利益相关者并非独立,而是一体,因此,公司治理结构应当鼓励公司与利益相关者就财富创造、工作安排以及协议安排等方面进行合作,并保证利益相关者根据法律或者协议所应得的权利和利益。〔5〕然而,公司债权人和职工是否能够参与到公司治理中,取决于债权人和职工的

---

〔1〕 参见史生丽、李哲:《对我国银行债权人参与公司治理的思考》,载《法学杂志》2008 年第 1 期,第 146 页。

〔2〕 美国学者克拉克森认为,公司利益相关者除股东、经营者、债权人、职工外,还包括消费者、供应商、政府、社区等。参见史生丽、李哲:《对我国银行债权人参与公司治理的思考》,载《法学杂志》2008 年第 1 期,第 146 页。

〔3〕 参见金玄武:《论债权人参与公司治理的模式——基于公司社会责任视角的考察》,载《政法论坛》2009 年第 4 期,第 80 页。

〔4〕 参见杨富琛:《劳动债权与金融债权》,载《政法论坛》2006 年第 3 期,第 190 页。

〔5〕 参见史生丽、李哲:《对我国银行债权人参与公司治理的思考》,载《法学杂志》2008 年第 1 期,第 146 页。

主观意思和外部的推动。主观意思,即是否有参与公司治理的意愿,以及在公司治理中是否有意思形成的能力。银行债权人足够强大,具有对公司进行风险评估和监督的能力,而且其在公司借贷中处于持续向公司提供资金的角色,决定了其具有通过随时停止提供资金的方式在公司治理中形成自己意思的能力。债权人参与公司治理必然要支出参与成本,这涉及债权人的内部决策成本的消耗,而在公司债权人人数众多的情形下,又存在着“搭便车”的心理。即便是与公司利益紧密相关的股东,“由于单个股东的努力会极大地增加其他股东的利益,所以任何个人股东都没有激励去耗费时间和金钱监督公司实际管理人的行为。即使监督成本很小,这也很重要,因为虽然在这种情况下单个股东的收益可能会超出其成本,但每个股东仍会设法畏缩不前而寄希望于其他人挺身而出。如果监督成本高于任何一个股东的收益而低于对全体股东的收益,‘搭便车’问题就会恶化”。〔1〕 何况相对于股东来说,其只是风险较小的债权人而已!从经济学上的成本收益分析来看,当债权人支出了公司治理成本却不能给自己带来直接收益的话,无疑将严重阻碍债权人参与公司治理的意愿。这种状况在债权人的债权有担保保护时变得更加突出,担保财产的保护使债权人参与公司治理缺乏外部动力,比如银行债权人就不具有监督公司经营的强烈动机。

职工无与公司大股东、经营者对抗的能力,其存在先天的能力缺陷。相反,公司的大股东、经营者存在“私人强制”〔2〕,职工很难与公司的大股东、经营者实质平等。正如英国学者史密斯所言,“工人持股者持股的数额有限,其就像成千上万的非国有公司的散户投资者,虽然拥有股份,但并不能实际行使任何权利,无影响公司经营的能力”。〔3〕 因此,即使职工有参与公

〔1〕 [美]理查德·波斯纳:《法律的经济分析》(第7版,中文第2版),蒋兆康译,法律出版社2012年版,第596页。

〔2〕 即一个人或一部分人被迫采取行动服务于另一个人或另一些人的意志,亦即实现他人的目的而不是自己的目的。参见邓辉:《论公司法中的国家强制》,中国政法大学出版社,2004年版,第40页。转引自杨富琛:《劳动债权与金融债权》,载《政法论坛》2006年第3期,第190页。

〔3〕 [美]莱斯利·巴顿:《人民的资本主义?》,朱赛霓译,重庆出版社2001年版,第22页。

司治理的意愿,也不具有在公司治理中形成意思和表达意思的能力,在该种能力缺乏的情况下,职工参与公司治理的作用甚微。

破产法通过债权清偿顺位的安排,有效解决了银行债权人(担保债权人)参与公司治理的激励和劳动债权人(职工)不能参与公司治理的救济问题,实现了对公司破产前的事前监督。这种安排就是将劳动债权置于有财产担保债权(银行债权)之前优先受清偿的顺位,“通过法律的强制性规定,将劳动债权放在企业所有债权,甚至有财产担保的债权之前优先受偿,可以激励包括银行在内的各种有可能与企业发生债权债务关系的债权人,有效地监督企业清偿劳动债权的情况,因为只有企业及时清偿了所欠劳动债权,才能保证这些债权人自己的利益”。[1] 如此安排,意在激励担保债权人在向债务人借款并设定担保时,应当考察债务人是否有拖欠工资、欠缴社会保险等现象,并负担起监督的义务,以避免自己在债务人破产时遭受担保权不能实现的损失。这反过来也督促债务人为了获取信贷采取措施避免拖欠工资,积极缴纳社会保险。破产法通过债权清偿顺位的安排,不仅实现对银行债权人参与公司治理的外部推动,达到经济学上的“正外部性”,还在完善公司治理的同时,监督并解决了公司拖欠工资、欠缴社会保险等劳动报酬的问题。

三、促进债务人选择有效率投资项目的实际需求

对于公司等企业法人来说,其所有人(股东)在有限责任的保护下,通常有充分的可能性选择无效率的投资项目,尤其是在公司处于破产边缘时,因为投资的风险是由公司的债权人承担,而较高的投资收益则由公司的所有人共享。这符合合同的外部性原理,当双方当事人可以通过合同约定直接或者间接损害他人的利益而对自己无害甚至获益时,将有充足的动力订立

[1] 黄少安、赵海怡:《破产企业劳动债权是否应该法定为优于有担保债权受偿——一个法经济学视角的分析》,载《经济科学》2005 年第 4 期,第 34 页。

并执行该合同。[1]

具言之,在公司与银行等借款人发生借款关系时,如果公司提供了担保,银行则会免去对公司资信能力的考察以及公司之后经营行为的监督,银行等债权人的注意力仅会放在担保财产的风险上。而取得借款的债务人则基于营利的追求和目的会选择投资风险较大而投资回报较高的项目。两个法律制度促使债务人可能做出这样的选择:一是股东的有限责任制度。股东只需要以出资额为限承担责任,而公司的超额风险无需股东承担。二是破产法上的担保物权优先于普通债权的规则。[2] 这一规则使银行等借款人获得充足的保护,银行等借款人在借款后缺少对债务人进行监督,提高了债务人选择高风险的投资项目的动力。没有借款人的监督和束缚,债务人的所有人(股东)基于逐利的目的,尤其是在债务人临近破产时,通常会选择无效率的项目赌一把,成功了能使企业起死回生,获得利润分配,失败了对自己也无损。

因此,正如上文所述,如果通过破产制度赋予破产劳动债权具有优先于担保物权的效力,减弱担保物权的优先受偿效力,则会促使担保物权人参与到公司治理、监督公司的经营中,从而促使债务人选择有效率的投资项目,减少破产的风险。债权人监督公司经营的方式有很多种,主要方式有二:一是德国法上的派员参与公司经营;二是通过限制性协议对公司经营进行控制。[3] 无论哪种方式,债权人均有在债务人违反借款协议时的控制措施,比如提前还款、停止发放贷款,以及通过债转股成为公司股东调整公司经营等。而且"在限制担保物权的同时,还能产生促进债权人向健康企业贷款,在放款后适当监督企业的经营,这就避免了低效或者无效的贷款,从而促进

---

〔1〕 See Leebron, *Limited Liability, Tort Victims, and Creditors*, 91 Colum. L. Rev. 1565(1991).

〔2〕 参见许德风:《论担保物权的经济意义及我国破产法的缺失》,载《清华法学》2007 年第 3 期,第 69 页。

〔3〕 See Thieben, *Covenants in Kreditverträgen: Alternative oder Ergänzung zum Insolvenzrecht*, ZBB, 1996, p. 19.

了资金在整个社会范围内更快的良性流动,即产生了另一种正面影响”。[1]对担保物权的限制,并不会影响担保物权功能的发挥。

四、多元化破产目标下的最优选择

破产立法的历史可以分为3个阶段:从不自愿到自愿,再到策略性破产。随着时代发展和进步,各国的破产立法相继确定了多元化及社会本位的破产法目标。比如,1982年英国破产法实施评价委员会的报告中就将现代破产法的目标定位于:巩固现有的信用制度并修复对该制度的破坏;尽早地诊断和处置即将来临的破产事件;承认和保护社会公共利益以及受破产事件影响的社会其他组织的利益。可以看出,该目标的宗旨不仅在于保护债权人利益,而且兼顾债权人与所有相关主体利益,进而实现全体利益主体的综合平衡。结合我国企业破产法的规定可以看出:第一,职工债权优先性体现了破产法的社会本位性。破产法的多元化目标决定了破产法的社会本位性,而社会本位性最终落脚点仍然是个人利益的提升,其从个人的抽象平等中看到了具体不平等,从而对处于弱势的群体予以特殊保护,实现个人与社会的利益协调。而劳动者相对于企业主及其他债权人实际上处于弱势地位,赋予劳动者劳动债权优先受偿的顺位,有利于维护社会稳定和协调社会利益,充分体现了建立和谐社会的精神理念。第二,职工债权优先保护也是社会公共政策诉求的体现。公共政策承担着维护整个社会绝大多数人利益的社会运行秩序的任务。目前在改革中将利益冲突各方维持在一个稳定状态,采用渐进方式完成改革,实现全社会的平稳转型发展,是我国最核心的政策诉求。因劳动者在利益维护机制中处于弱势地位,而劳动债权优先性恰恰能消弭劳动者因生存本能激发的能量,减少了社会改革成本,故符合当前我国社会的政策诉求。[2]

---

[1] 许德风:《论担保物权的经济意义及我国破产法的缺失》,载《清华法学》2007年第3期,第74页。

[2] 参见陈国斌、陈豪:《破产企业职工债权优先性的解读与重塑》,载《人民司法》2020年第16期,第96页。

最后需要强调的是,劳动债权优先于担保物权并非仅存在于破产程序中。我国现行相关法律已经对特定职工的劳动债权优先于担保物权予以了肯定。其突出体现在《海商法》中。《海商法》第22条规定了“船长、船员和在船上工作的其他在编人员根据劳动法律、行政法规或者劳动合同所产生的工资、其他劳动报酬、船员遣返费用和社会保险费用的给付请求”具有船舶优先权。而《海商法》第25条又规定了“船舶优先权先于船舶留置权受偿,船舶抵押权后于船舶留置权受偿”。因此,根据《海商法》的规定,船长及船员的工资等劳动债权优先于担保物权清偿。这进一步佐证了劳动债权优先清偿并非破产法的个例,而是法律在利益平衡和追求实质正义过程中对弱势群体的倾斜性保护。

第四节　破产劳动债权优先权与担保物权的立法协调

一、国外立法考察

由于担保物权在市场经济中发挥着保障债权实现、增进经济运行以及促进资源配置的重要作用,各国法律包括各国破产法均对其效力予以肯定和确认。然而,正如哈耶克所说,“秩序并非一种从外部强加给社会的压力,而是一种从内部建立起来的平衡”。〔1〕法律作为蕴含着实质平等的正义秩序,利益平衡是法律的首要功能。法律存在于正反相对的、处于紧张关系的不稳定的、始终处于威胁状态又一直被修复的平衡状态中。〔2〕现代立法,其实质是一个利益识别、利益选择、利益整合及利益表达的交涉过程,在这

〔1〕［英］弗里德利希·冯·哈耶克:《自由秩序原理》(上),邓正来译,生活·读书·新知三联书店1997年版,第183页。

〔2〕参见［德］G.拉德布鲁赫:《法哲学》,王朴译,法律出版社2005年版,第108页。

一过程中立法者旨在追求利益平衡。[1] 对于调整债权之间公平受偿的破产法来说,利益平衡应在其立法和适用中处于首要的位置。因此,当破产债务人已经资不抵债,而多数财产又被设定了担保时,破产法应当平衡债权人之间的利益关系,给予担保物权以适当的限制。对此,联合国贸易法委员会于2006年发布了《破产法立法指南》,其第二部分之五“程序的管理”第63条规定,“有些破产法对担保债权人并不给予第一优先权。对担保债权人的偿付例如可能排在下述债权之后:破产管理费用和诸如未付工资债权、税收债权、环境损害赔偿债权和人身伤害赔偿债权等根据破产法被赋予优先权保护的其他债权”。[2] 但是,《破产法立法指南》仅是指导性规范,其不具有强制效力。因此,在各国具体的破产制度中,基于国情和债权人保护的配套制度建立情况的不同,各国对于担保物权是否给予限制以及限制的程度也不同。

为了加强对劳动债权人的保护,很多国家的破产法都赋予劳动债权在破产财产分配顺序上的优先权,让劳动债权人先于全部或部分债权人受偿。根据劳动债权人享有的优先权程度,可以将上述保护措施分为相对优先权方案和超级优先权方案。

第一,相对优先权。相对优先权是指在尊重已有的担保债权的基础上,规定劳动债权优先于全部或者部分无担保债权受偿。从各国的破产制度来看,大多数国家选择授予劳动债权相对优先权。相对优先权的制度设计主要是为了照顾担保债权人的利益,避免冲击担保制度。同时,规定劳动债权优先于其他无担保债权受偿,也能在一定程度上增加劳动债权人受偿的机会。相对优先权方案并不一定将劳动债权规定为无担保债权清偿顺序的第一位置,也可能处于第二、第三顺位的优先位置,具体如何规定由各国根据自己的国情确定。当然,劳动债权的受偿顺序越靠后,其获得的保护就越

[1] 参见张斌:《论现代立法中的利益平衡机制》,载《清华大学学报(哲学社会科学版)》2005年第2期,第68页。

[2] 曹士兵:《新〈破产法〉职工权益保障机制系统解读》,载《法律适用》2007年第6期,第55页。

弱,相对优先权的效力亦越弱。

第二,超级优先权。超级优先权是指劳动债权不仅优先于其他无担保债权受偿,而且先于担保债权受偿。因此,超级优先权对劳动债权的保护力度非常强。在破产司法实践中,一些破产案件的债务人财产在清偿担保债务之后所剩无几。此时,即使劳动债权在无担保债权的清偿顺序上优先,受偿数额也极为有限。超级优先权将劳动债权的受偿顺序提到担保债权之前,使得劳动债权的受偿机会和数额大大增加。但是,赋予劳动债权超级优先权也受到了激烈的批评,因为其损害担保债权人的利益。为了抵御劳动债权对担保财产的侵蚀,担保债权人在进行商业交易时必然要将劳动债权优先于其受偿的风险转嫁给债务人企业,比如通过提高贷款利率,或者缩短贷款期限,或者附加其他的苛刻条件的方式,从而增加债务人企业的融资成本,提高其融资难度。当整个社会的融资成本增加时,企业的生存环境就会恶化,最终影响劳动者的就业。上述理由主要是一种学理推断,并不是基于实证研究得出的结论,因为大多数国家的破产法只授予劳动债权相对优先权,而授予劳动债权超级优先权的法国、加拿大、西班牙等国家并没有发生经济衰退或者企业大规模倒闭现象,所以没有明显的证据表明授予劳动债权超级优先权阻碍了这些国家的经济发展。虽然采纳超级优先权方案的国家不多,但他们的制度设计仍然具有借鉴意义。[1]

德国对担保债权人的利益持高度保护的态度,其在对债权人进行利益平衡时非常注重对当事人意思自治的尊重,因此对担保债权人利益没有做出过多的限制。《德国破产法》第 49 条规定,债权人享有在强制执行不动产时可以由此种标的(不动产标的)中受清偿的权利的,有权按照《关于强制拍卖及强制管理的法律》别除受偿;[2] 第 50 条(1)规定,"债权人对破产财产中的标的享有因法律行为或因扣押而取得的质权或享有法定质权的,对于

---

〔1〕 参见郭丁铭:《企业破产清算程序中的债权人利益保护研究:以〈企业破产法〉的完善为中心》,法律出版社 2013 年版,第 152 ~153 页。

〔2〕 参见李飞主编:《当代外国破产法》,中国法制出版社 2006 年版,第 29 页。

主债权、利息和费用,有权依照本法第 166 条至第 173 条从质物中别除受偿”。[1] 《德国支付不能法》第 170 条(1)规定,“在支付不能管理人将一项动产或一项债权变价之后,应当从变价收入中先行为支付不能财团提取确定及变价标的物的费用。应当以剩余的金额不迟延地清偿有别除权的债权人的债权”。[2]

美国在破产程序中对债权人的利益平衡采取灵活的态度,寻找对担保债权人限制和保护的利益平衡点,在程序上通过自动冻结制度限制担保债权人利益的同时,采取灵活细致的规则使担保债权人的利益得到充分保护。《美国破产法》没有明确规定有财产担保债权的排他性优先权效力,其原因在于有财产担保债权的排他性优先效力理论在美国得到了广泛的认可。正如美国学者所说,“没有放弃优先权的担保权益(抵押权、第九章规定的优先权、或其他形式的担保权)在破产免责后依然就设定担保的财产优先受偿。破产法尊重财产所有权所派生的各项权利,从这个意义上说,破产对担保权利不产生影响,担保财产被排除在破产财团之外”。[3] 美国学界亦有学者主张对担保债权的优先受偿进行限制,将其部分利益让渡给无财产担保的债权人。[4]

法国则注重发挥企业的社会责任,强调保护社会利益,因此对担保债权人限制较大。[5] 其主要表现在以不动产为标的的担保物权与劳动债权的关系上。《法国民法典》对于劳动债权与担保物权的关系,区别动产和不动产作出了不同的规定。《法国民法典》规定了针对一般动产的劳动债权的优

---

〔1〕 李飞主编:《当代外国破产法》,中国法制出版社 2006 年版,第 29 页。

〔2〕 《德国支付不能法》,杜景林、卢谌译,法律出版社 2002 年版,第 90 页。《德国支付不能法》与《德国破产法》实际为一部法律,只因译者不同,翻译的名称也有所不同。德国在 2003 年对破产法进行了修改,增加了第十一章“国际破产法”,其在杜景林、卢谌翻译的《德国支付不能法》中没有。

〔3〕 [美]大卫·G. 爱泼斯坦、史蒂夫·H. 尼克勒斯、詹姆斯·J. 怀特:《美国破产法》,韩长印等译,中国政法大学出版社 2003 年版,第 465 页。

〔4〕 参见丁文联:《论企业破产程序中的利益平衡》,对外经济贸易大学 2005 年博士学位论文,第 177 页。

〔5〕 参见李雪田:《论破产优先权》,载《当代法学》2008 年第 3 期,第 125 页。

先权性质。《法国民法典》第2331条规定,“对(债务人)一般动产享有优先权的债权是以下所述并按下列顺位行使的债权……4.(1979年1月3日第79-11号法律)在不影响可能适用《劳动法典》第143-10条、第143-11条、第742-6条与第751-15条之规定的情况下:受雇人员在过去一年以及当年的报酬”。[1]《法国民法典》第2332-1条规定,“(2006年3月23日第2006-346号法令)除另有规定之外,(动产)特别优先权优先于一般优先权”。[2] 该条是针对一般动产的劳动债权优先权不能优先于就特定动产的担保物权进行规定的。也就是说,作为以特定动产为担保标的的担保物权应优先于以债务人一般动产为担保标的的劳动债权而获得受偿。但对于不动产优先权,《法国民法典》却采取了截然相反的规定。《法国民法典》第2375条规定,“对一般不动产享有优先权的债权是指:……2.(1979年1月3日第79-11号法律)在不影响可能适用《劳动法典》第143-10条、第143-11条、第742-6条与第751-15条之规定的情况下:受雇人员在过去一年以及当年的报酬”;[3]第2376条规定,“(1955年1月4日第55-22号法令)在没有动产的情况下,前条列举的优先权债权人与其他对不动产享有优先权的债权人一起就出卖该不动产的价金受偿时,先于后者并按前一条规定的顺位受偿”。[4]

英国从1825年的《破产法》开始,雇员就对一定数额的欠付报酬享有法定的优先请求权。[5] 1986年的《英国破产法》附表6列出了赋予优先权的债权种类,其将社会保险的分摊、对职业津贴计划等的分摊及雇员的报酬等列入其中。[6] 2002年的《英国企业法》规定了三类优先债务:“(i)债务人按照1993年《养老金计划法》附表4的规定应当缴纳的职业养老金计划缴款

---

〔1〕《法国民法典》,罗结珍译,北京大学出版社2010年版,第508页。
〔2〕《法国民法典》,罗结珍译,北京大学出版社2010年版,第511页。
〔3〕《法国民法典》,罗结珍译,北京大学出版社2010年版,第521页。
〔4〕《法国民法典》,罗结珍译,北京大学出版社2010年版,第522页。
〔5〕参见[英]费奥娜·托米:《英国公司和个人破产法》,汤维建、刘静译,北京大学出版社2010年版,第405页。
〔6〕《英国破产法》,丁昌业译,法律出版社2003年版,第380~381页。

及国家计划保险费。(ii)债务人应付给现在或以前的雇员相关日期前4个月的报酬,按照目前国务大臣规定的限制,对每个请求人的应付报酬不超过800英镑。债务人应付给相关日期前后或当日结束雇佣的雇员的、相关日期之前的雇佣期间累积的假日报酬。在相关日期之前违反1985年《劳动力储蓄(就业保障)法》规定的义务而产生的应付款。……”[1]1986年《英国破产法》第175条第2款第b项规定,“只要可分配的公司财产不足以清偿一般债权人,优先债务应优先于公司提供了浮动抵押担保的债券持有人或者浮动抵押受押权人的请求权,并且应当从设立了抵押的财产中支付”。[2]

《俄罗斯联邦无支付能力(破产)法》对劳动债权和担保债权采取了以债权成立时间的先后确定债权受偿顺序的规则,其第134条中规定,按下列顺序清偿债权人债权:第一顺序结算的是,债务人对其承担生活或健康损害赔偿责任的公民的债权,按相应时间结算应付款,并且赔偿所造成的精神损害;第二顺序结算的是,支付根据劳动合同工作的工人的退休金和工资,以及支付著作权酬金;……有债务人财产抵押担保的债权人债权,优先于其他债权人,由抵押物的价值进行清偿,但是对于拖欠第一顺序和第二顺序债权人的、在签订相应抵押合同之前对其即已发生债权之权利的债务除外。[3]

可见,各国对于劳动债权与担保债权的清偿位阶的规定不尽一致,其均是建立在本国的法律传统和历史传统以及现实的实际情况基础上的。发达国家未规定劳动债权优先受偿的原因在于:其已建立较为先进和完善的国家救济、劳动保障和社会福利体系,担保债权绝对优先清偿以及劳动债权在破产程序中得不到清偿,不会产生社会问题。而我国是社会主义初级阶段的国家,进入现代化发展阶段的时间较短,市场经济还不完善,劳动保障和社会福利体系仅仅是初步建立,国家救济制度尚不完善。在这种背景下,如

---

[1] [英]费奥娜·托米:《英国公司和个人破产法》,汤维建、刘静译,北京大学出版社2010年版,第408页。

[2] [英]费奥娜·托米:《英国公司和个人破产法》,汤维建、刘静译,北京大学出版社2010年版,第409页。

[3] 参见李飞主编:《当代外国破产法》,中国法制出版社2006年版,第271~272页。

果绝对坚持担保债权优先，随着市场经济改革的深入，企业破产的增多，必然会出现大量破产前无力支付劳动者报酬的劳动债权人，如果对该类债权不能通过国家的法律和制度予以解决，定然会成为影响国家稳定和经济发展的社会问题。

二、我国的立法协调

虽然如上文所述，对于劳动债权有赋予其优先权的必要，但是我们也要充分考虑到债权担保对于市场经济的重要意义，其对于保障债权人的（交易安全）合理预期、促进商业交易的稳定性发挥着的重要作用。[1] 在市场经济中，担保物权是经公示而设定的，因公示产生公信力，从而具有对抗第三人的效力。而劳动债权作为拖欠劳动者报酬的债权，属于合意债权，其不存在公示方式，难以为第三人知悉。如果赋予劳动债权优先于担保物权的顺位，必将危及担保物权的信用功能，损害信用交易，危害市场秩序。[2] 因此，在解决劳动债权与担保债权的受偿顺位时，应对二者进行合理协调，既要保障二者利益在一定程度上的实现，也不损害二者的制度价值。具体措施有以下几点。

（一）限制劳动债权的数额

基于对劳动债权和担保债权的利益平衡，为了不动摇担保物权在维护交易秩序中的价值，对在破产程序中能够优先于担保债权受偿的劳动债权应限定在一定的范围之内，以保障劳动者的基本生存权益为限。对此，各国法律均有相关的规定。《法国民法典》第 2331 条和第 2375 条规定，享有优先权的劳动债权为受雇人员在过去 1 年以及当年的报酬；《英国企业法》规定了作为劳动报酬的优先债权限于相关日期前 4 个月的报酬，且对每个请

〔1〕 参见王欣新：《论职工债权在破产清偿中的优先顺序问题》，载《法学杂志》2005 年第 4 期，第 37 页。

〔2〕 参见王利明：《关于劳动债权与担保物权的关系》，载《法学家》2005 年第 2 期，第 2 页。

求人的应付报酬不得超过800英镑;《俄罗斯联邦无支付能力(破产)法》则规定了签订抵押担保合同之前的劳动债权优先于担保债权;《日本民法典》规定工资优先权仅限于最后6个月的工资相当额。[1] 这就是各国为平衡担保债权人的利益,对劳动债权的数额作出的限制性规定。我国应借鉴这些规定,限定可优先于担保债权受偿的劳动债权的期限,并确定最高限额,以保证需要用担保财产承担的部分限定在一定比例之内,不会因此给担保债权人造成根本利益的损失。

(二)比例清偿原则

美国学者Bebchuk和Fried对于破产劳动债权与担保物权的关系提出了担保物权的"部分优先原则"。两位教授质疑了担保物权优先于破产劳动债权的"完全优先原则",他们认为"完全优先原则"将原本属于"调整不能债权人"的价值转移给了担保物权人,这样会导致担保物权的无效率利用,出现债权人与债务人契约中不公正的无效率条款。所谓"调整不能债权人",是指受到债务人不法侵害的债权人或者信息不对称的小规模债权人。两位教授认为的"部分优先原则"的内容是:(1)调整优先的范围,否认担保物权人对特定物价值的完全优先受偿,调整为部分优先受偿;(2)固定比例除外,即将担保财产的一定比例(比如25%)的价值分割出优先受偿的范围,担保财产被分割后不能得到优先受偿的担保债权作为普通债权与其他无担保债权共同就债务人的一般财产受偿。[2]

Bebchuk和Fried两位教授从公平的角度对担保债权与无担保债权进行了平衡。他们所提出的对于担保物权进行限制的路径值得我们借鉴。笔者建议,我国的破产法基于对破产劳动债权与担保物权的协调,可以设定对担保物权优先受偿比例进行限制的规则,例如,将担保财产的20%的价值分割

---

〔1〕 参见谢世平:《论工人工资的优先权》,载《广东商学院学报》2004年第6期,第93页。

〔2〕 See Lucian Arye Bebchuk & Jesse M. Fried, *The Uneasy Case for the Priority of Secured Claims in Bankruptcy*, The Yale Law Journal, Vol. 105, 1996, p. 857 – 935.

出去用于优先清偿破产劳动债权。当然,如果破产劳动债权足以从债权人的无担保财产中清偿,或者分割出的担保财产清偿破产劳动债权后仍有剩余,那么该分割出的担保财产或者剩余部分仍应当用于优先清偿担保债权。有学者对此提出担心,认为如此安排会打击担保物权人交易的信心,导致企业融资困难。但根据我国的现实情况来看,该种担心的后果不会出现。中华全国总工会在2000年对东北三省、湖南、广东、新疆、甘肃、四川、贵州等地121家列入国务院计划关闭破产企业的情况进行调查的结果显示,121家企业资产总额共计136.31亿元,共欠银行贷款本息149.45亿元,企业拖欠职工的各种债务总额累计为14.82亿元。[1] 可见,在企业的破产中,所欠职工的劳动债权与有担保的银行贷款债权相比较,其仅占银行贷款很小的比例。因此,将为银行贷款提供担保财产价值中的20%分割出来用于清偿破产劳动债权,剩余部分仍用于优先清偿银行贷款,并不会对银行贷款造成很大的影响,反而实现了对破产劳动债权人的优先保护,该种利益平衡的策略不失为一个好的办法。况且,银行在为企业提供贷款时,往往会为了完全保证自己的交易安全而要求企业用高于贷款数额的财产提供担保,或者根据担保财产的价值确定提供贷款的数额。在这种情况下,即使企业破产,担保财产的部分比例价值用于优先清偿劳动债权,其余部分也足以用于优先清偿银行贷款,对银行不会造成损失或者损失较小。[2] 对此,王欣新教授也认为,"在职工债权不能从破产企业无担保财产中得到清偿时,可以从担保物变价价款中拿出一定比例(比如10%,至多20%)予以清偿,由债权人与职工共同分担损失"。[3] 以此实现劳动债权人与担保债权人的利益平衡,达到社会的稳定与和谐。

---

[1] 参见刘明俊:《新〈破产法〉最后争议:职工能否破产?》,载《商务周刊》2005年第7期,第185页。

[2] 参见吕斌:《从以人为本理念析民工工资优先清偿》,载《安徽大学学报(哲学社会科学版)》2004年第5期,第92页。孙宏涛、田强:《试析破产企业职工工资债权清偿优先的理由及其制度设计》,载《广东行政学院学报》2006年第1期,第62页。

[3] 王欣新:《论职工债权在破产清偿中的优先顺序问题》,载《法学杂志》2005年第4期,第38页。

值得一提的是,破产法对于破产劳动债权优先于担保物权的保护仅仅是一个过渡阶段,在该过渡阶段内应当逐步建立劳动债权优先保护的保障机制,以减少并保障劳动债权得到实现。最优的破产劳动债权保护方式是建立欠薪保障基金,对破产企业无力支付的职工劳动报酬予以补偿。通过该基金的建立,可以保障劳动者的欠薪得到清偿,使劳动者在企业破产导致失业时能够享受劳动保障,领取欠薪救济金;还可通过国家的再就业途径积极实现就业,使劳动者生活不因债务人破产而发生重大波动,也使劳动者对未来的生活有稳定的预期和合理的期望,并有制度上的保障。为达到此目的,需要国家加大劳动保险欠缴的追缴和惩罚力度,保证企业按时足额为劳动者缴纳劳动保险;在企业信用制度的完善中,增加企业欠缴工资和欠缴社会保险作为信用评级标准和公示内容,为遏制企业欠薪提供一个有效的约束机制。

此外,劳动者工资等劳动债权的拖欠,可能的原因是企业濒临破产而无财产支付,此种情况发生的最根本的原因可能是公司的董事、监事、高级管理人员以及控股股东等主体不及时申请破产所致。如果公司的董事及高级管理人员能够及时申请破产的话,不至于达到劳动者工资拖欠的程度。当然,劳动者工资拖欠的另一个原因可能是公司高级管理人员的恶意行为。无论哪种原因,公司的董事等高级管理人员都无法摆脱责任。为此,在公司法、破产法的法律修改时或者进行司法解释时,应当增加董事等高级管理人员及时申请破产的义务;未及时申请破产而导致劳动者劳动债权无法实现的,以及公司董事等高级管理人员恶意拖欠劳动者报酬的,应当对劳动债权承担连带赔偿责任。[1]

---

〔1〕 参见王欣新:《破产企业职工债权保障制度研究——改革社会成本的包容与分担》,载《法治研究》2013年第1期,第28页。

本章小结

“利益冲突是权利产生的直接原因”。[1] 劳动债权源于劳动者付出劳动而未支付的对价，其是劳动者生存所需的基本物质资料来源，关系到劳动者生存权的实现，也是劳动者之发展的保障。生存的保障是劳动者作为人的自然属性要求，这一自然属性表现出来的是人的生命尊严，其表现为区别于其他生物体的生命形式的一种特殊的尊贵与庄严。[2] “人具有一种高于其他生命形式的，且令他人敬畏、独立而不可侵犯的身份或地位”。[3] 劳动者的发展保障是劳动者作为社会人的要求。社会是人的共同体，作为社会共同体组成部分的人具有得到自己认可，以及要求社会和其他人认可的诉求，社会应当通过国家和制度的安排保障劳动者实现这种诉求，即“公民基于自己所处的社会环境、声望、工作环境、家庭关系等各种客观条件而对自己的社会价值的自我认识和评价”，[4]实现“作为社会群体组成部分的个人在群体结构中形成的在人们心目中那种令人尊敬、敬畏的地位或身份”。[5] 这是人的社会尊严。因此，作为劳动权核心内容的劳动债权是保护劳动者尊严实现的基本权利。虽然担保物权具有保障交易秩序、维护交易安全，以及为债权人提供稳定预期的重要社会作用和制度价值，但当其与“一个如此之高的价值以至于对之不能再有更高的利益关切”[6]的尊严之保障的劳动债权发生冲突时，其优先受偿性仍应当受到限制。

---

〔1〕 程燎原、王人博：《权利论》，广西师范大学出版社2014年版，第59页。

〔2〕 参见杜承铭：《论作为基本权利范畴的人之尊严》，载《广西社会科学》2013年第3期，第231页。

〔3〕 韩跃红、孙书行：《人的尊严与生命释义》，载《哲学研究》2006年第3期，第64页。

〔4〕 王利明：《改革开放中的民法疑难问题》，吉林人民出版社1992年版，第68页。

〔5〕 韩跃红、孙书行：《人的尊严与生命释义》，载《哲学研究》2006年第3期，第64页。

〔6〕 [德]伊曼努尔·康德：《道德形而上学基础》，孙少伟译，江西教育出版社2014年版，第56页。

破产程序是债务人财产不足以清偿全部债务时的程序。当破产程序中同时存在担保债权和劳动债权时，如果绝对坚持担保债权的优先性，那么在用担保财产清偿担保债权后，债务人的财产所剩无几，劳动债权不能得到任何清偿或者只能得到很小比例的清偿，这将使劳动债权保障劳动者尊严的目的无法实现。而在我国的劳动保障和社会救济制度尚难以对劳动债权实现和劳动者的救济提供有效保护的时候，应当在破产程序中对劳动债权与担保债权的关系进行协调，实现二者的利益平衡。具体措施为：(1)限制可优先于担保债权受偿的劳动债权范围；(2)限制劳动债权可在担保财产的价值中优先受偿的比例；(3)完善社会救济和劳动保障制度。

第五章　证成后的实践：我国破产劳动债权优先保护的实现机制

国家可能有意地使自己成为中间性质的事故保险公司，使所有的社会成员分担其公民不幸的负担。[1]

——霍姆斯

在社会治理现代化的过程中，制度已经成功地演化为转移社会压力的工具。[2]

——蒋大兴

在现代社会，随着市民社会、政治国家和国际社会的发展，人们对于劳动的深刻意义和价值已经达成共识，对于劳动的意蕴形成了更深入的认识。在人们的传统观念中，劳动是谋生的手段，是获得收入和物质财富的途径，劳动与个人生活的满足、物质资料的需求息息相关，也与社会的经济发展和技术进步紧密相连，是个人生存的保障和社会发展的推动力。这是对劳动功能主观而朴素的认识，这种认识

---

〔1〕［美］伯纳德·施瓦茨：《美国法律史》，王军、洪德、杨静辉译，法律出版社2011年版，第232页。

〔2〕蒋大兴：《公司法的观念与解释Ⅱ裁判思维 & 解释伦理》，法律出版社2009年版，第107页。

在现代的信息社会、知识经济社会仍然是正确的。然而，随着人们认识的深入，劳动的功能和价值远不止于此，其与人的全面发展、精神生活的提高，乃至社会公平正义、世界和平、社会秩序密切关联。公正、平等、人道的劳动关系是社会秩序和谐稳定的关键因素。对此，1919 年成立的国际劳工组织已有认识，因为劳动关系是社会生活的基本关系，所以劳动与社会秩序及世界和平存在相互支撑的关系。正如《国际劳工组织章程》所述，“涉及很多人的不公、困难和贫困的劳动条件造成的动乱如此严重，以致世界和平与和谐受到威胁”。[1] 缺乏公平正义的劳动关系是市场经济中社会动荡的根源，消除劳动关系中不平等、非人道和歧视性，实现社会公平正义与世界永久和平是国际劳工组织的宗旨，也是国际社会及各国的追求。因此，有必要站在稳定和谐的社会秩序构建的基础上，深入研究在企业破产的境况下如何处理破产劳动债权，以保证劳动关系的稳定和社会的公平正义不被歪曲。

第一节　政府在破产劳动债权优先保护中的核心作用

劳动债权本质上固然是一种债，是劳动力使用者因使用劳动力而应当支付的对价，这种债的关系本质上属于私人之间的关系，建立在双方意思自治的基础上，与公权力和政府本无关。然而，政府的性质和功能以及劳动关系的特殊性决定了在劳动关系的格局中，政府是其中的一方，其应当负担稳定劳动关系、保护弱势群体劳动者利益的职责。正如伊士曼柯达公司全球副总裁叶莺[2]在《政府关系十诫》一文中所说，“所有的商业关系无不涉及

---

[1] 薛长礼：《劳动权论》，科学出版社 2010 年版，第 118 页。

[2] 叶莺在 1997 年加入柯达公司之前，曾经在美国政府外交部门服务 17 年，先后任职于缅甸、广州、香港、台湾和北京。她是美国政府中第一位被任命为公使衔商务参赞的女性。参见蒋大兴：《公司法的观念与解释 Ⅰ：法律哲学 & 碎片思想》，法律出版社 2009 年版，第 240 页。

政府。从中央到省到区县,中国的每一个层面都离不开政府,也正是因为这样的关系,很多事情在其他的国家里推行起来,不如像在中国这么快捷、这么有效"。[1] 虽然劳动关系与商业关系并非纯粹的包含关系,但劳动关系却是与商业关系无法割裂或者并非完全无涉的。叶莺的话说明了劳动关系中的政府责任。

一、政府之于劳动关系中的特殊身份

政府是国家行使职权的主要主体,是国家的代表,对于政府在劳动关系中的特殊身份,需要从国家的性质谈起。国家是政治共同体,是"人类共同体的持久形式"[2]。国家的性质如何,存在多种学说。马克思主义从阶级的角度认识国家,其认为国家是维护统治阶级利益的,实现阶级统治的工具,政治统治是其主要职能。即便如此,马克思主义国家学说仍然认为,国家是在自然状态和市民社会的人的基础上建立的,"一定市民社会必然有与其相应的外在表现的国家存在"。[3] 可见,社会管理职能亦是马克思主义国家学说关于国家职能的主张。马克思主义国家学说认为,单个自然人主体已无法解决现实社会的公共问题,比如农田灌溉的水利工程建设以及道路建设等公共设施建设,在自然人无法产生自愿联合时,就需要国家的中央集权干预。[4] 恩格斯也曾说,"政治统治建立在社会管理的基础上,政治统治以实行社会管理的方式表现,因此,只有执行了国家的社会管理职能,其政治统治职能才能持续"。[5] 阶级统治工具的国家学说也是以承认国家是

---

[1] 蒋大兴:《公司法的观念与解释Ⅰ:法律哲学 & 碎片思想》,法律出版社 2009 年版,第 241 页。

[2] [英]戴维·米勒、韦农·波格丹诺主编:《布莱克维尔政治学百科全书》(修订版),邓正来译,中国政法大学出版社 2002 年版,第 793 页。

[3] 中共中央马克思恩格斯列宁斯大林著作编译局:《马克思恩格斯文集》(第 10 卷),人民出版社 2009 年版,第 43 页。

[4] 参见方涛:《从"国家统治"到"国家治理"——马克思主义国家学说中国化的历史演进》,载《中共天津市委党校学报》2014 年第 4 期,第 31 页。

[5] 中共中央马克思恩格斯列宁斯大林著作编译局:《马克思恩格斯文集》(第 9 卷),人民出版社 2009 年版,第 187 页。

人的共同体、国家的存在以人为基础的观点为核心的。正如洪堡所说,个人处于国家的中心位置,人是国家存在的目的,国家本身并非目的,国家存在的意义在于能够成就人的发展。[1] 卢梭、霍布斯等近代资本主义初期的思想家在自然法思想的指导下提出了社会契约理论国家学说,他们强调国家建立在人的基础上,国家的建立是以人让渡自然权利而形成的,目的是为人谋福利,实现人的成就和发展。因此,国家权力应当服从自然人。正如卢梭所说,"'力求寻找到一种联盟,以集体的力量保护每一成员的人身及财产的安全。每一个人都与其他人联合在一起,自己就是自己的主人,依然跟从前一样是自由之身。'这是一个根本性的问题,从社会契约那儿能找到答案"。[2] 霍布斯强调,"当群众彼此间互相同意,立约授予某人或某会以代表之权,不必更问人人之同意,而其行为皆视同群众人人自己之行为,由是得以共同安生而御外侮,如是者,则国家即为建立矣"。[3] 因此,虽然国家学说各有不同,但国家以人为基础建立的事实则不能改变,国家为人民谋福利的本能不能被忽视。而国家为人民谋福利的本能主要依靠政府行使职权来实现,尤其是在现代社会,强调国家和政府的人民性,关注人权和人的尊严的保护和实现,政府对人民的义务更加凸显,在劳动关系这一现代社会基础关系的调整上,政府在为人民创造劳动机会、保障劳动条件、提供社会保障等方面都负有义务。

然而我们需要注意的是,正如前文所述,劳动关系是建立在私法领域的关系,是形式平等的主体之间以契约建立的关系,劳动权益的保障首先应当依赖于契约及用人单位对契约和法律的遵守。这一点在劳动债权的实现和救济方面表现得尤为明显,用人单位是劳动债权的债务人,其当然负有清偿该债务的责任。然而,政府是公民权利保护的最后屏障,尤其在劳动关系中,以劳动监察为主要体现的政府权力的介入较为明显和深入,且政府负担

---

〔1〕 参见[德]威廉·冯·洪堡:《论国家的作用》,林荣远、冯兴元译,中国社会科学出版社 1998 年版,第 7 页。

〔2〕 [法]让-雅克·卢梭:《社会契约论》,陈红玉译,译林出版社 2011 年版,第 11 页。

〔3〕 [英]霍布斯:《利维坦》,朱敏章译,吉林出版集团有限责任公司 2010 年版,第 84 页。

着劳动者的社会保障职能。[1] 正如学者所说，“使劳动者丧失劳动机会的是资本所有者……但对劳动负有义务的却是国家，至少从直观上看是国家”。[2] 这在我国这样一个有“父爱主义”传统的国家表现得尤为明显。在具有集权制传统以及计划经济和“企业办社会”历史的我国，人们对于国家和政府具有依赖的惯性，“生活在这样一种社会形态中的国民具有非常明显的‘儿童化’倾向，……如果理解了中国国民的这种‘儿童化’倾向，也许就不难理解为什么中国习惯通过国家来组织经济发展”。[3]

二、劳动关系的特殊性决定了公权力的介入

自近代社会以来，劳动者独立后，劳动关系虽外观表象为个人之间的关系，但因其是具有普遍性和规模性的社会关系，故关涉的利益并非局限于个人之间，而是延展于整个国家甚至是全世界。尤其是进入现代经济社会，随着社会经济结构的变化，资本与劳动关系开始成为并且一直是社会经济结构的核心。全球化更使得资本与劳动的关系具有全球蔓延的趋势，劳动与资本的矛盾在经济全球化之下，已被扩大到全球而成为世界性的社会矛盾。[4] 因此，劳动关系已成为现代社会最基本和最重要的经济关系和社会关系，是一种极具负外部性并且极易产生规模性效应的社会关系。

劳动关系既然是具有极强的负外部性和规模性的社会关系，那么作为社会关系调节器的国家，则应当对劳动关系的保障及处于弱势地位的劳动者利益保护承担责任，使这种社会关系处于“秩序”的范围内。正如恩格斯所说，“国家是表示：这个社会陷入了不可解决的自我矛盾，分裂为不可调和的对立面而又无力摆脱这些对立面。而为了使这些对立面，这些经济利益

---

〔1〕 随着社会保障范围的扩展，笔者认为，关于劳动债权拖欠的社会保障应当予以建立，政府对其建立负有不可推卸的责任。

〔2〕 徐祥民：《环境权论》，载《经济法学劳动法学》2005 年第 1 期，第 45 页。

〔3〕 蒋大兴：《公司法的观念与解释 Ⅰ：法律哲学 & 碎片思想》，法律出版社 2009 年版，第 247～248 页。

〔4〕 参见常凯：《劳权论》，中国劳动社会保障出版社 2004 年版，第 5 页。

互相冲突的阶级,不致在无谓的斗争中把自己和社会消灭,就需要有一种表面上凌驾于社会之上的力量,这种力量应当缓和冲突,把冲突保持在'秩序'的范围以内"。[1]

这样的一种社会关系对于社会稳定具有重要意义。劳动关系是分工与合作的基础,也可能成为社会不稳定的诱因。人们从丛林中走出,组成共同体进行分工和合作,就是为了应对陌生的世界使生活更美好。然而分工导致的差别使人产生了不满,当这种不满具有普遍性或者达到一定程度时,则会使合作丧失,而结果会是社会发展动力的消退,甚至是社会秩序的混乱。因此,劳动关系涉及社会公共利益,而政府应当是公共利益的维护者,政府的公权力应当介入。"当破产博弈导致公共利益受到威胁时,公权力就有必要介入破产程序中,例如对特定企业进行强制重整、对职工债权人施加特殊保护等,在这些公权力介入的背后存在着本应赋予职工的劳动关系所包含的利益"。[2]

三、政府职责在劳动保护中的具体表现

我国作为社会主义国家,在改革开放前建立了完全的计划经济体制,企业由国家统一管制,是国家实行管理的单位和工具,"企业办社会"为当时企业在计划经济体制下的发展状态,企业不存在破产,职工的"铁饭碗"也没有失去的可能。此时,国家对于职工为终生负责制。

改革开放后,随着市场经济的全面建设,破产案件随之增多,经济体制的改革方向虽然为政企分开,但是国有企业的存在以及职工对于企业依存观念和意识的惯性,要求改革需要过渡阶段。在该阶段,企业职工安置便成为破产后亟待解决的问题。为了维护社会的稳定,国务院于 1994 年 10 月 25 日发布了《国务院关于在若干城市试行国有企业破产有关问题的通知》

[1] 中共中央马克思恩格斯列宁斯大林著作编译局:《马克思恩格斯选集》(第 4 卷),人民出版社 1972 年版,第 166 页。

[2] 齐明:《破产法学:基本原理与立法规范》,华中科技大学出版社 2013 年版,第 19 页。

(国发〔1994〕59号),要求破产时应首先安置职工,明确企业破产时依法取得的土地使用权转让费应用于首先安置职工。之后,国家经济贸易委员会和中国人民银行在《关于试行国有企业兼并破产中若干问题的通知》(国经贸〔1996〕492号,已废止)中规定,土地使用权即使已经抵押,仍可用于首先支付下岗职工的安置费。1997年国务院《关于在若干城市试行国有企业兼并破产和职工再就业有关问题的补充通知》(国发〔1997〕10号)对此再次予以确认。这些规定得到了司法的认可和应用。很多法院在处理破产案件时,甚至超越行政文件的规定,将本来不应当列入破产财产的担保财产与企业的其他财产一起出售,扣除破产费用后优先清偿职工的劳动债权。〔1〕甚至是2006年颁布的《企业破产法》也给予职工安置和职工债权的保护特殊关注。该法要求债务人提出破产申请时需要提交职工安置预案、职工工资的支付和社会保险费用的缴纳情况;债权人提出的破产申请被人民法院受理后,债务人亦应当自裁定送达之日起15日内,向人民法院提交职工工资的支付和社会保险费用的缴纳情况。〔2〕

进入21世纪后,随着经济体制改革的进一步深入,市场经济、政企分开逐渐深入人们的观念,社会保障体系逐步完善,这些使政府在劳动关系中职责弱化,政府直接介入劳动关系的渠道渐趋关闭和边缘化。虽然如此,国家在劳动关系中仍然存在着应当承担的政府职责,但该政府职责的性质和方式已发生改变。具体来说,不同的具体劳动关系,政府职责不同。总体来说,政府在劳动关系中的职责主要表现为合理的劳动基准法的制定、劳动监管和社会保障体系的建立等。这些政府职责均发生在劳动关系建立、运行、

〔1〕参见付翠英编著:《破产法比较研究》,中国人民公安大学出版社2004年版,第449~450页。

〔2〕《企业破产法》第8条第3款规定,“债务人提出申请的,还应当向人民法院提交财产状况说明、债务清册、债权清册、有关财务会计报告、职工安置预案以及职工工资的支付和社会保险费用的缴纳情况”;第11条第2款规定,“债权人提出申请的,人民法院应当自裁定作出之日起五日内送达债务人。债务人应当自裁定送达之日起十五日内,向人民法院提交财产状况说明、债务清册、债权清册、有关财务会计报告以及职工工资的支付和社会保险费用的缴纳情况”。

维护以及劳动争议解决过程中，而对于政府职责的对象或者相对人，多数情况下针对的是用人单位，即通过公权力的干预和介入，抑制用人单位相对于劳动者的优势，对用人单位进行监管和处罚来维护劳动关系、保护劳动者利益。在用人单位拖欠劳动报酬而对劳动者形成债的关系时，政府职责应是通过对用人单位实施强制力，促使用人单位清偿该债务，但政府不负有向劳动者清偿债务的责任。然而在破产过程中，用人单位的资产已不足以清偿全部债务，此时劳动者的利益将得不到全面保护，严重时将影响经济秩序和社会稳定，固守国家强制力促使用人单位清偿的职责难以有效发挥作用。另外，即使能够清偿全部劳动债务，优先清偿的顺位设计对其他债权人是否公平，也是国家应当考虑的问题。因此，笔者赞同借鉴其他国家政府设置欠薪保障基金的作法，即由用人单位按照规定向国家的社会保障部门缴纳欠薪保障基金，当其拖欠劳动者工资时，由欠薪保障基金先行垫付劳动者工资，再由社会保障部门向用人单位行使代位求偿权。这样即使用人单位破产，劳动者的工资债权也能得到基本的清偿，且无须在破产程序中设置劳动债权的优先清偿顺位，从而实现债权的公平清偿。[1] 当然，在欠薪保障基金尚未建立的情况下，政府维护劳动者利益的职责则需要通过破产法的规范设置和完善予以实现。

第二节　破产劳动债权优先保护的社会化实现机制

社会责任源于责任的社会化，因此，对于劳动债权的社会责任的论述应从社会化问题入手，进而分析用人单位对于劳动债权的责任的社会化以及社会化的实现机制。

---

〔1〕 世界上许多国家和地区，比如英国、德国、日本、中国香港地区等设有欠薪保障基金或称为职工工资保障基金、劳动保障基金。我国北京、上海、湖南、深圳等地也已建立起地方性欠薪保障制度。参见彭真军、甘琪：《论企业职工劳动债权优先受偿制度的完善》，载《广东社会科学》2011 年第 6 期，第 229 页。

一、破产劳动债权的社会化

本文的社会化，是指损失承担的社会化、责任的社会化和利益划分的社会化。所谓社会化，即从社会的视角观察问题、考虑问题、分析问题和解决问题，把原本为个人的利益和责任上升为社会利益和社会责任，赋予其社会价值，通过社会的力量矫正歪曲的个人利益，缓和强弱对比，保障弱势一方的利益，由国家或者社会相关个体分担由于时代发展带来的频繁发生的事故或者规模较大、波及面较广的事故的损害赔偿责任。社会化包括法律的社会化，其源于人的社会化。"法律的社会化思想是由人的社会化理论发展而来的"。[1] 人是社会中的个体，必须融入社会，只有如此才能实现人的成就和发展。人区别于动物的本质在于人具有社会性和个别性，且人是这两种特性的统一体。人社会化的过程成全了人的社会性，也为人的个别性发展提供了基础。[2] 而法律是规范人的行为的规则，这就要求法律在调整人的行为时需要关注人的个性（个别性），通过赋予个人自由和平等的身份，基于意思自治实现个人之间的利益调整。同时，也需要关注人的社会性及社会化，通过利益平衡保护社会弱势主体的利益，实现社会利益的公平公正。

利益社会化和责任社会化是法律社会化的重要内容。利益社会化是社会化的法律通过立法政策以及法律的执行对社会弱势群体的利益进行倾斜性的保护，矫正自由主义之下自由、平等的抽象人格带来的实质不正义。责任社会化则是现代科技社会和工业社会之下，损害的频繁发生和损害规模的扩大化等使人们不具有与之相适应的预防和躲避侵害的能力，而且也使加害人处于"无法承受之重"的困境，长期且大范围的损害无法赔偿，必然会影响社会的稳定和进步，这就需要整个社会对责任的承担。因此，随着法律的社会化进程，责任的社会化也在发展，由"损失的转移"发展为"损失的分

---

[1] [英]罗杰·科特威尔：《法律社会学导论》，潘大松等译，华夏出版社1989年版，第165页。

[2] 参见张昌辉：《法律社会化概念：反思与重构》，载《内蒙古社会科学（汉文版）》2013年第3期，第73～74页。

散”，即在这种损害发生时，在立法政策上确立将损失通过市场上的价格技能和责任保险等责任的社会分担方式分散给社会大众，由大家共同承担。[1]

在经济高度发展的今天，人们之间的关系越来越复杂。法律关系也随之发生了变化，很多契约关系已不是自由主义之下平等、自由的抽象人格主体之间的关系，契约的双方常常是分属于特殊群体、对比非常鲜明、地位又相对确定的一对主体。[2] 在这样的契约关系中，个人的意志难以决定契约的内容，而双方所具有的“身份”才能对契约具有支配力，更能够决定双方的权利义务关系及权利义务内容。[3]

劳动关系就属于这样一种双方具有不同“身份”的契约，而“身份”又在该契约的订立和履行过程中具有决定性的作用。具言之，劳动关系虽表现为劳动者与用人单位的契约关系，但双方所交易的并非可与劳动者人格相分离的身外之物。劳动者在该契约中出让的是自己的劳动力，而该劳动力是无法与劳动者人身完全分离的。因此，当劳动者在将自己的劳动力转让给用人单位之后，其就与用人单位之间形成了人身上的关系，而且是人身上的隶属关系。因为劳动者要遵守用人单位的规章制度，接受用人单位的工作安排，劳动者的自由意志和行动将在这一关系中受到限制。“在雇佣契约领域，工人或职工与雇主不再是单纯的契约关系，而是由公共规范限定的身份关系”。[4] 因此，恩格斯在《论权威》中曾说，企业是以“进门者放弃一切自治”为特征的。[5]

正是因为劳动关系的身份性和隶属性，劳动者在劳动关系中弱势地位

---

〔1〕 参见王泽鉴：《〈中华人民共和国民法通则〉之侵权责任：比较法的分析》，载王泽鉴：《民法学说与判例研究》（第6册），北京大学出版社2009年版，第279～281页。

〔2〕 参见董保华主编：《劳动关系调整的社会化与国际化》，上海交通大学出版社2006年版，第40页。

〔3〕 参见傅静坤：《二十世纪契约法》，法律出版社1997年版，第62页。

〔4〕 董保华主编：《劳动关系调整的社会化与国际化》，上海交通大学出版社2006年版，第40页。

〔5〕 参见董保华主编：《劳动关系调整的社会化与国际化》，上海交通大学出版社2006年版，第7页。

凸显,而这在劳动者这一阶层又具有普遍性。因此,劳动者的利益普遍受到损害的现象是现实存在的。基于此,国家应当对劳动者给予倾斜性的利益保护,将劳动关系置于更广泛的社会背景中予以调整,使其融入社会因素,让劳动者分享社会发展的利益,让社会分担对劳动者倾斜性保护的责任。劳动债权作为劳动关系中的主要内容,是劳动者利益实现的核心内容,当然也应当通过社会化的途径予以保护。对劳动关系的社会化保护途径,主要表现应该是社会保障制度,通过社会保障的平台实现风险和责任的分散。但由于我国的社会保障制度尚不完善,而且对于劳动债权尚未建立社会保障制度,在这种情况下,破产劳动债权社会责任的分担只能是通过法律的利益平衡来进行。正如施瓦茨根据博兰尼(Polanyi)的理论所指出的,"'社会保护'的概念包含了一个更为广义的'福利'概念,即福利是工人和雇主在市场中的庇护所"。〔1〕 也就是说,社会化的保护是个广义的范畴,其包括国家的社会保障制度。除此之外,还包括所有的能够为劳动者预防和避免伤害以及提供救济的制度。〔2〕 更有学者基于损失分担的视角认为,所有的债权人均应分担破产的损失,包括担保债权人,其提出,"如果从损失分担的认识出发,担保权人在债务人破产后也应当适当地承受一定比例的损失,由破产法重新作出调整,把担保权的完全优先权变更为部分优先权,也不能说没有正当性和合理性。这或许正是现代法律追求实质正义的一种表现"〔3〕。该损失的分担,包括破产劳动债权人损失的分担。

随着破产观念的转变和破产制度的发展,破产法的价值目标已不再是单一的债权人的保护,而是发展成为多方利益的兼顾保护,因此现代破产法不能不考虑利益平衡问题。虽然王卫国教授曾说,破产法应与社会保障制

〔1〕 施瓦茨:《围捕惯常嫌疑犯! 全球化、国内政治和福利制度的变化》,载[英]保罗·皮尔逊编:《福利制度的新政治学》,苗正民译,商务印书馆2004年版,第29页。

〔2〕 参见曾群:《失业者的社会保护:超越社会保障的一种思路》,载《学习与实践》2007年第9期,第109页。

〔3〕 付翠英编著:《破产法比较研究》,中国人民公安大学出版社2004年版,第458页。

度相区分,其不应以社会福利为直接目标,[1]但是在我国社会保障制度尚未完全建立(劳动债权的社会保障尚未建立)而贫富差距导致社会承受能力下降的情况下,基于破产劳动债权可能会引发破坏社会基本秩序、社会稳定等相关问题,破产法应当有所作为,其应在破产债权之间作出基于社会利益的利益平衡,赋予破产劳动债权优先受偿顺位,让其他的债权人分担破产劳动债权的损失。[2]

二、增设欠薪社会保险

通过设置破产财产分配顺位的方式能在一定程度上保护劳动者的利益,但这只是具有了一种可能性,因为当债务人已经陷入破产状态,已经资不抵债甚至是无能力清偿劳动债权时,即使赋予劳动债权优先保护的顺位,也仍然无法实现该劳动债权,劳动者的生存利益仍然无法得到保护,社会秩序仍然会遭受威胁。因此,破产劳动债权的优先保护仅是破产法对于保障劳动债权人利益实现的重要制度之一,其并不能彻底解决劳动者利益保护问题。欠薪保险的建立有利于该问题的解决。法国法律对该种保险作了规定,其规定雇主应当为劳动者投保防范公司破产而劳动工资不能得到清偿的保险。[3] 该保险保障了劳动者在公司破产无能力支付工资时的劳动者利益。

三、建立欠薪保障基金

除了建立欠薪保险能够保障劳动者利益不因破产受到损害之外,还有另一个路径可以选择,即建立欠薪保障基金。二者的不同点在于,欠薪保险是用人单位应当为劳动者缴纳的社会保险之一,在用人单位破产、劳动者的工资没有获得足额清偿时,劳动者可以领取的一种保险,该保险不具有追偿

---

[1] 参见《政策性破产将择机退出》,载找法网,https://china.findlaw.cn/gongsifalv/gongsiqingsuan/gongsipochanqingsuan/49572.html,最后访问日期:2024年1月28日。

[2] 参见杨忠孝:《破产法上的利益平衡问题研究》,北京大学出版社2008年版,第25页。

[3] 参见胡玉浪:《劳动报酬权研究》,厦门大学博士论文2007年,第174页。

的效力，即保险机构无权在支付保险以后，向处于破产状态的企业申报债权参与破产分配。而欠薪保障基金是一种垫付的基金，即该基金仅承担垫付所欠职工工资及其他劳动报酬的责任，垫付后该基金可以申报债权，参与破产分配。

欠薪保障基金是由政府划拨资金和企业缴纳资金共同组成的保障性基金，用于保障劳动者劳动报酬不能得到清偿的风险。而该政府划拨的资金亦来源于税务机关划拨的用人单位的缴税或者商业登记费等，这充分体现了欠薪保障基金是雇主责任的补充形式，其是将保险所具有的分散风险、互助共济功能与雇主责任相结合，其独立于社会保险之外，为劳动者的工资利益提供特殊保护。欠薪保障基金的雇主责任的另一体现是其仅为代替雇主垫付工资，在工资垫付后欠薪保障基金管理机构获得对雇主的追偿权，可向破产企业申报债权，并按照劳动债权的顺位获得清偿。在英国，"国家保证破产雇主对雇员的一定欠薪得到清偿并由国家保险基金通过裁员补贴局支付"；[1]"如果雇员获得了清偿，劳动部则就雇员对雇主的权利取得代位求偿权"。[2] 破产欠薪保障基金和积欠工资垫偿基金已分别在我国香港地区和我国台湾地区建立，有效地保障了职工债权。深圳作为试点也已经率先建立了欠薪保障制度。这些制度虽然名称不同，但基本的功能和实际运转机制相似，即由企业按照规定的期限、一定的数额或者比例缴纳保障基金，由劳动保障局设立专门的账户管理，其管理可采取基金的方式使其保值增值，在企业破产存在无力支付的劳动债权时，劳动者有权向该基金申请先行垫付，垫付后该基金取得对企业的代位求偿权。[3] 当然，欠薪保障基金所能保障的劳动债权的范围是有一定限度的，例如：英国法律规定每周的垫付

---

[1] [英]费奥娜·托米：《英国公司和个人破产法》，汤维建、刘静译，北京大学出版社 2010 年版，第 395 页。

[2] [英]费奥娜·托米：《英国公司和个人破产法》，汤维建、刘静译，北京大学出版社 2010 年版，第 395～396 页。

[3] 参见魏丽：《工资优先权制度的合理性分析及其立法完善》，载《江西社会科学》2007 年第 6 期，第 193 页。

总数不得超过400英镑；[1]我国浙江省2004年颁布的《关于切实解决农民工工资拖欠问题的通知》（浙政办发明电〔2004〕211号），明确规定浙江省政府安排必要资金建立农民工工资应急资金，并规定该资金支付按照不高于每位欠薪劳动者所欠工资的20%标准支付，一般每人每月的垫付资金为300元。[2]因此，笔者建议，我国建立欠薪保障基金的垫付数额亦应以所欠每位劳动者劳动报酬数额的一定比例为标准，超过部分欠薪保障基金不承担垫付责任。剩余部分所欠劳动债权，劳动者亦可以按照破产法的规定申报债权，并按照破产法规定的顺位清偿。

欠薪保障基金是劳动者工资债权获得清偿的保障性机制，其是对雇主的垫付责任，当其代替雇主承担垫付责任后即取得对雇主的求偿权。该求偿权源于法律规定的债权转移，即欠薪保障基金代替雇主承担了部分的清偿劳动债权的责任后，依据法律规定该清偿部分的劳动债权即自动转移给欠薪保障基金管理机构，而不需要劳动者同意或者履行转移劳动债权的手续。该欠薪保障基金管理机构的求偿权与财产保险中保险公司履行保险义务后对第三人的代位求偿权一致，法律适用也可以参照保险法的相关规定。欠薪保障基金管理机构以自己的名义在破产程序中行使代位求偿权时处于与劳动者同等的地位，可按照劳动债权的顺位参与破产分配。

综合国内外的经验。我国应建立全国性的欠薪保障基金。初步的制度框架包括以下内容。

（1）管理机构。基金的管理机构可以有两种选择：一种方式是单独组建欠薪保障基金的管理机构，并在全国各县、区设立分支机构；另一种方式是利用现有的行政部门作为管理机构。前者意味着招募新的工作人员，购买或租赁新的办公场所，这会大大增加基金运营成本。后者借助既有的工作人员和办公场所，可以节省成本。从国外的管理经验来看，欠薪保障基金的

---

〔1〕 See The Employment Rights (Increase of Limits) Order 2010, https://www.legislation.gov.uk/uksi/2010/2926/made.

〔2〕 参见侯玲玲：《比较法视野下倒闭企业工资风险分担机制研究》，载《法商研究》2015年第2期，第190页。

管理目标主要是确保资金安全，而不是盈利。因此，其不需要像商业性的营利基金那样追求高风险和高收益，也不需要专业的基金管理人员对其进行投资组合管理，所以他们大都采取行政部门管理模式，比如加拿大是劳动部；澳大利亚是就业、教育和工场关系部；德国是联邦就业署。就我国而言，可以由人力资源和社会保障部作为管理机构。由人力资源和社会保障部门管理有以下好处：第一，该部门从中央政府至区、县都有分支机构，符合欠薪保障基金的全国性要求，还可以避免重新设置管理机构带来的成本问题；第二，该部门的主要任务就是执行国家的劳动法律和劳动政策，保障劳动者的合法权益，由其管理欠薪保障基金既符合其职责范围，也能发挥其专业能力；第三，该部门拥有广泛的劳动执法权，与社会有广泛的联系，而管理欠薪保障基金对内需要协调与劳动关系有关的各单位的行动，对外需要与各用人单位联系，由劳动部门管理能够较好的完成上述任务。

（2）资金筹集。欠薪保障基金的融资方式可分为三类：第一类是由公共财政资金注资，比如奥地利、加拿大、澳大利亚；第二类是企业强制性供款，比如德国和法国；第三类是混合模式，实行多渠道融资，既包括企业的强制性供款，也包括税收资金，有时还涉及劳动者的供款，比如日本和英国。我国最好采用混合模式，通过企业强制性供款和财政补贴两种方式筹措资金，为了不加重劳动者的负担，可以将劳动者排除在供款义务人之外。

（3）适用条件。欠薪保障基金必须限定于企业破产的情形才能使用。破产既包括法律上的破产，也包括事实上的破产。由于企业从事实上破产进入法律上破产还有时间间隔，如果不将事实上破产作为基金使用的一种情形，则无法及时对劳动债权进行救济。至于企业事实上破产的认定标准可以采取明确列举的方式规定具体的情形。比如，企业全面停止经营一定期间等。

（4）基本程序。首先，劳动者需要向人力资源和社会保障部门提出申请，同时提交表面证据，比如劳动合同或事实劳动关系的证明、工资卡或工资条等。其次，人力资源和社会保障部门在收到申请后向企业调查核实上述申请。如果企业已经进入法律破产程序，则向破产管理人调取相关详细资料。最后，根据调查结果，人力资源和社会保障部门作出是否支付的决定，并履行支付义务。

(5)适用对象除外规定。对于公司的董事或企业的法定代表人以及有经营管理权的股东或投资人，不能获得欠薪保障基金的救助。另外，数额过小的劳动债权也不能寻求基金救助。

(6)垫付限额。可以有以下几种选择：第一种是规定破产前一定期间内发生的劳动债权可以获得基金清偿，比如破产前3个月的工资；第二种是直接规定数额限制，超过部分，基金不承担义务，比如以当地最低工资标准的一定倍数为上限，或者全国统一规定一个数额标准；第三种是既规定时间限制，同时也规定数额限制。[1]

第三节　破产劳动债权优先保护的破产法完善机制

劳动债权是劳动者付出劳动力的对价，是企业在劳动关系中应当承担的义务，是企业在拖欠工资时应当承担的偿还以及被追诉并可被强制执行的责任，是企业在与劳动者的劳动关系中的应有责任。然而，破产程序是债务人缺乏清偿能力时的公平偿债程序，是一种概括的司法程序，在该程序中要实现对所有债权人债权的清理，此时就会涉及劳动者与有财产担保的权利人、普通债权人之间的债权实现问题。毋庸置疑，企业破产时破产利益相关者的权益将不能得到完满实现。在破产企业资源有限的现实下，面对各利益相关者的权益主张，应当平衡利益，最大限度地满足各方的需求，这样才能实现破产企业的顺利退市，保护市场信用，有效化解社会矛盾，维护社会秩序。[2] 然而，如何平衡各利益相关者的利益，最大化满足各利益相关

---

〔1〕 参见郭丁铭：《企业破产清算程序中的债权人利益保护研究：以〈企业破产法〉的完善为中心》，法律出版社2013年版，第170～171页。

〔2〕 参见尹正友：《企业破产与政府职责》，法律出版社2010年版，第54页。

者的需求呢？具体到劳动债权，是应当将其置于优先顺位而优先清偿，还是应当坚持债权的平等性，将劳动债权与普通破产债权置于同一顺位清偿？该问题关系到破产法的立法功能和价值取向，即从法社会学的角度来看，破产法作为市场经济的调节法，其是否应当具有优先保护劳动者利益的功能，以及其是否具有能力担负起解决劳动者利益保护的问题。如果破产法能够承担这一职责，其应当如何实现，即破产法应当如何完善才能达至优先保护破产劳动债权的目的？

一、破产法优先保护劳动债权的可行性

（一）破产劳动债权属于破产法调整的范畴

对于职工安置以及职工权利的处置问题，应否是破产法规范的范畴呢？对此问题，正如罗伊古德所说，此时的职工权益保护问题是因企业破产而产生的问题，在企业没有破产的危险时，不会发生职工利益与债权人利益的冲突，没有特殊处置和特殊关注的必要，因此在破产法中调整职工的利益保护问题，并不存在部门法上的越界问题。当然，从实质角度来看，由哪个法律对破产程序中的职工权益予以保护，仅具有形式意义，“恰如关于破产犯罪的规范纳入刑法典还是纳入破产法典各有利弊一样，如果纳入刑法典其周知度较高且效力一般较强，然而凡是破产犯罪案件一律发生于破产案件之中，终究也可一并纳入破产法典，在案件的处理实务中一并适用”。[1] 法律部门的划分通常只具有相对的意义，各部门之间的交叉和替代在社会关系复杂化的今天将是常态。“如果破产法不对雇员的权利做出规定，而雇员的权利又必须在法律上予以确认时，其他部门法就有必要做出规定，此时他法规定的效力凡与破产法相关联时，其效力必然延伸至破产法律关系中，最终要与破产法的规定收到异曲同工之效”。[2] 相反，如果其他部门法没有对雇员权利进行规定时，破产法则有规定的权利和义务。对于那些紧迫的或

---

〔1〕 韩长印：《企业破产立法目标的争论及其评价》，载《中国法学》2004 年第 5 期，第 84 页。
〔2〕 韩长印：《企业破产立法目标的争论及其评价》，载《中国法学》2004 年第 5 期，第 84 页。

者必须规定的权利,即使现行法律没有规定,在实际的操作中也不会将该权利搁置一边,而是通过司法或者行政执法予以保护。“因为立法上尤其是破产法上没有解决的问题,并不意味着社会不应对其加以正视,中国国有企业破产案件中职工安置费用的拨付即属典型的一例”。[1]

(二)破产劳动债权优先保护的破产法功能

法律功能属于关系的范畴,其体现为法律与社会的关系。所谓“法律功能”,是作为体系化的法律整体或者法律部门的组成部分的单行法律,在其立法目的和价值取向的指引下,通过其规则适用于社会各主体而发生的客观后果,其目的在于实现法律的价值,并体现出法律在社会中的特殊地位。[2] 法律的功能应当从法律的目的中寻找,因为法律的目的指明了法律功能的方向,就如法国社会学家迪尔凯姆所说,“一种社会事实的功能应该永远到它与某一社会目的的关系之中去寻找”。[3] 法律的功能又存在和实现于法律与社会的关系中。对此,马克思曾经说过,“法律应该以社会为基础。法律应该是社会共同的、由一定物质生产方式所产生的利益和需要的表现,而不是单个的个人恣意横行”。[4] 法律作为社会有机体系中的上层建筑的组成部分,其建立在社会经济基础之上,伴随社会利益的变化和社会变革、发展而调整着法律的目的、价值和功能。破产法作为市场经济的基本法,其随着我国经济体制的改革、市场经济的全面深入发展,以及改革带来的利益冲突的变化和加剧,必将需要对破产法的立法目的和价值进行调整,以达到破产法适应市场经济发展需求,并发挥为市场经济和社会变革服务的功能。因此,社会的时代变迁必然带来破产法价值目标的嬗变和破产法

---

〔1〕 韩长印:《企业破产立法目标的争论及其评价》,载《中国法学》2004年第5期,第84页。

〔2〕 参见付子堂:《社会学视野中的法律功能问题》,载《郑州大学学报(哲学社会科学版)》1999年第5期,第18页。

〔3〕 [法]E.迪尔凯姆:《社会学方法的准则》,狄玉明译,商务印书馆2011年版,第122页。

〔4〕 中共中央马克思恩格斯列宁斯大林著作编译局:《马克思恩格斯全集》(第6卷),人民出版社1972年版,第292页。

功能的调整。在我国,破产法的功能随着社会的发展和改革的进行经历了也必将继续经历着一个发展变化的过程。我国《企业破产法》第1条明确规定了破产法的立法目的,“为规范企业破产程序,公平清理债权债务,保护债权人和债务人的合法权益,维护社会主义市场经济秩序,制定本法”。这一立法目的决定了破产法肩负着维护社会市场秩序、调节破产程序中各利益主体的利益、维护社会稳定的功能。

随着市场经济的发展,企业成为社会的基本经济单位。现代社会认为,企业不再是独立的个体。正如科斯在其《企业的性质》中认为的,人们视现代企业为契约或契约关系的联结点。[1] 因此,企业是各相关者的利益联合体。企业处于现代社会经济的核心地位,企业的破产将会带来劳动者失业的增加、经济的萧条、市场的衰落、人民生活水平的降低以及政府税收的减少等问题。如果对于上述问题不能得到很好的解决,其还会进一步带来秩序的破坏和社会的动荡等更为严重的社会问题。而解决这些问题的关键点和有效路径之一,在于对劳动关系的有效协调。随着人们认识的深入和人权的发展,劳动之于个人以及社会的意义被深刻认识。在现代社会,劳动已不仅是个人生存的保证,而且是个人发展和价值实现的途径,其之于社会的意义在于,劳动关系的和谐是社会经济发展的前提与基础,是社会稳定的根基。基于劳动关系有效协调的重要意义,对劳动关系调整的社会化成为现代社会调整劳动关系的基本理念,其社会化表现为通过立法的方式对劳动者利益进行倾斜性保护。破产法调整的破产程序是关系到劳动者利益调整的各方利益平衡程序,该利益平衡已不再局限于债权人利益的公平受偿,而是在社会化观念的引导下,对劳动债权进行倾斜性保护,实现债权保护的实质公平,使社会的弱势群体不至于因社会改革而遭受损失,而且还能够分享改革的成果。因此,作为“转型时期市场宪法”[2] 的破产法担负着这一

---

〔1〕 参见董保华主编:《劳动关系调整的社会化与国际化》,上海交通大学出版社2006年版,第226页。

〔2〕 参见李曙光:《转型法律学——市场经济的法律解释》,中国政法大学出版社2004年版,第100页。

职责。

究竟什么样的破产治理机制是有效的呢?假定人是理性的,同时人又是经济的,破产作为一种经济制度就必须将各方利益的平衡机制作为核心问题加以研究。美国公司治理研究可以给我们很多启示,美国的许多公司在公司经理报酬权急剧上升过程中国际竞争力却在减弱,不少人将这种情况归因于股东控制权弱化和所有者对经营者失控。继而出现的大量的敌意收购、杠杆收购和公司重组等兼并形式被认为是股东和所有者对经营者经营责任的一种追究。经营者为了自己的利益设计出种种防御措施来阻挠竞争。由于上市公司收购涉及多方主体的利益,收购立法的实质是如何处置各方利益冲突,寻求利益的平衡点。由于收购人、目标公司大股东、目标公司的高级管理人员等具有明显的优势,相互之间可以通过讨价还价机制形成对立、折衷与妥协,而目标公司的中小股东常常处于不利地位,其利益容易受到损害,收购立法就往往把保护目标公司的正常权益作为立法宗旨和基本出发点。[1] 公司治理研究正是以设计一套正式的和非正式的制度或机制,来协调和平衡公司与所有利益相关者——股东、债权人、雇员之间以及各利益相关者之间的利益关系为己任。公司治理通过权力制衡与利益平衡两种途径达到公司治理的目标。

由于对于与债务人有关的法律关系需要按照一定的游戏规则全部打破并重新建立,破产法实际上成为了各种矛盾、利益冲突交汇的中心。破产法规则的设计既对现实的经济生活产生影响,也对将来的经济生活产生重要影响。从这个意义上说,不解决好破产法的利益衡量机制,就不可能建立完善(满足有效性要求)的破产法律制度。

在现代社会的发展中,利益关系协调机制属于一种动态的平衡机制,一个公司破产清算带来的结果不仅仅是一个公司的消亡,众多的法律关系主体都将受到严重的影响,这些主体包括投资者、债权人、所在地区、消费者、职工、管理层,甚至包括破产公司所在的行业。有人提出,公司法应成为公

---

〔1〕 参见官以德:《上市公司收购的法律透视》,人民法院出版社1999年版,第34~35页。

司各方利益的“平衡器”和“调节器”。[1] 确实,在公司制度的设计中,首先要根据公司的利益与公司相关主体利益的一致性进行设计;其次要注意各方的利益平衡,处理好公司整体发展与个体利益保护的关系。由于在公司经营的过程中会出现公司长远利益与个体短期利益、公司整体利益与个体特殊利益的冲突。采取法定公积金与任意公积金相结合的制度,就是将这种冲突限制在一定范围内所做的努力。采取董事持股制度则是改善董事行为与股东行为不一致的又一种制度尝试。“针对公司发展中产生的环境问题,相关公司立法必须在强调公司效率的同时,重视公司自身的环境保护和可持续发展;针对消费者所处的弱势主体地位和维护权利时的举证困难,法律应当给予适当的救济途径和方法;针对公司的发展直接关涉公司所在地区的社会全局及该区域社会成员的就业问题,故各国公司立法都十分注重对公司的适当干预,尤其对涉及公司破产这种容易引起社会利益强烈震荡的立法往往会反复斟酌和权衡”。[2] 在公司法高举公司社会责任的情况下,更应有效地将一些企业应当承担的责任内化为企业必须支付的成本,使其成为投资者必须支付的代价。而我国目前的经济组织形式可能是有问题的,其未能有效解决公司社会责任承担的问题。在环境保护等问题越来越突出的时候,我们必须认识到,无论企业曾经提供过怎样无限的机会,无论公司的成功曾带给我们怎样的光荣与梦想,“现在是承认我们所知道的那种企业该结束的时候了”,在“市场的定价基本上完全不体现破坏地球的成本”的背景下,在企业面临“商业制度与生物伦理之间的矛盾”[3] 造成的困境中,需要我们考虑更多的类似的利益冲突问题。在商业制度可能发生变革的时候,破产法同样需要在将来将更多的利益纳入考量的视野。[4]

---

[1] 参见郝磊:《试论利益平衡理念与我国公司立法》,载《甘肃政法学院学报》2003 年第 4 期,第 33 页。

[2] 杨忠孝:《破产法上的利益平衡问题研究》,北京大学出版社 2008 年版,第 34 ~35 页。

[3] [美]保罗·霍肯:《商业生态学》,夏善晨等译,上海译文出版社 2001 年版,第 9 ~15 页。

[4] 参见杨忠孝:《破产法上的利益平衡问题研究》,北京大学出版社 2008 年版,第 34 ~35 页。

(三)破产法的社会本位性

“法律是适应利益调节的需要而产生的，法律的发展根源于利益关系的变化”。[1] 从法律是利益关系的调节器角度考察，法律本位的实质内涵是法律调整的利益重心，即法律调整所关注的是社会关系中哪一主体的利益。这是法律部门确定其调整对象、调整范围等内容以及法律具体制度设计的出发点，也是该部法律权利和义务观念的重心所在。从这一角度来划分，法律的本位可分为个人本位、国家本位和社会本位。

国家本位强调的是法律的立足点在于国家利益，即法律的价值取向为对国家利益的关注，以国家利益为本兼顾其他利益的保护，或者说对其他利益保护的目的最终回归为对国家利益的维护。正如有学者所概括的，国家制定法律规范，监督人们遵行，并对不遵守法律规范的人采取强制措施；另一方面，法是实现国家基本任务和职能的主要手段，是在立法上确认国家机构的主要手段，没有国家，法就不能存在；同样，没有国家制定的法律规范，仅只有国家也是不行的。[2] 因此，国家本位下的法律是国家实现统治和行政管理的工具，权力是社会管理的权威手段，但“一切有权力的人都容易滥用权力，这是一条万古不变的经验。有权力的人会无休止地使用权力，直到有界限的地方为止”。[3] “不受制约的政治权力乃是世界上最具动力的、最肆无忌惮的力量之一，而且滥用这种权力的危险也是始终存在的。正如德国历史学家弗里德里希·迈内克所指出的，一个被授予权力的人，总是面临着滥用权力的诱惑，面临着逾越正义和道德界限的诱惑”。[4] 因此，在国家本位的法律调整之下，不可避免地会出现国家占领社会空间和私人利益，个

---

〔1〕 董保华等著：《社会法原论》，中国政法大学出版社2001年版，第1页。

〔2〕 参见［苏］玛·巴卡列娃等：《国家和法的理论》，中国人民大学出版社1956年版，第2页。转引自章礼强：《民法本位论》，西南政法大学2004年博士学位论文，第92页。

〔3〕 ［法］孟德斯鸠：《论法的精神》，申林编译，北京出版社2012年版，第83页。

〔4〕 ［美］E. 博登海默：《法理学：法律哲学与法律方法》，邓正来译，中国政法大学出版社2004年版，第377页。

人的自由、独立均在国家利益第一位之下而受到限制甚至是剥夺，个人利益会湮没在个人利益与国家利益完全一致的虚幻理念之下。“个人利益服从集体利益，集体利益服从国家利益”是国家本位下法律的基本原则。

个人本位强调的是个人的自由、独立和权利，其贯彻的是意思自治、契约自由的原则。个人本位下的法律关系建立在独立的个人基础之上，是以个人为单位的法律关系，即这种法律关系是没有人身依附关系的个人与个人之间的关系，是“从身份到契约”的法律体现。个人本位下的法律理念是对个人权利的充分保护、个人发展机会的充分开放、个人平等地位的充分赋予。这种理念和法律设计的原因在于，正如黑格尔所认为的，市民社会的人是追求自己利益的经济人，[1] 因此其将私法领域的法律人设计成为“经济人”，在每个人均追寻自己利益最大化的情况下，法律仅需给予每个人形式上平等的权利和平等的机会，使所有人在“无知之幕”下处于平等的地位，即能实现每个人利益的最大化。然而这种法律设计忽视了人的差异性以及在此基础上个人利益实现的差异性。因此，个人本位的关注仅局限在抽象的人的平等，而忽视了人的实质平等。

社会本位既不同于国家本位，也不同于个人本位。虽然多数学者认为，社会本位以社会利益为其关注的重心，但是该社会利益就其本性来说，其是一种个人利益的提升，而非一种公共利益。[2] 也就是说，此处所说的社会利益的最终归结点仍然为个人利益，只是其表现为是对社会秩序和社会稳定等社会利益有重大影响的特殊群体的利益。因此，社会本位是建立在个人本位的基础上的，其不但关注个人的抽象平等，同时也看到个人的具体不平等，从而将关注点聚焦在弱势群体利益的保护上，推动个人利益的保护，实现个人利益与社会利益的协调。具体到劳动关系中，劳动者与用人单位相比处于弱势地位，其利益的实现更加困难。而作为强势主体的用人单位

---

〔1〕 参见章礼强：《民法本位论》，西南政法大学2004年博士学位论文，第15页。

〔2〕 参见董保华：《劳动关系调整的社会化与国际化》，上海交通大学出版社2006年版，第22页。

则会利用优势地位扩张其利益,拖欠工人工资等侵害劳动者利益的行为时有发生。因此,社会本位理念下的法律应该关注劳动者的利益,通过立法的倾斜性制度设计保障劳动债权的实现。该倾斜性保护应当贯穿于法律体系的始终,即使在用人单位已经无力清偿到期债务而进入破产程序时也应予以适用。因为此时特殊群体的性质没有改变,特殊群体利益的保护对于社会秩序和社会稳定等社会利益的决定性没有改变。因此,破产法也应坚持社会本位,即在债权人和债务人利益公平、全面保护的基础上,对作为特殊群体的劳动者的利益予以倾斜性保护,赋予劳动债权优先受偿的顺位。正如李永军教授所说,"破产法的基本精神就是'平等地保护各种当事人'以追求社会和谐;对职工的保护,即对社会弱者的保护是破产法体现社会公平与和谐的重要表现;重整程序及其制度设计充分体现了建立和谐社会的精神与理念"。[1] 也如有学者所说,现代破产法实现了从个人本位到社会本位的转变,具有维护社会稳定和协调社会利益的功能。[2]

二、明确破产劳动债权人的程序主体资格及债权申报的权利

(一)明确破产债权人的程序主体资格

因破产法并未明确规定破产劳动债权人的程序主体资格,且《企业破产法》第59条第5款规定,"债权人会议应当有债务人的职工和工会的代表参加,对有关事项发表意见"。基于此,人们的经验认识和普世意识会认为破产劳动债权人没有参加债权人会议的资格。学界对此也有争议。有的学者认为,劳动债权人是破产债权人之一,其应当属于债权人会议的成员,否则劳动债权人的利益无法得到有效保障。但也有学者认为,劳动债权人虽然是破产债权人,但并非债权人会议的成员。[3] 因此,在司法实践中会出现

---

〔1〕 李永军:《破产法与和谐社会的建设》,载《和谐·创新·发展——首届北京中青年社科理论人才'百人工程'学者论坛文集》2007年,第163~166页。

〔2〕 参见陈政:《优先受偿:人身侵权债权的破产清偿顺位——从和谐社会语境中破产法的功能谈开去》,载《广西社会科学》2014年第7期,第91页。

〔3〕 参见王欣新:《破产法》(第3版),中国人民大学出版社2011年版,第206页。

否认劳动债权人的破产程序主体资格的情形，使劳动债权人的利益保护受到损害。2012 年宁波市一企业的破产过程中就出现了对劳动债权人置之不理而劳动债权人的权利无处主张的问题。具体案情如下：2012 年宁波市一企业的 5 位劳动者向劳动仲裁委员会申请了劳动仲裁，请求企业支付拖欠的劳动报酬。后来，由宁波市政府出面重组该企业，处于诉讼中的案件均被强行中止，该 5 位劳动者的劳动争议案件也被中止。按规定所有的债权人均需到市政府指定的部门登记债权。后企业重组失败，该企业进入破产程序，但只有部分债权人获得破产通知而进行了债权申报。5 位劳动者是从其代理律师与该企业作为被告的另一案件中才知道该企业已经进入破产程序。5 位劳动者在申报债权后，就被隔离在破产程序之外，没有途径参与破产程序，也不知道破产的进展情况，唯一途径是通过其代理律师与该企业的另案中得知破产进展情况。该 5 位劳动者的劳动债权与其他普通债权人一样，截至今日，也依然没有获得清偿。[1]

因此，明确劳动债权人的程序主体资格至关重要，其是劳动者主张权利以及获得破产信息的有效途径。当然，由于破产企业的劳动者较多，如果允许所有的劳动债权人均独自参与破产程序，会降低破产效率。因此，劳动债权人应当集体行使权利，可基于信托理论建立劳动债权人的代表组织或者工会代表组织，由其代表劳动债权人统一行使权利。

（二）明确破产劳动债权人债权申报的权利

我国《企业破产法》第 48 条第 2 款规定，“债务人所欠职工的工资和医疗、伤残补助、抚恤费用，所欠的应当划入职工个人账户的基本养老保险、基本医疗保险费用，以及法律、行政法规规定应当支付给职工的补偿金，不必申报，由管理人调查后列出清单并予以公示。职工对清单记载有异议的，可以要求管理人更正；管理人不予更正的，职工可以向人民法院提起诉讼”。

---

[1] 参见徐吉平、左亚洛、徐亮：《我国破产劳动债权保障机制的反思与重构》，载《法治论坛》2015 年第 4 期，第 34 页。

因此,破产劳动债权无须申报,而是先由管理人列出清单并公示,再由职工确认和提出异议。该条款规定的立法目的虽然是确立对劳动债权人的特殊保护,免去劳动债权人申报权利的义务以及可能产生的因未按期申报而需承担的不利后果,但是该条款的规定未确认劳动债权人具有债权申报的权利,这可能会对劳动债权人产生不利的后果。因为从司法实践来看,管理人并没有足够的动力主动列出劳动债权清单,如果此时不赋予劳动债权人便捷的救济途径的话,可能会给劳动债权人造成损害。该便捷的救济途径就是赋予劳动债权人主动申报债权的权利,并有权基于此提出中止破产财产的分配以及回复已经分配的财产,以保证破产劳动债权的优先分配。

三、确立董事、监事、高级管理人员的欠薪责任

破产的原因有很多种,但概括起来可以总结为两种:一是因董事、监事、高级管理人员的个人责任而导致企业经营困难,最终走向破产;另一种是市场风险导致的债务人处于破产状态。但无论原因如何,作为公司的董事、监事、高级管理人员都应当对公司负责,也应当对与公司有直接利害关系的职工负责。在以上的两种原因之下,董事、监事、高级管理人员都可能会出现因其失职或者故意而导致职工的劳动债权产生或者增加的情形,董事、监事、高级管理人员应当对此承担相应的法律责任,具体表现为与公司的清偿劳动债权的连带责任,甚至是恶意拖欠工资的刑事责任。

董事、监事、高级管理人员对公司负责具体可分为三种情况来分析。第一种情况是董事、监事、高级管理人对债务人破产负有个人责任,对此,我国《公司法》规定了自破产终结之日起未逾 3 年,该董事、监事和高级管理人员不得担任其他公司的董事、监事、高级管理人员,即任职禁止。然而,《公司法》对于该董事、监事和高级管理人员对公司是否应当承担赔偿责任没有规定,这只能依靠信义义务来进一步解释和规范。对于董事、监事、高级管理人员的职工工资的支付责任,我国《公司法》和《企业破产法》均未作出相应的规定。对此,日本《商法典》第 226 条之三第 1 项规定,“董事行使职务中有恶意或重大过失时对第三人负连带损害赔偿责任”。2005 年的日本《公

司法典》沿袭了《商法典》的规定，其第429条第1款规定，“公司负责人等就执行其职务有恶意或重大过失时，该公司负责人等，承担赔偿由此给第三人造成损害的责任”。[1] 笔者认为，应当在我国的《企业破产法》中增加董事、监事、高级管理人员对职工的劳动债权的补充赔偿责任，即在破产企业足以清偿劳动债权时，董事、监事、高级管理人员不需要承担清偿劳动债权的责任，只需要按照信义义务对公司承担责任；如果董事、监事、高级管理人员违反信义义务导致公司破产，而不足以清偿劳动债权时，董事、监事、高级管理人员则要对劳动债权人承担不足部分的补充赔偿责任。

第二种情况是董事、监事、高级管理人员恶意拖欠职工工资，至公司破产时，则其拖欠的职工工资成为破产劳动债权。对此，董事、监事、高级管理人员当然应当对职工的劳动债权承担清偿责任，性质为与公司的连带责任，拖欠工资的行为是董事、监事、高级管理人员利用公司作为工具表达自己的意志而损害他人利益的行为，因此其应当承担连带责任，而非补充赔偿责任。

第三种情况是董事、监事、高级管理人员未及时申请破产对债权人的义务。对此，美国在2001年的Official Committee of Unsecured Creditors v. R. F. Lafferty & Co. ,Inc.案（简称Lafferty案）中创立了加深破产原则。基于该原则，当公司经营恶化濒于破产时，如果董事作出不当经营决策而不是及时申请破产，其可能会被债权人追究责任，因为其行为加深了破产。因此，有学者认为加深破产原则在某种意义上创设了一项申请破产的间接的绝对义务。[2] 《德国破产法》第15a条规定，“法人支付不能或债务超过时，代表机关的成员或清算人，有责任立即提出破产申请，至迟应当在支付不能或债

[1] 郭丁铭：《公司破产与董事对债权人的义务和责任》，载《上海财经大学学报》2014年第2期，第84页。

[2] See M. Schillig, *The Transition from Corporate Governance to Bankruptcy Governance – convergence of German and US Law?* European Company and Financial Law Review, Vol. 7:1, p. 116 – 117(2010).

务超过发生后3周之内提出”。[1] 因此,在公司已经出现破产状态时,董事、监事、高级管理人员因为失职而没有及时申请破产采取保护措施,导致拖欠的职工工资增长的,对于该增长部分,董事、监事和高级管理人员应当与第一种情况一样承担补充责任。如果其构成第二种情况,则应当承担连带责任。

四、设定破产劳动债权优先于破产别除权的具体规则

在第四章中,笔者经过研究得出结论,破产劳动债权在一定程序上应当优先于破产别除权[2]获得优先受偿,但同时笔者也从比较法的视角分析了破产劳动债权应当是有限的优先。该限制性的规定是破产法完善的重点内容。

第一,明确优先于别除权的劳动债权的范围。

《企业破产法》第113条第1款第1项规定破产劳动债权是指破产企业所欠职工的工资和医疗、伤残补助、抚恤费用,所欠的应当划入职工个人账户的基本养老保险、基本医疗保险费用,以及法律、行政法规规定应当支付给职工的补偿金。破产法规定的破产劳动债权的范围貌似清楚,但具体来看,存在着范围不明确的问题,主要是工资的范围问题。在实践中,工资的构成范围很广,其中包括基本工资、提成工资、绩效工资、加班工资、福利、奖金等。这些不同明目的工资在劳动争议中,不同的法院有不同的认定。这就为在破产程序中确定工资的数额带来了麻烦。破产劳动债权中的工资是破产企业所欠的工资,是过去式,应当是已经确定的工资。单位如果有健全的财务制度和人事管理制度,即使其没有按时支付职工的工资,也可能会有

[1] 郭丁铭:《公司破产与董事对债权人的义务和责任》,载《上海财经大学学报》2014年第2期,第85页。

[2] 根据破产法理论,破产别除权是担保物权和法定优先权在破产法上的转化形式。因破产法中并未出现法定优先权的概念,亦未对法定优先权与其他债权的顺位进行规定。因此,本书在论述破产劳动债权与破产别除权的关系时,以破产劳动债权与担保物权的关系为例进行分析和建构,该分析同样适用于法定优先权与破产劳动债权的关系。

公示工资或者让每位劳动者确认自己的工资的程序，对于这种情况，工资是明确的，一般不会产生异议。如果单位没有健全的财务制度和人事管理制度，除基本工资的确定不会发生争议之外，如果劳动者与用人单位就其他工资数额发生争议，则应由劳动者承担举证责任，证明其他劳动报酬。如果能证明有其他劳动报酬，则应当包括在工资范围内。而对于只有将来才会产生的工资，比如年终奖，则不应当列入工资范畴。

第二，限定破产劳动债权优先于破产别除权的期限和数额。

对于优先于别除权的劳动债权的期限和数额，从利益平衡的角度来看亦应当有所限制。对此，很多国家和地区都有相关的规定，比如法国规定为破产前1年，日本规定为破产前6个月，我国台湾地区也是6个月。而英国不但规定了破产前4个月的限制，而且规定了最高不得超过800英镑。[1]破产别除权是对债务人特定财产的优先受偿权，其是担保物权和法定优先权的转化形式，具有维护交易秩序、保护交易稳定的功能。从维护法律体系化和法律适用一致化的角度来看，破产法不应当改变别除权在传统法律领域的适用效力。而劳动债权是劳动权的延伸，是劳动权实现的最后一个步骤，其关系到人的生存和发展利益。因此，劳动债权具有更高的价值，其应当优先于破产别除权。但是从利益平衡的视角来看，破产劳动债权优先的范围应当受到限制。对此，刘得宽先生也指出，“若生存利益、所有者利益及资本利益相对立，而其间的保护事由相当时，以生存利益为优先。盖以人类的生存利益具有不论在何时何地均应受到保护之普遍的价值。立法论及解释论均应沿着这个原则展开”。[2] 因此，笔者认为，我国《企业破产法》在确立破产劳动债权优先于破产别除权保护的同时，应当明确破产劳动债权优先的范围为破产申请受理前1年内的债权，且债权总额不应超过该劳动者的年平均工资。

---

[1] 参见魏丽：《工资优先权制度的合理性分析及其立法完善》，载《江西社会科学》2007年第6期，第192页。

[2] 刘得宽：《民法诸问题及新展望》，中国政法大学出版社2002年版，第70页。

第三，确立破产劳动债权优先从未设定担保财产中清偿的规则。

基于上文所述的利益平衡，破产劳动债权应当优先于破产别除权，但是该优先应当是有限制的优先，是最大限度地维护破产别除权效力的优先。因此，在对破产劳动债权进行清偿时应当首先用未设定担保的财产清偿，只有在未设定担保的财产不足以清偿时，才能用已经设定担保的特定财产按照上文所述限额清偿，只有如此才能尽可能地降低对破产别除权的影响以及对法律体系的冲击。[1]

五、规定管理人可优先处理劳动债权的职权

根据《企业破产法》第113条的规定，破产财产在分配前应当先清偿破产费用和共益债务。虽然该法条将破产劳动债权规定为破产财产分配的第一顺位，但实质上破产劳动债权的清偿排在破产费用和共益债务之后的第三位。即使规定了破产劳动债权优先于破产别除权，若该条规定没有变化的话，破产劳动债权的顺位仍然如此。由于破产程序是债务人资不抵债的结果，且我国市场主体的破产意识较弱，很多企业会长期处于困境状态，财务入不敷出，甚至有很多企业长期处于经营不能的停业状态。当这些企业破产时，很多已经是无产可破或者财产很少，如果一味按照破产程序进行，并且先用破产财产清偿破产费用和共益债务，会导致无财产清偿劳动债权的结果，职工利益无法得到保护。因此，笔者认为，破产法可赋予管理人优先清偿破产劳动债权的职权，具体程序为：首先，在人民法院受理破产申请并指定管理人后，管理人经过对破产财产的清理和劳动债权的调查及异议[2]，在第一次债权人会议之前有权向人民法院提出申请，经人民法院许可优先清偿劳动债权。其次，债权人会议召开之后，设立债权人委员会的，应当经债权人委员会许可，并经人民法院裁定认可，管理人可以优先清偿劳

---

〔1〕参见许建宇：《构建我国欠薪保障制度的法学思考》，载《中州学刊》2006年第5期，第83页。

〔2〕管理人经过调查并制作劳动债权清单后，应当给予职工一定异议期，在异议期满后，管理人才应当可以清偿劳动债权。基于效率的要求，该异议期不应过长，15天较为合适。

动债权。最后,在债务人财产不足以清偿破产劳动债权和破产费用时,破产劳动债权优先于破产费用。

另外,一般来说,我国破产企业拖欠工资的时间均较长,而破产程序又会经历较长的时间,如果进入破产重整程序,时间会更长,长时间地拖欠职工的工资,会给职工的生活带来很大的影响,甚至影响正常生活。因此,在破产财产清晰、劳动债权明确的情况下,由破产管理人按照法定程序在破产财产分配前优先清偿破产劳动债权,符合破产劳动债权优先保护的价值。只有如此,才能有效地解决劳动关系,建立和谐的劳动秩序。[1] 本书第三章第四节破产劳动债权倾斜性保护的实证分析中的实例三就是由人民法院主导的在破产财产分配前对破产劳动债权优先处理的例子。其对破产劳动债权优先处理的原因就是考虑到大批职工失业,其中部分职工尚未重新就业以至于生活非常困难。最终是由法院提议,并经债权人委员会讨论通过,提前清偿拖欠的职工工资和法定补偿金。

六、搭建府院联动机制

破产法的市场化、法治化实施,必然要具备相对健全的社会配套法律制度等社会外部条件,其不同于法治发达国家在长期发展的市场经济中已然建立了相应常态化的、完备的法律制度来解决破产衍生的社会问题。我国当前社会主义市场经济法律体系以常态经营中的企业为设置模板,缺乏对处于破产程序中的企业规范化、系统化调整的理念和措施,法院在关于破产个案中诸项非司法性社会问题的解决工作中,对政府机关的行政支持与服务产生强烈的依赖。[2] 近年来,我国地方法院与政府探索出的破产府院联动机制,即强调行政权以履行好自身行政职责的形式配合破产司法权行权的单向作用方式。法院在破产个案程序中,广泛推动、协调政府多部门针对

---

〔1〕 参见黄良军:《论企业破产清算中劳动债权处理之法律完善》,载《湖北经济学院学报(人文社会科学版)》2015 年第 12 期,第 98 页。

〔2〕 参见王欣新:《府院联动机制与破产案件审理》,载《人民法院报》2018 年 2 月 7 日,第 007 版。

破产案件中特定的衍生社会问题,形成公权力的合力,在一定程度上攻克了区域性的破产难题。

(一)府院联动协调保护职工债权的法律依据和实践经验

政府参与协调破产企业中职工债权问题实质上是政府参与协调破产企业与职工之间的劳动关系。那么政府介入企业与职工之间劳动关系是否存在法律依据呢?其依据分散存在于我国各个法律当中。

1. 有关法律对政府协调劳动关系的规定

《宪法》作为我国的根本大法,对国家在劳动关系中扮演的角色作出了规定。[1] 这表明国家对于公民的劳动权要通过各种措施予以保障。我国《劳动法》对《宪法》的有关规定进行了细化。《劳动法》第5条规定了国家应采取各种措施协调劳动关系,逐步提高劳动者的生活水平。同时,《劳动法》的第十一章和第十二章规定了各级政府和有关劳动部门的职责,明确了其对于企业违法违规、侵犯劳动者权益等行为要依法予以治理。此外,其他的涉及劳动关系的法律也都相应地规定了政府调整劳动关系的内容,具体包括《劳动合同法》《社会保险法》《就业促进法》《工会法》等。

2. 有关法规、规章对政府协调劳动关系的规定

对于政府如何具体协调劳动关系,需要由国务院及其各部委在自身职责范围内对有关法律规定具体以行政法规或者部门规章的形式进行细化。这些法规主要包括《劳动合同法实施条例》《劳动保障监察条例》《失业保险条例》《禁止使用童工规定》《国务院关于建立城镇职工基本医疗保险制度的决定》等。此外,人力资源和社会保障部也曾就政府参与协调劳动关系的有关问题出台了多项部门规章,具体包括《就业服务与就业管理规定》《最低工资规定》《集体合同规定》等。各地一般也会结合自身实际,通过制定地方性法规、地方政府规章和规范性文件等方式,来完善政府协调劳动关系的有关内容,处理实务中所遇到的有关问题。

---

[1] 参见《宪法》第42条第2款。

(二)我国府院联动处理破产问题的实践

破产案件的处理不仅涉及法律问题,还会涉及需要协调处理的其他问题。在破产案件的处理中,法院的职能其实十分有限,尤其涉及一些诸如税务等问题的处理时,法院并没有相应的职权。而这些事务往往是由政府主导和负责的,因此通过搭建府院联动机制能够很好地解决破产案件中的各种问题。各地在运用府院联动机制时因其自身的实际情况不同,具体的做法也有所差异。温州市作为破产实践的先行者,在府院联动中的一些做法值得借鉴。

温州市在破产案件的处理中之所以能够一直走在全国的前列,主要是来自温州市法院、政府、管理人的共同努力,在实践中不断探索,敢于直面各种困难与挑战。早在2015年1月,温州市就成立了破产管理人协会,这也是全国第二家地级市破产管理人自治组织。到2019年2月,温州市破产法庭成立,这是继深圳、北京、上海三个破产法庭后第二批设立的五个破产法庭之一,也是全国首个地市级破产法庭。在2012年至2019年11月,温州市法院共受理破产案件2771件,审结1927件,分别占浙江全省的34.83%和40.27%。温州市通过对破产案件的有效处理,盘活土地3395.636亩、厂房面积210.21万平方米,化解不良资产329.39亿元,为温州市经济稳步回升作出了积极贡献。自2014年温州市召开第一次府院联席会议以来,温州市每年都会组织召开联席会议,对有关问题进行协同处理。截至2021年,温州市府院联席会议共发布了7份会议纪要,其中包括2份企业处置破产工作联席会议纪要和3份企业金融风险处置工作府院联席会议纪要,以及1份在个人债务集中清理工作中建议探索公职管理人制度的府院联席会议纪要等。此外,温州市府院联席会议还与有关部门共同探索解决相关问题的办法,为有效解决温州市的破产案件打下基础。[1]

---

[1] 参见范丰盛:《府院联动机制的探索——基于温州的实践展开》,载微信公众号“上海市破产管理人协会”2021年7月7日,https://mp.weixin.qq.com/s/cc1ujJwfzY3k2sK7IqS1jg。

1. 良好的沟通机制

政府与法院的沟通主要是通过联席会议展开的。为了让会议形成的共识能够真正解决实际问题，联席会议形成会议纪要将会议内容固定，以便会后开展各项工作。需要通过联席会议解决的问题，其具体的步骤是：一般先由管理人对相关问题进行整理，通过向管理人协会或者直接向法院反映，再交由法院进行汇总后，在联席会议上与政府和有关部门进行讨论和研究。必要时管理人也会参会说明情况。对于相关问题，法院会根据所涉及问题的相关领域，与政府及有关职能部门进行联系，一般主要包括与政府、党委、人社局、税务局、司法局、财政局、市场监督管理局、金融办等有关部门进行联合商讨。一般出席会议的都是各个部门的主要领导成员，只有这样才能保证会议商讨的内容能够真正落地。比如2014年6月23日召开的温州市第一次企业破产处置工作联席会议，就由时任温州市市长陈金彪主持召开，根据会议纪要，出席该次会议的人员，包括时任常务副市长陈作荣、市政府党组副书记朱忠明、副市长胡纲高、市中院院长徐建新、市政府秘书长谢树华、市公安局叶望庆、市国土资源局程建春、市市场监管局吴宇东、市金融办张震宇、市国税局张志芳等。上述人员除了已明确职务的人员外，其余人员笔者经过查询，基本上都是时任各部门的主要领导同志。

2. 有效的实施机制

在联席会议结束后，针对具体的问题，要采取有效的措施予以落实。对此，温州市破产管理人协会专门设立了对外交流委员会，主要是负责与有关机关的交流工作，以便工作更好地开展。对外交流委员会对各管理人反映的问题进行整理，然后反馈到有关机关。对于联席会议出台的会议纪要，更多也是通过管理人协会向各管理人传达会议的有关精神，进而去落实实施。管理人协会也会定期组织有关培训，以便能够真正把府院联动的有关工作做实、做到位。

3. 职工债权的处置

在处理职工债权和职工安置问题时，温州市中院会进行相应的监督，要求管理人妥善做好职工债权的调查、核实工作，制定职工安置方案，并积极主动地与有关公司进行协商，为破产企业职工提供转岗、终止劳动合同、提前退休、提前离岗等多种安置方式。例如，对选择终止劳动合同的职工给予合理的企业经济补偿，以鼓励再次就业；对年老、工伤等生活确实困难的职工，努力争取适当的困难补助；对持股职工，依法将相应股权的所有者权益清零后对这些职工另行补偿。对职工安置中存在的疑难问题，分别在预审查阶段和审理阶段，通过府院联动机制介入协商解决，为广大职工争取了更大的利益，解决了职工安定的有关难题，取得了良好的社会效果。

（三）构建府院联动机制的具体举措

1. 明确府院联动机制的基本定位

构建常态化府院联动机制，首先要明确该机制的定位。破产法是基于市场经济的发展而产生的，是为了更好地服务市场经济的发展。当企业在运行过程中出现机制失灵等问题，而无法适应当前的市场环境时，就要退出市场，或者是进行重新整顿以后再回归市场。市场经济的发展有着自身的规则，而法律的存在就是要保证市场机制能够很好地运行，法治化是市场化的保障。因此，在推进破产的过程中要坚持市场化、法治化的基本定位。[1]在构建府院联动机制时必须守好法治关，在法治的基础上利用市场机制解决相关问题。

府院联动的本质是加强司法机关和政府各部门的沟通。由于各方的职责范围不同，所以难免会存在沟通不畅的问题，因而要打通这个沟通的堵塞点，加强交流与沟通。在破产实务中，涉及的问题方方面面，繁多而复杂，牵一发而动全身，更是要加强沟通交流。从实践来看，府院联动机制在很多层面上更接近于人治而非法治，该机制的运用容易受人为因素的影响，所以必须要把握好法治化、市场化的基本定位，将该机制制度化、程序化，有效地解决好企业破产中的各种问题，继而推动府院联动机制沿着法治化、市场化的

〔1〕 参见夏正芳等：《江苏法院破产审判十年的探索与思考》，载《人民司法（应用）》2017 年第 22 期，第 67 页。

方向继续更好地向前发展。

2. 做好组织架构

破产案件有其自身固有的特征，往往发生于市场调整失灵的场域，行政权有适度介入的必要，这也是由我国现实国情决定的，而破产司法所反对的只是行政权的不正当干预。“积极探索构建行政权尊重司法权、行政权服务和保障司法权的有序运行机制，保证行政权与司法权的顺畅衔接，企业破产程序才能顺利推进”。[1] 国家对市场失灵的有效干预理论，指明了破产实践中行政权的正确运行方向，其既不能回归政策性破产时代抑制、取代破产司法程序的老路，也不宜继续延续21世纪初政府完全缺位于破产案件的错误。我国社会主义国家行政权调控经济职能的性质、方式、力度、范围与资本主义国家有很大不同，总体而言，我国政府对社会治理的能力水平较其他国家具有明显的优势，妥善发挥政府在市场失灵、法律不完备等情形下适度介入破产程序的功能，有助于我国破产法治的可持续发展。[2] 就目前破产府院单向联动机制的运行情况而言，大部分地方未建立协调政府处置破产衍生社会问题的常态化的稳定举措，府院联合成立的议事机构属于临时性组织，受领导意志影响较大，府院联动形成的会议纪要等地方规范性文件的责任约束不足，所建立规范缺乏长期性，与市场化、法治化的破产法实施目标尚有差距。

在行政权内部，不同行政机构的社会治理目标与经济政策之间也会存在抵牾，协调政府各部门的多元化政策差异本身也会成为破产府院单向联动机制的重大负担。修订破产法以设立代表社会整体利益的机构，统一破产府院联动的协调工作，将会更加有效率与专业性地落实破产府院联动机制的常态化运行。[3] 因此，有必要设立破产行政机构，在国务院下设破产

[1] 曹文兵：《破产案件审理中司法权与行政权的边界》，载《湖北民族学院学报（哲学社会科学版）》2018年第1期，第101页。

[2] 参见郭娅丽：《破产处置“僵尸企业”中府院联动机制建设的经济法分析》，载《经济法研究》2018年第1期，第33～34页。

[3] 参见徐阳光：《英国个人破产与债务清理制度》，法律出版社2020年版，第63～66页。

服务局，彰显破产行政服务的理念，并在全国设立分支机构，实行垂直管理，配合属地破产案件协调解决破产衍生社会问题，这样就可以构建一个法院主导下的债权人自治的破产程序内部运行、破产管理人协会自律监管和以破产服务局为代表的国家行政服务，多层次的破产程序有效运行模式。[1] 为提高破产服务局的管理质效，避免其沦为行政事务联合办理的简单叠加破产所涉行政职能的窗口式机构，破产服务局内部应当按照破产微观协调与宏观管理工作的分工设立不同的职能部门，真正成为以能动性为特色兼具多功能的破产行政事务服务机构。[2]

破产服务局的职责应当是在法院受理破产案件之后，协调行政机关依照《企业破产法》的规定及时解除对债务人财产采取的行政强制措施，以保障破产管理人对债务人财产的全面接管与破产程序的顺畅进行，进而最大化债务人财产的价值，增加债权人的债权受偿利益。此外，其职责还应包括破产企业职工安置、破产重整中的战略投资人引进、破产重整企业信用修复、破产税收优惠、债务人财产上的权利瑕疵修复与权利变性、破产财产的处置与变现等。

在我国设置破产服务局，分担破产法官的行政性职能，并承担协调相关行政机关处理破产衍生社会问题，在破产法治领域形成司法与行政机关分立、权责清晰的应然的权力划分格局。这样也可以避免我国破产法官在破产案件中发生过度的逾越司法权的能动司法行为，破产法治中的能动司法有其法律边界，即不能逾越司法逻辑的底限思维，“心有猛虎，细嗅蔷薇”是其应当坚持的正确态度。因此，应将破产程序中的能动司法严格限定在狭义的司法权运行下的法律方法论意义范畴，进一步明晰破产司法与行政的

---

〔1〕 参见赵树文、王嘉伟：《僵尸企业治理法治化保障研究——以破产法及其实施机制的完善为研究路径》，载《河北法学》2017 年第 2 期，第 92 页。

〔2〕 参见周陈：《我国破产服务局的设置与运转——以府院联动机制机构化为切入点》，载《研究生法学》2019 年第 1 期，第 93 页。

权界,夯实我国现代法治的根基。[1]

3. 依法保障职工债权

机制毕竟不是一个机构,有些事情在具体落实中需要具体的部门进行解决,因此笔者建议可以在府院联动机制的基础上,在人社部门内设一个专门的破产管理机构负责具体事务的处理,这能够有效地保障职工权益。在具体的工作中,该机构主要有以下几个方面的职责:(1)协调处理破产中与人社部门有关的具体事务,比如职工的权益和涉企的有关执照、税务等方面的协调工作。(2)做好监督工作,主要是针对破产管理人的监督。破产管理人是实际处理企业破产事务的主体,因而要加强对他们的监管。(3)做好落实工作。对于破产事务中出现的一些情况,尤其是涉及职工利益时,一定要做好落实工作,只有这样才能真正解决职工权益的保护问题。

本章小结

随着我国工业社会的发展,劳动关系已成为社会的基本关系,劳动关系涉及亿万职工的切身利益,劳动关系的和谐与社会的和谐密不可分。如果劳动关系失调,职工的合法权益得不到保障,工作处于不稳定状态,劳动安全问题得不到保证,劳动报酬不能正常支付甚至常常拖欠,那么职工及其家人的生存权将受到威胁,发展就更无从谈起,劳动关系将陷入紧张和尖锐的冲突之中,社会和谐将无从建立。[2] 因此,和谐的劳动关系是构建和谐社会的基石,是企业得以发展、社会得以稳定和国家全面建设的保证。[3]

---

〔1〕 参见范志勇:《从单向走向互动的破产府院联动机制——以我国法院的破产能动司法为中心》,载《中国政法大学学报》2021年第1期,第159~160页。

〔2〕 参见关怀:《建设和谐社会 企业应依法履行的社会责任》,载北京市劳动和社会保障法学会编:《构建和谐劳动关系:新视角与新探索》,法律出版社2009年版,第37页。

〔3〕 参见关怀:《奋力构建和谐劳动关系　为构建和谐社会创造条件》,载北京市劳动和社会保障法学会编:《构建和谐劳动关系:新视角与新探索》,法律出版社2009年版,第44页。

劳动债权是劳动关系的核心内容，在和谐劳动关系的构建过程中具有重要意义。劳动关系的社会化带来的是劳动利益分享和责任分担的社会化，这就要求我们从社会的视角来处理破产劳动债权的清偿问题。具有社会管理职能的国家应当负担起实现该社会化的职责，其主要的方式应该是社会保障制度。正如有学者所说，破产法是债权债务的清理法，其所要解决的是破产的程序问题，而不应就劳动者利益的社会化实现承担责任，该责任应由劳动法和社会保障法承担。[1] 然而和谐劳动关系的建立并非仅靠劳动法和社会保障法等单一法律就能够完成的，而是需要整个法律体系的贯彻和互动，破产法也应承担相应的职能，尤其是在劳动法对于破产劳动债权的保护并未建立完善的保护制度时，破产法更应担负起这一职责。现代破产法的发展，使破产制度不再局限于债权人利益的保护和债权债务清理的单一目的和功能，债务人和相关主体的利益以及社会公共利益保护已成为现代破产法的功能范畴，而多元利益的保护要求破产法坚持利益平衡的原则，以实现多元利益的协调。破产劳动债权是关系社会利益的破产债权，破产法的社会本位性决定了应当对劳动债权优先保护，而在社会保障制度不健全的情况下，破产法本身就担负着社会保障和福利的作用。发达国家的个人破产对此有突出的体现，因个人破产对破产人债务具有免除的效果，其具有保护弱者的观念和社会福利思想，因此发达国家的个人破产被认为在一定程度上是发达国家社会福利制度的范畴或者是社会福利的替代制度。[2] 破产劳动债权的社会化本身，也决定了在社会保障不能对其发挥分散破产劳动债权的责任时，破产法应该坚持社会本位理念，对劳动者予以倾斜性保护，给予劳动者的破产劳动债权优先受偿的权利，让利益相关者分担劳动债权的清偿责任。

---

〔1〕 参见邹海林：《我国破产立法中的几个问题》，载资本市场法治网，https://www.capitallaw.com.cn/article/default.asp? id=1430，最后访问日期：2024 年 1 月 29 日；杨忠孝：《破产法上的利益平衡问题研究》，北京大学出版社 2008 年版，第 25 页，引注②。

〔2〕 参见杨忠孝：《破产法上的利益平衡问题研究》，北京大学出版社 2008 年版，第 26 页。

结　论

法律是社会关系的调节器，为人们之间的行为划分了界限、划定了范围。法律对社会关系调节的武器或工具是权利，其通过权利的配置明确个人的自由范围、履行义务的标准和承担责任的依据。因此，美国著名学者路易斯·亨金在《权利的时代》中指出，“我们的时代是权利的时代”。[1] 当代社会，权利配置是否科学成为判断法律是否为良法的依据。在传统社会和传统法律中，对于权利的配置首先坚持的是自然法的理念，赋予一切人拥有作为“人”应当享有的最基本的权利，在现代社会则体现为“人权”“平等”的观念，人权是“一切人基本上都平等拥有的根本的重要的道德权利，它们都是无条件的，无可更改的”。[2] “有一些权利是由于人性或人的本质而应当平等地并且在同等程度上适用于一切人类社会的一切人的”。[3] 而这种权利的“平等”赋予是一种形式上的平等，即给予所有人平等的实现权利的机会。是否有实现权利的机会是法律应当予以保

---

〔1〕［美］路易斯·亨金：《权利的时代》，信春鹰等译，知识出版社1997年版，“前言Ⅰ”。

〔2〕［美］范伯格：《自由、权利和社会正义——现代社会哲学》，王守昌等译，贵州人民出版社1998年版，第124页。

〔3〕董云虎、刘武萍编著：《世界人权约法总览》，四川人民出版社1990年版，第75页。

障的范畴。在这种平等赋予权利(机会)的基础上,法律对于主体既有的和预期的正当利益予以确认,赋予其权利,给予保护。这种权利的配置属于主体固有利益和按照市场规则应当取得的期待利益或可得利益的保护,是建立在自然主体长期力量角逐和博弈的基础上的,其贯彻的是对形式正义的追求。然而,“弱者和强者的对抗是贯穿整个生存竞争的永恒主题。在自然界,竞争的结果是弱肉强食,然而与此不同,在人类的精神家园,除竞争外还弥漫着浓重的‘类’的情怀,对弱者的关怀和保护是人类特有的道德法则”。[1] 因此,法律对权利的配置是基于对于弱者的保护和实质正义的追求基础上,对主体之间的权利予以了倾斜性配置,对弱者进行了优先保护。此种权利配置方式是建立在国家公权力强制的基础上的,其缺乏对市场机制的遵循,也非主体之间博弈的结果。[2] 权利的倾斜性配置系法律对实质正义的关注,其开端于罗尔斯的“差别原则”。罗尔斯认为,如果因人的出生具有较高的社会地位和自然禀赋而因此受益较多,因出生具有较低的社会地位和自然禀赋而因此受益较少,则社会制度应包含一些补偿性机制,以协调这种不平等。不仅如此,社会中的每一个个体,基于个人的家庭出身、受教育程度、知识结构、信息获取能力、资财实力等,具有不同的获取利益和实现权利的能力。在机会均等的条件下,其受益不同,从而在形式正义之下会导致实质上的不公平。因此,罗尔斯认为,“形式正义要求的力量和遵守制度的程度,其力量显然有赖于制度的实质正义和改造他们的可能性”。[3]

劳动债权是劳动权的内核,延续着劳动权的人权属性,其具有关系到劳动者及其家庭生存权和发展权实现的重要价值。而劳动者处于先天的弱势地位,其不具有用人单位的较强的经济地位和经济实力,没有获取与用人单

---

〔1〕 吴宁:《社会弱势群体保护的权利视角及其理论基础——以平等理论透视》,载《法制与社会发展》2004 年第 3 期,第 60 ~ 68 页。

〔2〕 参见崔艳峰:《基于权利倾斜性配置的破产取回权行使期限分析》,载《商业研究》2014 年第 12 期,第 180 页。

〔3〕 [美]约翰·罗尔斯:《正义论》,何怀宏、何包钢、廖申白译,中国社会科学出版社 1988 年版,第 59 页。

位对等的信息的能力,也不具有普通债权人自由决定是否订立债权债务关系的选择权。这些因素决定了破产劳动债权优先保护具有正当性,其体现了法律对利益关系的平衡功能以及法律的价值判断。经过本书的论述,破产劳动债权的优先保护并不违背债权平等原则,其是对债权平等原则的契合。通过分析,笔者认为,债权平等并非仅指形式平等,其还包括实质平等。二者的适用条件不同,当债务人财产足以清偿全部债务时,债权平等表现为形式平等;当债务人财产不足以清偿全部债务时,债务人在经过司法程序清理财产和债务时,债权平等则应当表现为实质平等。而对破产劳动债权的优先保护正是法律对实质平等的追求。

破产法对于破产劳动债权的优先保护是否具有超越担保物权的效力。对此学界存在广泛争议。具有维护市场秩序、促进交易的担保物权,其权利人享有对特定财产优先受偿的权利,然而该优先受偿权是否具有绝对性呢?通过现行法律的规定可以得出否定的答案。船舶优先权、航空器优先权和建设工程优先权均具有优先于担保物权的效力,其原因在于其债权人要么是非自愿债权人,要么是付出了劳动而未获得对价的债权人。而破产劳动债权正是劳动者付出劳动而未获得对价的请求权,因此破产劳动债权优先于担保物权具有法理基础。破产劳动债权优先于担保物权的社会原因是通过对弱势群体的保护来满足维护社会稳定和完善公司治理的需求。这些均决定了破产劳动债权应当优先于担保物权。

在我国,对破产劳动债权优先于担保物权保护的同时,是否应当考虑对破产劳动债权优先保护的限制。答案是肯定的。该限制主要表现在对劳动债权范围和数额的限制。从目前各国立法来看,多数国家将企业破产程序中优先受偿的雇员劳动债权限定于企业破产受理或者宣告前一段时间,有的还有数额限制。比如,《美国破产法》规定,处于优先顺位的工资债权限定在破产申请受理前 90 日内,数额以不超过 2000 美元为限。[1] 日本区分两

---

〔1〕 参见[美]大卫·G.爱波斯坦、史蒂夫·H.尼克斯坦、詹母斯·J.怀特:《美国破产法》,韩长印等译,中国政法大学出版社 2003 年版,第 468 ~469 页。

种情况:一种情况是工资债权为民法上的先取特权,但该先取特权仅局限于破产宣告前6个月的工资债权;另一种情况是公司职工的工资债权的优先受偿不受限制,即破产宣告前所欠工资均可以优先受偿,但这种做法广受批评。[1] 英国区分日常报酬和其他报酬具有不同规定,其规定日常报酬的优先受偿限定在法院宣告破产前4个月内的报酬,而其他报酬(假期报酬以及根据就业保护措施应支付的报酬)则不应超过国务大臣命令所规定的金额。[2] 我国也有学者认为,应当考虑对享有优先受偿权的劳动债权进行合理的限制:(1)应限制劳动债权的范围,超过一定期限的劳动债权不得享有优先清偿权;(2)应限制劳动债权的最高金额,高管人员的高薪不得享有优先清偿权;(3)应限制劳动债权的总额,过分超出社会平均工资水平的劳动债权不得享有优先清偿权。[3] 笔者认为,我国应借鉴外国的相关规定,限定可优先于担保债权受偿的劳动债权的期限,并确定最高限额,以保证优先保护破产劳动债权的同时,不使其他债权人的利益受到过于偏颇的对待,从而达到利益平衡的目的。

基于上述分析可以得知,我国对于破产劳动债权保护的不足之处主要表现为政府关注不够、社会保障机制未建立、破产法的规定尚需完善。因此,笔者基于国家的性质、政府的职能,提出政府应当通过立法和社会保障制度的完善以及行政职权的依法行使等方面发挥对破产劳动债权优先保护的核心作用。而随着社会的发展,人的社会化在增强,利益的社会化和责任的社会化也在社会利益的整体保护中扩展。因此,应当建立破产劳动债权优先保护的社会化实现机制,建立欠薪保险或者欠薪保障基金制度,以解决破产企业欠薪时劳动债权的保护问题。在社会化实现机制尚未完全建立时,国家则应当通过立法途径,以实质正义为目标完善破产法,明确破产劳

[1] 参见[日]石川明:《日本破产法》,何勤华、周桂秋译,中国法制出版社2000年版,第105页。
[2] 参见《英国破产法》,丁昌业译,法律出版社2003年版,第381页。
[3] 参见刘建仓:《劳动债权优先清偿的正当性及其合理限制》,载《社会科学评论》2008年第3期,第109页。

动债权人的程序主体资格及债权申报的权利，确立董事、监事、高级管理人员的欠薪责任，设定破产劳动债权优先于破产别除权的具体规则，规定管理人可优先处理破产劳动债权的职权，优化搭建府院联动机制，等等。

参考文献

一、中文文献

（一）专著类

1. 许胜锋编著：《企业破产法注释书》（第 2 版），中国民主法制出版社 2023 年版。
2. 王卫国：《破产法精义》（第 3 版），法律出版社 2023 年版。
3. 赵万一主编：《破产法理论前沿研究》，法律出版社 2023 年版
4. 陈夏红编著：《企业破产法注释》，北京大学出版社 2021 年版。
5. 徐阳光：《英国个人破产与债务清理制度》，法律出版社 2020 年版。
6. 李曙光、刘延岭主编：《破产法评论》（第 1 卷），法律出版社 2018 年版。
7. 刘明尧：《破产债权制度研究》，中国社会科学出版社 2018 年版。
8. 张钦昱：《破产优先权之限制理论研究》，法律出版社 2016 年版。
9. 李永军：《破产法：理论与规范研究》，中国政法大学出版社 2013 年版。
10. 郑曙光、胡新建：《现代商法：理论基点与规范体系》，中国人民大学出版社 2013 年版。
11. 郭丁铭：《企业破产清算程序中的债权人利益保护研究：以〈企业破产法〉的完善为中心》，法律出版社 2013 年版。
12. 齐明：《破产法学：基本原理与立法规范》，华中科技大学出版社 2013 年版。

13. 蒋大兴:《公司法的观念与解释Ⅰ:法律哲学 & 碎片思想》,法律出版社 2009 年版。
14. 卜璐:《消费者破产法律制度比较研究》,武汉大学出版社 2013 年版。
15. 丁文联:《破产程序中的政策目标与利益平衡》,法律出版社 2008 年版。
16. 付翠英编著:《破产法比较研究》,中国人民公安大学出版社 2004 年版。
17. 杨忠孝:《破产法上的利益平衡问题研究》,北京大学出版社 2008 年版。
18. 尹正友、张兴祥:《中美破产法律制度比较研究》,法律出版社 2009 年版。
19. 兰晓为:《破产法上的待履行合同研究》,人民法院出版社 2012 年版。
20. 苏力:《法治及其本土资源》,中国政法大学出版社 2004 年版。
21. 邓正来:《国家与社会:中国市民社会研究》,北京大学出版社 2008 年版。
22. 施天涛:《公司法论》,法律出版社 2006 年版。
23. 张维迎:《产权、激励与公司治理》,经济科学出版社 2005 年版。
24. 罗培新:《公司法的合同解释》,北京大学出版社 2004 年版。
25. 王欣新:《破产法》(第 3 版),中国人民大学出版社 2011 年版。
26. 王欣新主编:《破产法原理与案例教程》,中国人民大学出版社 2010 年版。
27. 王欣新、尹正友主编:《破产法论坛》(第 5 辑),法律出版社 2010 年版。
28. 王欣新、尹正友主编:《破产法论坛》(第 7 辑),法律出版社 2012 年版。
29. 王欣新、尹正友主编:《破产法论坛》(第 8 辑),法律出版社 2013 年版。
30. 范健、王建文:《商法学》(第 3 版),法律出版社 2012 年版。
31. 邹海林、常敏:《债权担保的方式和应用》,法律出版社 1998 年版。
32. 赵旭东主编:《商法学》,高等教育出版社 2007 年版。
33. 邹海林:《破产程序与破产法实体制度比较研究》,载梁慧星主编:《中国民商法专题研究丛书》,法律出版社 1995 年版。
34. 李飞主编:《当代外国破产法》,中国法制出版社 2006 年版。
35. 最高人民法院民事审判第二庭编著:《最高人民法院关于企业破产法司法解释理解与适用:破产法解释(一)·破产法解释(二)》,人民法院出版社 2013 年版。
36. 石静遐:《跨国破产的法律问题研究》,武汉大学出版社 1999 年版。
37. 董云虎、刘武萍编著:《世界人权约法总览》,四川人民出版社 1990 年版。
38. 梁治平编:《国家、市场、社会:当代中国的法律与发展》,中国政法大学出版社 2006 年版。

39. 刘瀚、公丕祥主编:《21 世纪的亚洲与法律发展》,南京师范大学出版社 2001 年版。
40. 魏振瀛主编:《民法》(第 5 版),北京大学出版社、高等教育出版社 2013 年版。
41. 魏振瀛主编:《民法》(第 3 版),北京大学出版社、高等教育出版社 2007 年版。
42. 李卫平、刘晓军、马晓伟编著:《劳动权益的损害赔偿》,中国经济出版社 1997 年版。
43. 公丕祥:《权利现象的逻辑》,山东人民出版社 2002 年版。
44. 薛长礼:《劳动权论》,科学出版社 2010 年版。
45. 史尚宽:《民法总论》,中国政法大学出版社 2000 年版。
46. 郭捷主编:《劳动法学》(第 5 版),中国政法大学出版社 2011 年版。
47. 董保华主编:《劳动关系调整的社会化与国际化》,上海交通大学出版社 2006 年版。
48. 高富平:《物权法原论》(第 2 版),法律出版社 2014 年版。
49. 林嘉主编:《劳动法评论》(第 1 卷),中国人民大学出版社 2005 年版。
50. 中共中央马克思恩格斯列宁斯大林著作编译局编译:《马克思恩格斯全集》(第 44 卷),人民出版社 2001 年版。
51. 王泽鉴:《债法原理》(第 2 版),北京大学出版社 2013 年版。
52. 韩世远:《合同法总论》(第 3 版),法律出版社 2011 年版。
53. 何家弘主编:《法学家茶座》(总第 40 辑),山东人民出版社 2013 年版。
54. 齐树洁主编:《破产法研究》,厦门大学出版社 2004 年版。
55. 韩长印主编:《破产法学》,中国政法大学出版社 2007 年版。
56. 王泽鉴:《民法学说与判例研究》(第 1 册),中国政法大学出版社 2009 年版。
57. 朱岩、高圣平、陈鑫:《中国物权法评注》,北京大学出版社 2007 年版。
58. 谢晖、陈金钊:《法理学》,高等教育出版社 2005 年版。
59. 张文显主编:《法理学》,法律出版社 1997 年版。
60. 世界银行:《2006 年世界发展报告:公平与发展》,清华大学出版社 2006 年版。
61. 梁慧星主编:《从近代民法到现代民法》,中国法制出版社 2000 年版。
62. 漆多俊主编:《经济法学》,高等教育出版社 2007 年版。
63. 李昌麒、岳彩申主编:《经济法论坛》(第 10 卷),群众出版社 2013 年版。
64. 范健、王建文:《商法的价值、源流及本体》,中国人民大学出版社 2007 年版。

65. 张文显:《二十世纪西方法哲学思想研究》,法律出版社 2006 年版。

66. 杨仁寿:《法学方法论》,中国政法大学出版社 1999 年版。

67. 贾俊玲主编:《21 世纪亚太地区劳动法与社会保障法发展趋势》,中国劳动社会保障出版社 2001 年版。

68. 中共中央马克思恩格斯列宁斯大林著作编译局:《马克思恩格斯选集》(第 1 卷),人民出版社 1972 年版。

69. 中共中央马克思恩格斯列宁斯大林著作编译局:《马克思恩格斯选集》(第 3 卷),人民出版社 1972 年版。

70. 徐国栋:《民法基本原则解释——成文法局限性之克服》(增订本),中国政法大学出版社 2001 年版。

71. 林嘉主编:《社会法评论》(第 2 卷),中国人民大学出版社 2007 年版。

72. 黄越钦:《劳动法新论》,中国政法大学出版社 2003 年版。

73. 潘琪:《美国破产法》,法律出版社 1999 年版。

74. 黄学海、王少春、马桦编著:《企业法、公司法案例精选精析》,法律出版社 1999 年版。

75. 孙智英:《信用问题的经济学分析》,中国城市出版社 2002 年版。

76. 李震山:《人性尊严与人权保障》,台北,元照出版有限公司 2001 年版。

77. 程燎原、王人博:《权利论》,广西师范大学出版社 2014 年版。

78. [德]马克思:《1844 年经济学哲学手稿》,人民出版社 1985 年版。

79. 王利明:《改革开放中的民法疑难问题》,吉林人民出版社 1992 年版。

80. 邱本:《人权论集》,吉林大学出版社 2009 年版。

81.《法国民法典》,罗结珍译,北京大学出版社 2010 年版。

82. 蒋大兴:《公司法的观念与解释Ⅱ:裁判思维 & 解释伦理》,法律出版社 2009 年版。

83. 中共中央马克思恩格斯列宁斯大林著作编译局:《马克思恩格斯文集》(第 10 卷),人民出版社 2009 年版。

84. 中共中央马克思恩格斯列宁斯大林著作编译局:《马克思恩格斯文集》(第 9 卷),人民出版社 2009 年版。

85. 常凯:《劳权论》,中国劳动社会保障出版社 2004 年版。

86. 中共中央马克思恩格斯列宁斯大林著作编译局:《马克思恩格斯选集》(第 4 卷),

人民出版社 1972 年版。
87. 王泽鉴:《民法学说与判例研究》(第 6 册),北京大学出版社 2009 年版。
88. 傅静坤:《二十世纪契约法》,法律出版社 1997 年版。
89. 尹正友:《企业破产与政府职责》,法律出版社 2010 年版。
90. 中共中央马克思恩格斯列宁斯大林著作编译局:《马克思恩格斯全集》(第 6 卷),人民出版社 2009 年版。
91. 李曙光:《转型法律学——市场经济的法律解释》,中国政法大学出版社 2004 年版。
92. 董保华等:《社会法原论》,中国政法大学出版社 2001 年版。
93. 北京市劳动和社会保障法学会编:《构建和谐劳动关系:新视角与新探索》,法律出版社 2009 年版。
94. 叶明:《经济法实质化研究》,法律出版社 2005 年版。

(二)译著类

1. [美]查尔斯·J. 泰步:《美国破产法新论》,韩长印、何欢、王之洲译,中国政法大学出版社 2017 年版。
2. [美]约翰·罗尔斯:《正义论》,何怀宏、何包钢、廖申白译,中国社会科学出版社 1988 年版。
3. [美]大卫·G. 爱泼斯坦、史蒂夫·H. 尼克勒斯、詹姆斯·J. 怀特:《美国破产法》,韩长印等译,中国政法大学出版社 2003 年版。
4. [德]C. W. 卡纳里斯:《德国商法》,杨继译,法律出版社 2006 年版。
5. [美]伯尔曼:《法律与宗教》,梁治平译,商务印书馆 2012 年版。
6. [日]神田秀树:《公司法的理念》,朱大明译,法律出版社 2013 年版。
7. [日]石川明:《日本破产法》,何勤华、周桂秋译,中国法制出版社 2000 年版。
8. [英]费奥娜·托米:《英国公司和个人破产法》,汤维建、刘静译,北京大学出版社 2010 年版。
9. [美]柯提斯·J. 米尔霍普、[德]卡塔琳娜·皮斯托:《法律与资本主义——全球公司危机揭示的法律制度与经济发展的关系》,罗培新译,北京大学出版社 2010 年版。
10. [英]卢梭:《论人类不平等的起源》,高修娟译,上海三联书店 2009 年版。
11. [美]R. A. 巴伦、[美]D. 伯恩:《社会心理学》(第 10 版),黄敏儿等译,华东师范大学出版社 2004 年版。
12. [德]马克斯·韦伯:《新教伦理与资本主义精神》,黄晓京、彭强译,陕西师范大学出版社 2002 年版。
13. [美]马乔里·凯利:《资本的权利是神圣的吗?》,庞锦、黄佳译,中信出版社、辽宁教育出版社 2003 年版。
14. [美]伯纳德·施瓦茨:《美国法律史》,王军、洪德、杨静辉译,法律出版社 2011 年版。
15. [德]G. 拉德布鲁赫:《法哲学》,王朴译,法律出版社 2005 年版。
16. [德]卡尔·拉伦茨:《法学方法论》,陈爱娥译,商务印书馆 2003 年版。
17. [德]黑格尔:《法哲学原理》,范扬、张企泰译,商务印书馆 1961 年版。
18. [德]卡尔·拉伦茨:《德国民法通论》(上册),王晓晔等译,法律出版社 2003 年版。
19. [德]迪特尔·梅迪库斯:《德国民法总论》,邵建东译,法律出版社 2000 年版。
20. [美]亚伯拉罕·马斯洛:《动机与人格》(第 3 版),许金声等译,中国人民大学出版社 2007 年版。
21. [德]W. 杜茨:《劳动法》,张国文译,法律出版社 2005 年版。
22. [英]约翰·洛克:《政府论》,杨思派译,江西教育出版社 2014 年版。
23. [美]路易斯·亨金:《权利的时代》,信春鹰等译,知识出版社 1997 年版。
24. [德]黑格尔:《精神现象学》(上卷),贺麟、王玖兴译,商务印书馆 1979 年版。
25. [德]拉德布鲁赫:《法学导论》,米健译,商务印书馆 2013 年版。
26. [英]丹尼斯·罗伊德:《法律的理念》,张茂柏译,上海译文出版社 2014 年版。
27. [美]E. 博登海默:《法理学:法律哲学与法律方法》,邓正来译,中国政法大学出版社 2004 年版。
28. [美]保罗·伍德拉夫:《尊崇:一种被遗忘的美德》,林斌、马红旗译,商务印书馆 2007 年版。
29. [法]孟德斯鸠:《论法的精神》(上卷),许明龙译,商务印书馆 2012 年版。
30. [法]孟德斯鸠:《论法的精神》,申林编译,北京出版社 2012 年版。
31. [奥]凯尔森:《法与国家的一般理论》,沈宗灵译,商务印书馆 2013 年版。
32. [美]罗伯特·诺齐克:《无政府、国家与乌托邦》,何怀宏等译,中国社会科学出版社 1991 年版。

33. [美]弗里德曼:《法律制度》,李琼英、林欣译,中国政法大学出版社 1994 年版。
34. [美]理查德·A. 波斯纳:《法理学问题》,苏力译,中国政法大学出版社 2002 年版。
35. [德]柯武刚、史漫飞:《制度经济学:社会秩序与公共政策》,韩朝华译,商务印书馆 2000 年版。
36. [意]斯奇巴尼选编:《正义和法》,黄风译,中国政法大学出版社 1992 年版。
37. [英]丹尼斯·罗伊德:《法律的理念》,张茂伯译,上海译文出版社 2014 年版。
38. [德]马克思:《哥达纲领批判》,中共中央马克思恩格斯列宁斯大林著作编译局译,人民出版社 1965 年版。
39. [英]迈克尔·莱斯诺夫等:《社会契约论》,刘训练、李丽红、张红梅译,江苏人民出版社 2005 年版。
40. [意]阿奎那:《阿奎那政治著作选》,马清槐译,商务印书馆 1963 年版。
41. [英]约翰·穆勒:《政治经济学原理及其在社会哲学上的若干应用》(上卷),赵荣潜等译,商务印书馆 1991 年版。
42. [美]霍贝尔:《初民的法律》,周勇译,中国社会科学出版社 1993 年版。
43. [英]亚当·斯密:《道德情操论》,谢宗林译,中央编译出版社 2011 年版。
44. [美]威廉·格雷德:《资本主义全球化的疯狂逻辑》,张定淮等译,社会科学文献出版社 2003 年版。
45. [英]齐格蒙特·鲍曼:《流动的现代性》,欧阳景根译,上海三联书店 2002 年版。
46. [古希腊]亚里士多德:《政治学》,高书文译,江西教育出版社 2014 年版。
47. [意]彼德罗·彭梵得:《罗马法教科书》(修订版),黄风译,中国政法大学出版社 2005 年版。
48. [德]阿图尔·考夫曼:《法律哲学》(第 2 版),刘幸义等译,法律出版社 2011 年版。
49. [美]R. 科斯:《社会成本问题》,载 R. 科斯等:《财产权利与制度变迁——产权学派与新制度学派译文集》,刘守英等译,上海三联书店、上海人民出版社 1994 年版。
50. [美]乔治·恩德勒等主编:《经济伦理学大辞典》,王淼洋等译,上海人民出版社 2001 年版。
51. [德]恩斯特·卡西尔:《人论》,甘阳译,上海译文出版社 2013 年版。
52. [美]理查德·波斯纳:《法律的经济分析》(第 7 版,中文第 2 版),蒋兆康译,法律出版社 2012 年版。

53. [美]莱斯利·巴顿等:《人民的资本主义?》,朱赛霓译,重庆出版社2001年版。
54. [英]弗里德利希·冯·哈耶克:《自由秩序原理》(上),邓正来译,生活·读书·新知三联书店1997年版。
55. [德]伊曼努尔·康德:《道德形而上学基础》,孙少伟译,江西教育出版社2014年版。
56. [英]戴维·米勒、韦农·波格丹诺主编:《布莱克维尔政治学百科全书》(修订版),邓正来译,中国政法大学出版社2002年版。
57. [德]威廉·冯·洪堡:《论国家的作用》,林荣远、冯兴元译,中国社会科学出版社1998年版。
58. [法]让-雅克·卢梭:《社会契约论》,陈红玉译,译林出版社2011年版。
59. [英]霍布斯:《利维坦》,朱敏章译,吉林出版集团有限责任公司2010年版。
60. [英]罗杰·科特威尔:《法律社会学导论》,潘大松等译,华夏出版社1989年版。
61. [英]保罗·皮尔逊编:《福利制度的新政治学》,苗正民译,商务印书馆2004年版。
62. [法]E.迪尔凯姆:《社会学方法的准则》,狄玉明译,商务印书馆2011年版。
63. [美]路易斯·亨金:《权利的时代》,信春鹰等译,知识出版社1997年版。
64. [美]J.范伯格:《自由、权利和社会正义——现代社会哲学》,王守昌等译,贵州人民出版社1998年版。
65. [日]石川明:《日本破产法》,何勤华、周桂秋译,中国法制出版社2000年版。
66.《英国破产法》,丁昌业译,法律出版社2003年版。
67.《德国支付不能法》,.杜景林、卢谌译,法律出版社2002年版。

(三)中文论文类

1. 范志勇:《论担保物权的破产别除效力》,载《中国海洋大学学报(社会科学版)》2023年第5期。
2. 王欣新、杨涛:《破产企业职工债权保障制度研究——改革社会成本的包容与分担》,载《法治研究》2020年第1期。
3. 杜强强:《劳动权的规范构造及其第三人效力——再论最高人民法院有关"工伤概不负责"的批复》,载《北方法学》2018年第5期。
4. 康纪田:《劳动者权独立于劳动权的法治价值》,载《上海政法学院学报(法治论丛)》2017年第3期。

5. 李楠:《破产程序中如何平衡劳动报酬权与担保物权》,载《人民论坛》2019 年第 27 期。
6. 阎天:《破产法上劳动者形象的变迁及其宪法根源》,载《中国法律评论》2020 年第 6 期。
7. 黄良军:《破产法视野下的农民工劳动权保护问题探讨》,载《南京财经大学学报》2021 年第 3 期。
8. 陈国斌、陈豪:《破产企业职工债权优先性的解读与重塑》,载《人民司法》2020 年第 16 期。
9. 陈清、魏贤达:《破产清算中劳动债权保护问题研究》,载《江苏师范大学学报(哲学社会科学版)》2018 年第 3 期。
10. 陈科林:《企业破产中职工社会保险债权的清偿问题研究》,载《法律适用》2022 年第 7 期。
11. 钟健生:《破产程序中的优先权:冲突解决与体系建构》,载《西南民族大学学报(人文社科版)》2018 年第 5 期。
12. 徐钢:《我国劳动权性质的变迁与定位》,载《同济大学学报(社会科学版)》2009 年第 3 期。
13. 马俊驹、童列春:《论私法上人格平等与身份差异》,载《河北法学》2009 年第 11 期。
14. 丁文联:《试论劳动合同的附合化》,载《法商研究》1996 年第 6 期。
15. 金可可:《论温德沙伊德的请求权概念》,载《比较法研究》2005 年第 3 期。
16. 曹治国:《请求权的本质之探析——兼论物上请求权的性质》,载《法律科学(西北政法学院学报)》2005 年第 1 期。
17. 秦国荣:《劳动权的权利属性及其内涵》,载《环球法律评论》2010 年第 1 期。
18. 冯彦君:《劳动权的多重意蕴》,载《当代法学》2004 年第 2 期。
19. 冯彦君:《劳动权论略》,载《社会科学战线》2003 年第 1 期。
20. 马新福、薛长礼:《劳动权的法社会学论析》,载《吉林大学社会科学学报》2004 年第 2 期。
21. 许建宇:《劳动权的界定》,载《浙江社会科学》2005 年第 2 期。
22. 许建宇:《劳动权的位阶与权利(力)冲突》,载《浙江大学学报(人文社会科学版)》2005 年第 1 期。

23. 杨立新、袁雪石:《论人格权请求权》,载《法学研究》2003 年第 6 期。
24. 黎建飞:《工资的属性与特殊保护》,载《法治论坛》2008 年第 2 期。
25. 邱本:《从契约到人权》,《法学研究》1998 年第 6 期。
26. 左平良:《论生存性债权对担保物权的优先行使》,载《云梦学刊》2001 年第 4 期。
27. 宋晋川、朱宝信:《行赋人权论》,载《文史哲》1996 年第 2 期。
28. 陈学超、杨春福:《劳动权性质论——自由主义视野下的初步探讨》,载《南京社会科学》2004 年第 3 期。
29. 韩银兰、杜晓智:《债权平等原则在代位权理论中的重释》,载《北京科技大学学报(社会科学版)》2005 年第 3 期。
30. 戴新毅:《债权平等及其突破模式选择》,载《河北法学》2013 年第 6 期。
31. 曹宇:《债权的平等与优先——兼对债权平等理论的反思》,载《河北法学》2012 年第 10 期。
32. 王立志、李静:《债权平等性:解构与解困》,载《甘肃政法学院学报》2010 年第 1 期。
33. 汪世虎:《论破产程序对担保物权优先性的限制》,载《河北法学》2006 年第 8 期。
34. 许德风:《破产法基本原则再认识》,载《法学》2009 年第 8 期。
35. 孙新强:《破除债权平等原则的两种立法例之辨析——兼论优先权的性质》,载《现代法学》2009 年第 6 期。
36. 徐文宗:《也谈异化劳动理论在马克思主义体系中的地位》,载《马克思主义与现实》1997 年第 6 期。
37. 朱理:《财产权劳动学说与知识产权——劳动学说能够为知识产权提供正当性吗?》,载《知识产权研究》2006 年第 2 期。
38. 张丹丹、马哲:《商品化权的正当性论析——基于财产权劳动学说的思考》,载《当代法学》2009 年第 3 期。
39. 李扬:《再评洛克财产权劳动理论——兼与易继明博士商榷》,载《现代法学》2004 年第 1 期。
40. 王力回、赵冀韬:《抵押权与留置权并存的效力分析》,载《郑州大学学报(哲学社会科学版)》1999 年第 2 期。
41. 秦亚东:《论劳动债权优先权——公平与效率的两难选择》,载《学术交流》2008 年第 7 期。

42. 江帆:《经济法实质正义及其实现机制》,载《环球法律评论》2007 年第 6 期。
43. 费安玲:《论防止知识产权滥用的制度理念》,载《知识产权》2008 年第 3 期。
44. 钱弘道:《法律的经济分析工具》,载《法学研究》2004 年第 4 期。
45. 林来梵、张卓明:《论权利冲突中的权利位阶——规范法学视角下的透析》,载《浙江大学学报(人文社会科学版)》2003 年第 6 期。
46. 孙笑侠:《法的形式正义与实质正义》,载《浙江大学学报(人文社会科学版)》1999 年第 5 期。
47. 刘美希:《人格平等理念历史演变考》,载《江苏警官学院学报》2009 年第 3 期。
48. 马俊驹、童列春:《论私法上人格平等与身份差异》,载《河北法学》2009 年第 11 期。
49. 刘同舫:《人类解放的进程与社会形态的嬗变》,载《中国社会科学》2008 年第 3 期。
50. 雷兴虎、刘水林:《矫正贫富分化的社会法理念及其表现》,载《法学研究》2007 年第 2 期。
51. 余松林:《贫富分化现象的经济法分析》,载《改革与开放》2009 年第 7 期。
52. 王继军、张钧:《对加入 WTO 后中国经济法功能的再认识——兼论经济法与民商法的关系》,载《法学家》2001 年第 6 期。
53. 应飞虎、王莉萍:《经济法与民法视野中的干预——对民法与经济法的关系及经济法体系的研究》,载《现代法学》2002 年第 4 期。
54. 蒋大兴:《团结情感、私人裁决与法院行动——公司内解决纠纷之规范结构》,载《法制与社会发展》2010 年第 3 期。
55. 陈俊:《法对实质正义的追求和维护》,载《贵州社会科学》2008 年第 9 期。
56. 凌新、高园:《论权利的不平等——马克思主义平等正义观的基本原则》,载《江汉论坛》2004 年第 9 期。
57. 余少祥:《弱势群体保护之法哲学论纲》,载《法学评论》2006 年第 6 期。
58. 赵讯:《弱势群体保护的社会契约分析》,载《政法论坛》2007 年第 4 期。
59. 赵讯、刘焕佳:《弱势群体保护的人本主义诠释》,载《湖南大学学报(社会科学版)》2009 年第 1 期。
60. 赵讯、严颂:《弱势群体保护的法哲学诠释——以社会连带为视角》,载《法学杂志》2006 年第 5 期。
61. 李昌麒:《弱势群体保护法律问题研究——基于经济法与社会法的考察视角》,载

《中国法学》2004 年第 2 期。
62. 许德风:《破产法基本原则再认识》,载《法学》2009 年第 8 期。
63. 冯辉:《破产债权受偿顺序的整体主义解释》,载《法学家》2013 年第 2 期。
64. 张平华:《权利位阶论——关于权利冲突化解机制的初步探讨》,载《法律科学(西北政法学院学报)》2007 年第 6 期。
65. 王卫国:《论重整制度》,载《法学研究》1996 年第 1 期。
66. 马岭:《权利冲突与权利位阶》,载《云南大学学报(法学版)》2008 年第 5 期。
67. 徐显明:《生存权论》,载《中国社会科学》1992 年第 5 期。
68. 秦国荣:《劳动权的权利属性及其内涵》,载《环球法律评论》2010 年第 1 期。
69. 张在范:《论劳动法的直接目的与终极目的》,载《河南社会科学》2009 年第 1 期。
70. 黎建飞:《论我国〈劳动法〉立法的目的》,载《河南政法管理干部学院学报》2003 年第 5 期。
71. 袁立:《作为基本权的劳动权之本位价值:人的自我实现》,载《法学论坛》2011 年第 6 期。
72. 吴飞飞:《从权利倾斜到责任倾斜的弱者保护路径转换——基于法经济学视角的解读》,载《广东商学院学报》2013 年第 6 期。
73. 刘文:《论破产法上劳动债权的优先性》,载《电子科技大学学报(社科版)》2005 年第 2 期。
74. 翟玉娟:《破产程序中的劳动债权的界定及保障》,载《云南大学学报(法学版)》2006 年第 5 期。
75. 应飞虎:《权利倾斜性配置研究》,载《中国社会科学》2006 年第 3 期。
76. 刘明尧:《破产债权申报制度研究》,载《湖北社会科学》2006 年第 7 期。
77. 吴宁:《社会弱势群体保护的权利视角及其理论基础——以平等理论透视》,载《法制与社会发展》2004 年第 3 期。
78. 徐洁:《信用交易:担保物权制度演变的经济分析》,载《社会科学研究》2007 年第 3 期。
79. 许德风:《论担保物权的经济意义及我国破产法的缺失》,载《清华法学》2007 年第 3 期。
80. 许德风:《论担保物权在破产程序中的实现》,载《环球法律评论》2011 年第 3 期。

81. 齐砺杰:《当公平成为更大的效率——新破产法中劳动债权特别优先合理性之探讨》,载《特区经济》2007 年第 12 期。
82. 方芳:《破产程序中担保物权受限制之合理性探讨》,载《吉首大学学报(社会科学版)》2011 年第 6 期。
83. 胡玉鸿:《“人的尊严”的法理疏释》,载《法学评论》2007 年第 6 期。
84. 李琛:《知识产权法基本功能之重解》,载《知识产权》2014 年第 7 期。
85. 夏恿:《法治是什么——渊源、规诫与价值》,载《中国社会科学》1999 年第 4 期。
86. 杜承铭:《论作为基本权利范畴的人之尊严》,载《广西社会科学》2013 年第 3 期。
87. 王卫国:《新破产法草案与公司法人治理》,载《法学家》2005 年第 2 期。
88. 史生丽、李哲:《对我国银行债权人参与公司治理的思考》,载《法学杂志》2008 年第 1 期。
89. 金玄武:《论债权人参与公司治理的模式——基于公司社会责任视角的考察》,载《政法论丛》2009 年第 4 期。
90. 杨富琛:《劳动债权与金融债权》,载《政法论坛》2006 年第 3 期。
91. 黄少安、赵海怡:《破产企业劳动债权是否应该法定为由优于有担保债权受偿——一个法经济学视角的分析》,载《经济科学》2005 年第 4 期。
92. 张斌:《论现代立法中的利益平衡机制》,载《清华大学学报(哲学社会科学版)》2005 年第 2 期。
93. 李雪田:《论破产优先权》,载《当代法学》2008 年第 3 期。
94. 王欣新:《论职工债权在破产清偿中的优先顺序问题》,载《法学杂志》2005 年第 4 期。
95. 王利明:《关于劳动债权与担保物权的关系》,载《法学家》2005 年第 2 期。
96. 谢世平:《论工人工资的优先权》,载《广东商学院学报》2004 年第 6 期。
97. 魏丽:《工资优先权制度的合理性分析及其立法完善》,载《江西社会科学》2007 年第 6 期。
98. 王欣新:《破产企业职工债权保障制度研究——改革社会成本的包容与分担》,载《法治研究》2013 年第 1 期。
99. 韩跃红、孙书行:《人的尊严与生命释义》,载《哲学研究》2006 年第 3 期。
100. 方涛:《从“国家统治”到“国家治理”——马克思主义国家学说中国化的历史演

进》,载《中共天津市委党校学报》2014 年第 4 期。

101. 徐祥民:《环境权论——人权发展历史分期的视角》,载《中国社会科学》2004 年第 4 期。

102. 彭真军、甘琪:《论企业职工劳动债权优先受偿制度的完善》,载《广东社会科学》2011 年第 6 期。

103. 张昌辉:《法律社会化概念:反思与重构》,载《内蒙古社会科学(汉文版)》2013 年第 3 期。

104. 曾群:《失业者的社会保护:超越社会保障的一种思路》,载《学习与实践》2007 年第 9 期。

105. 付子堂:《社会学视野中的法律功能问题》,载《郑州大学学报(哲学社会科学版)》1999 年第 5 期。

106. 李永军:《破产法与和谐社会的建设》,载《首届北京中青年社科理论人才"百人工程"学者论坛文集》,2007 年 4 月于北京。

107. 陈政:《优先受偿:人身侵权债权的破产清偿顺位——从和谐社会语境中破产法的功能谈开去》,载《广西社会科学》2014 年第 7 期。

108. 刘建仓:《劳动债权优先清偿的正当性及其合理限制》,载《社会科学评论》2008 年第 3 期。

二、外文文献

1. Amartya Sen, *Choice: Welfare and Measuremant*, Oxford Blackwell Co. ,1982, p. 26.

2. Aleksander Peczenik, *The Passion for Reason*, Luc & J. W. eds. , The Law in Philosophical Perspectives, Kluw Academic Publishers, 1999, p. 185.

3. Thomas Aquinas, *The Sunma Theologica*, The Fathers of the English Dominican Province Catholic Way Publishing, 2014, p. 1913 – 1925.

4. Bülow, *Recht der Kreditsicherheiten*, Heidelberg, Verlag C. F. Müller. ,1999, Rn. 1.

5. Council of Europe, *Bankruptcy and Judicial Liquidation*, Council of Europe Publishing, 1994, S. 1 ff.

6. Vern Countryman, *Executory Comtracts in Bankruptcy*, Part Ⅰ, Minnesota Law Review, Vol. 57, p. 460(1973).

7. Jack F. Williams, *Rethinking Bankruptcy and Tax Policy*, 3 Am. Bankr, Inst. L. Rev. 153(1995).

8. Thomas H. Jackson, Bankruptcy, *Non – Bankruptcy Entitlements, and the Creditors' Bargain*, 91Yale L. J. 857(1982).

9. Susan Block – Lieb, *Symposium on the Revison of Article* 9 *of the Uniform Commercial Code; the Politics of Articles* 9; *the Unsecured Creditor's Bargain; A Reply*, Virginia Law Review Assocation, 1994.

10. Elson, C. M & Rasmussen, R. K., *Switching Priorities: Elevating the Status of Tort Claims in Bankruptcy in Pursuit of Optimal Deterrence*, Harvard Law Review, Vol. 116, No. 8(Jun., 2003), p. 2541 – 2564, https://www.jstor.org/stable/1342770.

11. Thomas H. Jackson, *The Logic and Limits of Bankruptcy Law*, Harvard University Press, 1986, p. 31 – 32.

12. Jackson, *Bankruptcy, Non – Bankruptcy Entitlements, and the Creditors' Bargain*, 91 Yale L. J., 1982.

13. Comstock v. Group of Institutional Investors, 335 U. S. 211(1948).

14. Robert Clark, *Corporate Law*, New York: Mc Graw Hill, 1986.

15. В. Ф. Попондопуло. банкротство правовое регулирование. издательство < проспект >. 2014.

16. Е. П. Губин, П. Г. Лахно. предпринимательское право Российской Федерации. 2 – е издание. издательство < норма >. 2012.

三、学术论文

1. 邓峰:《劳动债权研究》,湖南大学 2017 年博士学位论文。

2. 周子凡:《劳动权的法律保障研究》,华中师范大学 2013 年博士学位论文。

3. 胡玉浪:《劳动报酬权研究》,厦门大学 2007 年博士学位论文。

4. 吴宁:《社会弱势群体权利保护的法理》,吉林大学 2005 年博士学位论文。

5. 赵讯:《弱势群体保护的社会契约基础》,湖南大学 2008 年博士学位论文。

6. 韩长印:《企业破产立法的公共政策构成》,中国人民大学 2001 年博士学位论文。

7. 任宪文:《论破产法中劳动债权的优先清偿——以〈企业破产法〉第 113 条第 1 款为

视角》,吉林大学 2014 年硕士学位论文。
8. 刘正林:《劳动债权之法律研究》,武汉大学 2005 年硕士学位论文。
9. 王天玉:《工作权研究》,吉林大学 2010 年博士学位论文。
10. 丁文联:《论企业破产程序中的利益平衡》,对外经济贸易大学 2005 年博士学位论文。
11. 章礼强:《民法本位论》,西南政法大学 2004 年博士学位论文。

四、电子文献

1. 王延春:《政策性破产将择机退出》,载找法网,https://china. findlaw. cn/gongsifalv/gongsiqingsuan/gongsipochanqingsuan/49572. html,最后访问日期:2024 年 1 月 29 日。
2. 邹海林:《我国破产立法中的几个问题》,载资本市场法治网,https://www. capital-law. com. cn/article/default. asp? id = 1430,最后访问日期:2024 年 1 月 29 日。
3. 马东:《论应当赋予侵权债权在破产分配中以优先地位》,载 http://old. civillaw. com. cn/article/default. asp? id = 55356,最后访问日期:2024 年 1 月 29 日。
4. 叶金强:《合同解释理论的一元模式》,载 http://old. civillaw. com. cn/article/default. asp? id = 57559,最后访问日期:2024 年 1 月 29 日。
5. 邬文辉:《破产法中控制企业从属求偿原则初探》,载 http://www. law - lib. com/lw/lw_view. asp? no = 700,最后访问日期:2024 年 1 月 29 日。
6. 范丰盛:《府院联动机制的探索——基于温州的实践展开》,载微信公众号"上海市破产管理人协会"2021 年 7 月 7 日,https://mp. weixin. qq. com/s/cc1ujJwfzY3k2sK7IqS1jg。

后　记 Postscript

本书是在我博士论文的基础上修改而成的,在各章之中增加了一些近年来理论上和实务中新的研究成果和发展动态,当然这不意味着本书比原来的博士论文更为出色,只是体现了时效性对于研究的重要意义。下面的内容保留了我博士论文的后记原文,以表达对我博士毕业提供帮助的人的感谢。当然,还需要增加一些感恩的人,这将在后面的致谢部分体现。

“路漫漫其修远兮,吾将上下而求索”。四年前的生活压力让我有了考博的动机。对于我这样一个没有学术天分又比较慵懒的人来说,学术上的追求不敢妄谈。但我内心始终存有一定的学术信念,是职业道德所致也好,是所从事行业学术氛围所迫也罢,或是工作压力需求所在。这种信念驱使我努力着,坚持每天晚上看书两个小时以上,坚持着自己的思考,并将其梳理,形成自己的“自以为是”的成果公之于众,接受读者的评判。

读书是一件快乐的事情,收获的是思考上的享受,除了法学知识的增进,收获的亦有人生的道理以及看事情的方式。六年前儿子出生,这一突如其来的精灵,给家里带来喜悦的同时,更多的是苦累和家庭关系变得繁杂。精灵的哭闹多于常孩,家里为此想了很多办法,但均无济于事。为了照顾儿子,也为了我能顺利考博,爱人带着儿子到上海母亲家。很多事情曾经困惑于心,心理学、社会学、哲学、伦理学书籍帮助我解惑,洞察事理,了然于心。

读书也是一件痛苦的事情,大智、大哲之人的智慧非一时所能理解,翻译后的阅读障碍也时常存在,理论、哲学书籍的高深、枯燥也让人痛苦不已。但读完一本书,获得有用知识的成就感,仍然喜悦。

四年的博士学习,最应当感谢的是我的导师房绍坤老师。房老师以其大智慧、大爱、严谨的治学态度和科学的人生观,指导我的学习,指引我的人生。房老师不仅在学习上给予我帮助,教会我学习的方法、写作的技巧以及学术的态度,而且非常关注我的生活,帮助我解决各种困难。

四年的学习还要感谢的是吉林大学法学院的马新彦、蔡立东、李建华、于莹、傅穹、徐卫东、曹险峰、孙良国等老师,各位老师在课堂上传授了知识的精华,让我受益匪浅。我在学习上遇到各种问题时,各位老师都不遗余力地给予帮助。由于你们的教导,让我四年的博士生活过得非常充实,也感受到了吉林大学法学院的博大和深厚。

还要感谢的是我曾经的同事和永远的朋友们,黑龙江大学法学院的杨健博士(现已是教授)、哈尔滨理工大学法学院的任江博士、王立兵博士和王睿博士(任江现为温州大学法学院副教授,王立兵现为哈尔滨理工大学马克思主义学院副院长,王睿现为哈尔滨理工大学马克思主义学院法律系教授),你们不遗余力地给我的论文提供帮助,给予我学术上的灵感和论文上的完善,才达至本论文的最终呈现。当然,也要感谢哈尔滨理工大学法学院的其他同仁,方岩老师是我博士学习的引路人。袁晓波副院长(后为法学院院长,现已卸任)让我主持并负责法学院“明理”学术论坛,秦亚东院长(现已卸任)对于我读博士给予极大的支持,两位院长很多次在我博士上课或者开题、答辩需要请假时给予开绿灯。还有韩冰副院长(现已卸任)以及基础法学教研室的黄大威、王明明等老师,你们给予我很多学术讨论的机会、学术思考的空间,让我在交流中获得很多学术上的思考和信心。同时,还要感谢烟台大学的各位老师,尤其是王洪平、张洪波和张玉东三位师兄,在我跟随房绍坤老师在烟台大学学习期间，你们给予我极大的帮助，让我感受到了兄弟般的情谊和温暖，也让我在烟大学习到了何为学术，如何思考！

最后要感谢的是我的爱人和儿子，四年的时间没有在你们身边，没有给予你们应有的爱和照顾。对你们的愧疚，我只能用这些年的学习来表达，用毕业后共同创造更好的生活来弥补。

人生的路很漫长，博士学习的过程让我终生难忘，这四年不但给予了我知识上的增进、学术路径上的丰满，更给予我信心，让我人生的路更加有方向，更加光明。感谢这一切！

本书的出版要特别感谢浙江万里学院及法学院的支持，感谢法学院执行院长、党委书记余妙宏教授，您的提示和鼓励促使本书得以出版。感谢法学院的原院长盛钢，感谢法学院的原副院长唐先锋教授，是你们将我招聘进入我人生的第二个工作单位，开启了我人生的又一段征程。从祖国最北的省会城市到长江以南的副省级城市，这不仅是地域上的转换，更是生活态度和工作状态的转换。人生如此美妙和奇特，在这里我认识了新的同事，结识了新的朋友，还有那些非常可爱的同学们，我的见识和思维重新被打开和进一步扩展。对于这些，我始终怀感恩之心。未来，我将永怀这种感恩之心，用努力工作、认真教学的行动表达感谢之情。

最后感谢所有帮助过我的人，祝你们身体健康、万事如意！

崔艳峰

2023 年 11 月 5 日